ITQ
Hangul 2016

KB133685

저자 장미희

전북대학교 컴퓨터공학 박사 수료하고 교육컨텐츠연구소 '이룸' 대표와 강사지원교육협동 조합 '와있는 미래' 이사장을 맡고 있습니다. IT 교육컨텐츠개발과 교재 출판, ICT와 관련한 지자체에 정보위원 등으로 활동하며 각 대학 및 기업, 기관, 지자체 등에서 강의를 하고 있습니다.

➜ 블로그 changmihee.com과 유튜브 채널 '장미희의 디지털랩'을 운영하고 있습니다.

저서

- MOS 2003 WORD EXPERT 동영상 강의 개발
- (이한출판사) MOS 2003 WORD EXPERT 전북대학교 국공립협의회
- (이한출판사) MOS 따라잡기 MS-WORD 2007, MS-POWERPOINT 2007
- 여름커뮤니케이션 퍼스널 클라우드 컴퓨팅 웹오피스활용 전략
- (교학사) ITQ 2007 한글, 엑셀, 파워포인트
- (교학사) ITQ 2016 엑셀, 파워포인트
- (교학사) New My Love 엑셀 2016, 파워포인트 2016
- (교학사) OK! Click 한글, 파워포인트, 엑셀
- (교학사) OK! Click 나만의 동영상 제작하기, 내 동영상으로 유튜버되기

목차

01 예제파일 다운로드 안내

01 인터넷 익스플로러 또는 크롬 브라우저의 주소 입력 창에 "itbook.kyohak. co.kr/itq2016/"을 입력한 후 **Enter** 를 누릅니다. 이 교재는 크롬 브라우저를 이용한 방법을 설명합니다.

02 [ITQ 2016 예제파일 다운로드하기] 웹 페이지가 나타납니다. [다운로드 클릭]버튼을 클릭합니다.

03 [다운로드 클릭] 버튼을 클릭하면 브라우저 아래에 압축파일이 다운로드됩니다. 다운로드가 완료되면 목록 단추를 클릭하여 [폴더 열기]를 클릭합니다.

→ 크롬 브라우저에서 다운로드 받은 파일은 [내 PC]-[다운로드] 폴더에 자동으로 저장됩니다.

04 [다운로드] 폴더에 다운로드 받은 예제파일이 저장되어 있습니다. 압축파일이므로 압축을 풀어야 사용 가능합니다. 압축파일을 바탕화면으로 드래그하여 이동한 후 압축 프로그램을 이용하여 파일 압축을 풀어줍니다.

→ 압축파일을 풀기 전에 먼저, 압축 프로그램을 설치해야 합니다. 압축 프로그램은 포털 사이트(다음 또는 네이버)에서 '압축 프로그램'으로 검색한 후, 설치할 수 있습니다.

02 ITQ 한글 시험안내

→ ITQ 시험 과목

자격 종목	등급	시험S/W	공식 버전	시험 방식
아래한글	A/B/C등급	한컴오피스	2016 버전	PBT
한셀				
한쇼				
MS워드		MS오피스		
한글엑셀				
한글엑세스				
한글파워포인트				
인터넷		인터넷 익스플로러 8 이상		

※한셀-한글엑셀, 한쇼-한글파워포인트는 동일 과목군임(자격증에는 "한글엑셀(한셀)", "한글파워포인트(한쇼)"로 표기).
※PBT(Paper Based Testing) : 시험지를 통해 문제를 해결하는 시험 방식

→ 시험 배점, 문항 및 시험 시간

시험 배점	문항 및 시험 방법	시험 시간
과목당 500점	5~10문항 실무 작업형 실기 시험	과목당 60분

→ 응시료

1과목	2과목	3과목	인터넷 결제 수수료
20,000원	38,000원	54,000원	개인 : 1,000원(단체 : 없음)

→ 검정 기준

A등급	B등급	C등급
400점 ~ 500점	300점 ~ 399점	200점 ~ 299점

→ 시험 배점, 문항 및 시험 시간

등급	점수	수준
A등급	400점 ~ 500점	주어진 과제의 80%~100%를 정확히 해결할 수 있는 능력
B등급	300점 ~ 399점	주어진 과제의 60%~79%를 정확히 해결할 수 있는 능력
C등급	200점 ~ 299점	주어진 과제의 40%~59%를 정확히 해결할 수 있는 능력

03 ITQ 한글 출제기준

검정과목	문항	배점	출제기준
아래한글 – MS 워드	1. 스타일	50점	※ 한글/영문 텍스트 작성능력과 스타일 기능 능력을 평가 • 한글 / 영문 텍스트 작성 • 스타일 이름 / 문단 모양 / 글자 모양
	2. 표와 차트	100점	※ 표를 작성하고 이를 이용하여 간단한 차트를 작성할 수 있는 능력을 평가 • 표 내용 작성 / 정렬 / 셀 배경색 • 표 계산 기능 / 캡션 기능 / 차트 기능
	3. 수식편집기	40점	※ 수식편집기 사용 능력 평가 • 수식편집기를 이용한 수식 작성
	4. 그림/그리기	110점	※ 다양한 기능을 통합한 문제로 도형, 그림 글맵시, 하이퍼링크 등 문서작성 시의 응용능력을 평가 • 도형 삽입 및 편집, 하이퍼링크 • 그림 / 글맵시(워드아트) 삽입 및 편집, 개체배치 • 도형에 문자열 입력하기
	5. 문서작성능력	200점	※ 다문서작성을 위한 다양한 능력을 평가 • 문서작성 입력 및 편집(글자모양 / 문단모양), 한자변환, 들여쓰기 • 책갈피, 덧말, 문단첫글자장식, 문자표, 머리말, 쪽번호, 각주 • 표 작성 및 편집, 그림 삽입 및 편집(자르기 등)

04 ITQ 한글 출제기준

제1회 정보기술자격(ITQ) 시험

과 목	코 드	문제유형	시험시간	수험번호	성 명
아래한글	1111	A	60분		

수험자 유의사항

- 수험자는 문제지를 받는 즉시 문제지와 **수험표상의 시험과목(프로그램)이 동일한지 반드시 확인**하여야 합니다.
- 파일명은 본인의 "수험번호-성명"으로 입력하여 답안폴더(내 PC₩문서₩ITQ)에 하나의 파일로 저장해야 하며, 답안문서 파일명이 "수험번호-성명"과 일치하지 않거나, 답안파일을 전송하지 않아 미제출로 처리될 경우 실격 처리합니다 (예 : 12345678-홍길동.hwp).
- 답안 작성을 마치면 파일을 저장하고, '답안 전송' 버튼을 선택하여 감독위원 PC로 답안을 전송하십시오. 수험생 정보와 저장한 파일명이 다를 경우 전송되지 않으므로 주의하시기 바랍니다.
- 답안 작성 중에도 **주기적으로 저장하고, '답안 전송'**하여야 문제 발생을 줄일 수 있습니다. 작업한 내용을 저장하지 않고 전송할 경우 이전에 저장된 내용이 전송되오니 이점 유의하시기 바랍니다.
- 답안문서는 지정된 경로 외의 다른 보조기억장치에 저장하는 경우, 지정된 시험 시간 외에 작성된 파일을 활용할 경우, 기타 통신수단(이메일, 메신저, 네트워크 등)을 이용하여 타인에게 전달 또는 외부 반출하는 경우는 부정 처리합니다.
- 시험 중 부주의 또는 고의로 시스템을 파손한 경우는 수험자가 변상해야 하며, 〈수험자 유의사항〉에 기재된 방법대로 이행하지 않아 생기는 불이익은 수험생 당사자의 책임임을 알려 드립니다.
- 문제의 조건은 한컴오피스 NEO(2016)버전으로 설정되어 있으니 유의하시기 바랍니다.
- 시험을 완료한 수험자는 답안파일이 전송되었는지 확인한 후 감독위원의 지시에 따라 문제지를 제출하고 퇴실합니다.

답안 작성요령

온라인 답안 작성 절차

수험자 등록 ⇒ 시험 시작 ⇒ 답안파일 저장 ⇒ 답안 전송 ⇒ 시험 종료

공통 부문

- ○ 글꼴에 대한 기본설정은 함초롬바탕, 10포인트, 검정, 줄간격 160%, 양쪽정렬로 합니다.
- ○ 색상은 조건의 색을 적용하고 색의 구분이 안 될 경우에는 RGB 값을 적용하십시오(빨강 255, 0, 0 / 파랑 0, 0, 255 / 노랑 255, 255, 0).
- ○ 각 문항에 주어진 ≪조건≫에 따라 작성하고 언급하지 않은 조건은 ≪출력형태≫와 같이 작성합니다.
- ○ 용지여백은 왼쪽 · 오른쪽 11㎜, 위쪽 · 아래쪽 · 머리말 · 꼬리말 10㎜, 제본 0㎜로 합니다.
- ○ 그림 삽입 문제의 경우 「내 PC₩문서₩ITQ₩Picture」 폴더에서 지정된 파일을 선택하여 삽입하십시오.
- ○ 삽입한 그림은 반드시 문서에 포함하여 저장해야 합니다(미포함 시 감점 처리).
- ○ 각 항목은 지정된 페이지에 출력형태와 같이 정확히 작성하시기 바라며, 그렇지 않을 경우에 해당 항목은 0점 처리됩니다.

※ 페이지구분 : 1 페이지 – 기능평가 I (문제번호 표시 : 1. 2.).
2페이지 – 기능평가 II (문제번호 표시 : 3. 4.).
3페이지 – 문서작성 능력평가

기능평가

- ○ 문제와 ≪조건≫은 입력하지 않으며 문제번호와 답(≪출력형태≫)만 작성합니다.
- ○ 4번 문제는 묶기를 했을 경우 0점 처리됩니다.

문서작성 능력평가

- ○ A4 용지(210㎜×297㎜) 1매 크기, 세로 서식 문서로 작성합니다.
- ○ ▭ 표시는 문서작성에 대한 지시사항이므로 작성하지 않습니다.

144 ·

The Insight KPC 한국생산성본부

시험 시작 전 반드시 읽어보고 불이익을 당하는 일이 없도록 하세요.

[주요 내용]

1. '수험번호-성명'으로 저장(답안 폴더: 내 PC₩문서₩ITQ)
2. 주기적으로 답안 저장하여 최종 답안을 저장하고, '답안 전송' 버튼을 눌러 감독관 PC로 전송
3. 부정행위 금지
4. 관련 없는 파일이 저장된 경우 실격
5. 각 항목은 지정된 슬라이드에 출력형태와 같이 정확히 작성

1. 다음의 ≪조건≫에 따라 스타일 기능을 적용하여 ≪출력형태≫와 같이 작성하시오. (50점)

≪조건≫
(1) 스타일 이름 – expo
(2) 문단 모양 – 왼쪽 여백 : 15pt, 문단 아래 간격 : 10pt
(3) 글자 모양 – 글꼴 : 한글(돋움)/영문(굴림), 크기 : 10pt, 장평 : 95%, 자간 : 5%

≪출력형태≫

K-SAFETY EXPO 2019 is the largest market place of safety industry in Korea to introduce advanced technologies in safety industry of Korea to public.

대한민국 안전산업박람회는 우리나라의 선진안전산업을 선보이고 국내외 공공 바이어와 민간 바이어가 한자리에 모이는 국내 최대의 안전산업 마켓 플레이스이다 .

2. 다음의 ≪조건≫에 따라 ≪출력형태≫와 같이 표와 차트를 작성하시오. (100점)

≪표 조건≫
(1) 표 전체(표, 캡션) – 굴림, 10pt
(2) 정렬 – 문자 : 가운데 정렬, 숫자 : 오른쪽 정렬
(3) 셀 배경(면 색) : 노랑
(4) 한글의 계산 기능을 이용하여 빈칸에 평균(소수점 두 자리)을 구하고, 캡션 기능 사용할 것
(5) 선 모양은 ≪출력형태≫와 동일하게 처리할 것

≪출력형태≫

연도별 대한민국 안전산업박람회 참관객(단위 : 명)

구분	2015년	2016년	2017년	2018년	평균
20대	5,346	7,745	8,934	11,264	
30대	7,329	10,436	11,252	14,708	
40대	10,485	12,340	13,046	16,934	
50대 이상	6,722	7,694	9,102	11,867	

≪차트 조건≫
(1) 차트 데이터는 표 내용에서 연도별 20대, 30대, 40대의 값만 이용할 것
(2) 종류 – 〈묶은 가로 막대형〉으로 작업할 것
(3) 제목 – 돋움, 진하게, 12pt, 배경 – 선 모양(한 줄로), 그림자(2pt)
(4) 제목 이외의 전체 글꼴 – 돋움, 보통, 10pt
(5) 축제목과 범례는 ≪출력형태≫와 동일하게 처리할 것

≪출력형태≫

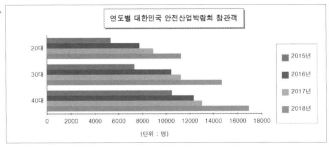

연도별 대한민국 안전산업박람회 참관객

(단위 : 명)

→ **스타일**(50점)

1. 글자 모양이나 문단 모양 스타일의 기능 평가
2. [스타일] 조건에 따라 스타일 기능을 적용

→ **표와 차트**(100점 : 각 50점)

1. 표 기능과 차트 기능 평가
2. 작성한 표의 오타를 검사, 계산식과 차트 완성

[주요 내용]

1. 문서를 오타 없이 입력
2. 주어진 조건에 맞는 스타일을 작성하고 적용
3. 표 작성 및 편집(셀 합치기, 선 모양, 셀 음영, 서식, 정렬 등)
4. 주어진 조건에 맞는 계산식 및 캡션을 적용
5. 차트 작성과 편집

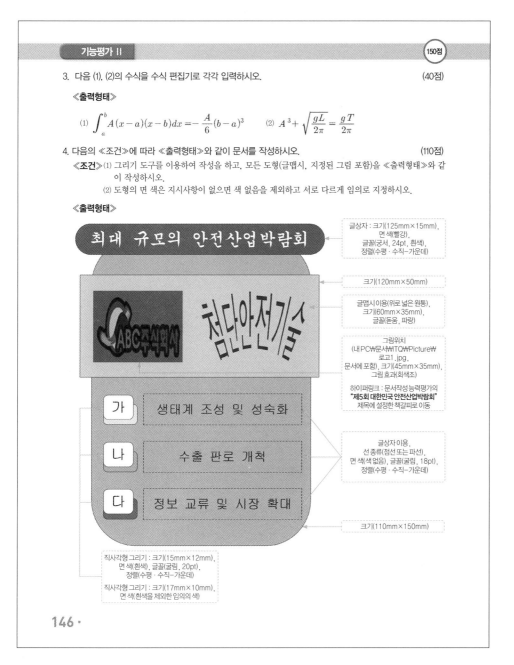

3. 다음 (1), (2)의 수식을 수식 편집기로 각각 입력하시오. (40점)

《출력형태》

$$(1)\ \int_a^b A(x-a)(x-b)dx = -\frac{A}{6}(b-a)^3 \qquad (2)\ A^3 + \sqrt{\frac{gL}{2\pi}} = \frac{gT}{2\pi}$$

4. 다음의 《조건》에 따라 《출력형태》와 같이 문서를 작성하시오. (110점)

《조건》 (1) 그리기 도구를 이용하여 작성을 하고, 모든 도형(글맵시, 지정된 그림 포함)을 《출력형태》와 같이 작성하시오.
(2) 도형의 면 색은 지시사항이 없으면 색 없음을 제외하고 서로 다르게 임의로 지정하시오.

《출력형태》

➜ 수식 (40점 : 각 20점)

1. [수식] 출력형태와 같은 수식 기호를 사용했는지 확인

2. 오타 시 0점 처리

[주요 내용]

1. 각 수식 문제당 1개의 수식을 이용하여 작성

2. 제시한 정확한 그림파일을 선택

3. 도형들의 크기, 배치, 정렬이 출력형태와 동일한지 확인

4. 개체 묶기가 되지 않아야 함(개체 묶기가 되어 있을 경우 해당 그룹 0점 처리)

5. 정확한 개체에 하이퍼링크 연결

➜ 그림/그리기 작성 (110점)

1. 도형의 크기, 배치, 정렬이 출력형태와 동일하게 작성

2. 지시사항이 없는 도형의 면색은 임의로 지정

3. 파선, 점선 사용

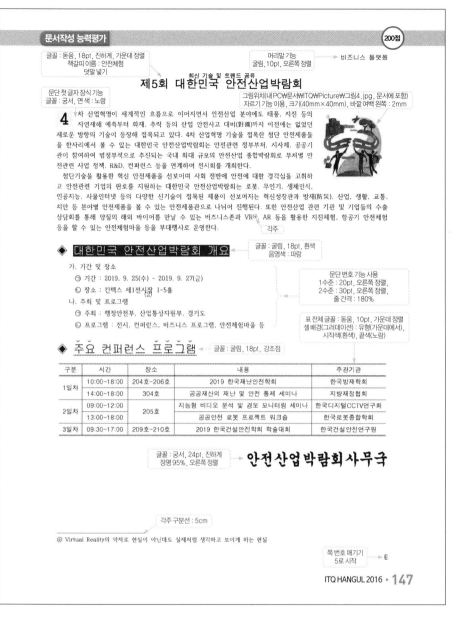

→ 문서작성 능력평가 (200점)

다양한 문서작성 능력 요구 – 지시사항이 누락되지 않도록 주의

[주요 내용]

1. 제목의 덧말 넣기

2. 문단 첫 글자 장식 이용

3. 출력형태에 맞게 문단 완성

4. 지시된 그림의 삽입과 크기 및 여백을 정확히 입력

5. 두 번째 문단에 들여쓰기 확인

6. 지시조건에 따라 문단 번호, 수준에 맞는 여백을 적용

7. 표 작성 편집(셀 합치기, 선 모양, 셀 음영, 서식, 정렬 등)

8. 쪽 번호, 책갈피, 머리말, 각주 등을 조건과 출력형태에 맞게 작성

05 만점을 받기 위한 TIP

01 기능평가 I의 스타일은 입력이 안되어 있는 상태에서 스타일을 적용하면 해당 항목은 0점 처리됩니다. 오타 없이 입력을 하고 영문과 한글 사이의 빈 줄은 삽입하지 않습니다. 스타일의 기능을 이용하여 글자 모양/문단 모양을 지정하여야 하며 영문/한글의 글꼴을 따로 지정하여야 합니다. 스타일 지정이 끝나면 다음 줄에 반드시 스타일 해제를 합니다.

02 기능평가 I의 표에서 블록 계산식과 캡션의 글꼴 속성을 바꾸지 않은 경우가 많습니다. 블록 계산식은 빈 셀에만 작성하며 결과 값은 숫자이므로 오른쪽 정렬을 합니다. 캡션은 반드시 캡션 기능을 이용합니다. 이 모든 부분이 감점 대상이 될 수 있습니다.

03 기능평가 I의 차트는 주어진 조건 외에도 출력형태를 참고하여 세부사항(특히 눈금 및 범례 등)을 맞춰야 하며, 글꼴 또한 항목 축, 값 축, 범례 등에 모두 적용해야 합니다.

04 수식은 각각 20점씩이며, 수식의 문제 특성상 부분 점수는 없습니다. 오타 및 기호가 출력형태와 다를 경우 0점 처리될 수 있으니 출력형태와 동일하게 작성합니다.

05 도형은 도형의 배치 순서가 맞는지 확인하고, 도형을 하나의 개체로 묶지 않습니다. 묶으면 감점됩니다.

06 책갈피는 문서작성 평가의 제목의 앞에 커서를 두고 책갈피 설정합니다. 제목 글자를 블록 지정 후 책갈피를 설정하면 감점이 됩니다.

07 그림은 반드시 해당 그림을 삽입하여 편집합니다.

08 하이퍼링크는 책갈피를 그림 또는 글맵시에 연결하도록 합니다. 문제의 지시사항을 확인하고 연결된 개체에 하이퍼링크를 적용합니다.

09 [Ctrl]+[Enter]로 쪽을 나눈 경우 1, 2 페이지 쪽 번호 감추기를 하지 않아도 감점사항에 해당되지 않습니다.

※ 또한 평가 항목 중 가장 자신 있는 부분부터 작성하고, 반드시 해당 페이지에 해당 평가 항목이 작성되도록 합니다.

 기본 문서 및 글꼴과 문단 서식 설정하기

01 Section

한글 네오 2016 프로그램을 실행하여 편집 용지의 용지 여백을 설정하고, 쪽을 나누는 등 문서 작성의 기본부터 글꼴과 문단의 서식을 설정하는 방법까지 ITQ 한글 답안 작성의 기본 설정에 대해 학습합니다.

편집 용지 설정하기

- [쪽] 탭의 목록 단추를 클릭하여 [편집 용지]를 선택하거나 [쪽] 탭의 [쪽 여백]에서 [쪽 여백 설정]을 클릭하여 편집 용지의 용지 종류와 용지 여백을 설정할 수 있습니다.
- *F7*을 눌러 편집 용지를 설정할 수 있습니다.

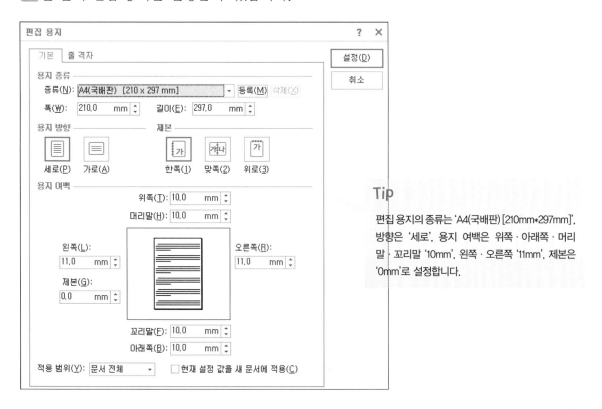

Tip

편집 용지의 종류는 'A4(국배판) [210mm*297mm]', 방향은 '세로', 용지 여백은 위쪽ㆍ아래쪽ㆍ머리말ㆍ꼬리말 '10mm', 왼쪽ㆍ오른쪽 '11mm', 제본은 '0mm'로 설정합니다.

쪽 나누기

- [쪽] 탭의 목록 단추를 클릭하여 [쪽 나누기]를 선택하거나 [쪽] 탭의 [쪽 나누기]를 클릭합니다.
- *Ctrl* + *Enter* 를 눌러 쪽 나누기를 할 수 있습니다. 쪽을 나누면 빨간색으로 페이지 구분선이 나타납니다.
- 쪽 나누기를 실행한 자리 앞이나 뒤에서 *Delete* 나 *Back Space* 를 누르면 나누어진 쪽이 지워집니다.

1페이지	*Ctrl* + *Enter*
2페이지	

한글/한자로 바꾸기

- 한자로 변경할 글자 또는 단어 뒤에 마우스 커서를 위치시키고 [입력] 탭의 [한자 입력]을 클릭한 뒤, [한자로 바꾸기]를 선택합니다.
- 한자 또는 F9 를 눌러 한글을 한자로 변경할 수 있으며, 변경된 한자 뒤에 마우스 커서를 위치시키고 다시 한자 또는 F9 를 누르면 한자를 한글로 변경할 수 있습니다.

문자표 입력하기

- [입력]의 목록 단추를 클릭하여 [문자표]를 선택하거나 [입력] 탭의 [문자표]를 클릭합니다.
- Ctrl + F10 을 눌러 [문자표 입력] 대화상자에서 다양한 문자를 입력할 수 있습니다.
- [입력] 탭의 [문자표] 목록 단추를 클릭하면 최근에 삽입한 문자를 선택하여 입력할 수 있습니다.

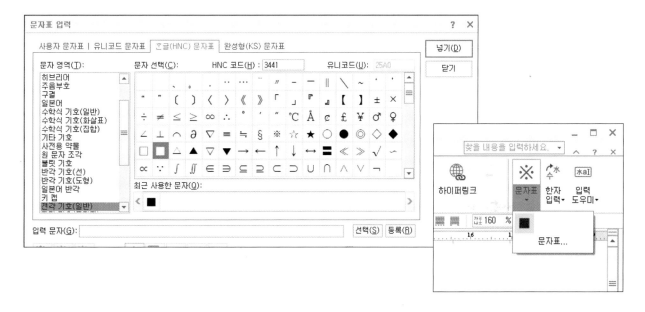

블록 설정하기

- 글꼴이나 문단 서식이 적용될 범위를 블록으로 설정하여 편집할 수 있습니다.
- 블록을 설정할 시작 위치에 마우스 포인터를 위치시킨 다음, 원하는 위치까지 드래그하면 블록을 설정할 수 있습니다.
- 블록을 설정할 시작 위치에 커서를 위치시킨 다음, Shift 를 누른 상태로 클릭하면 커서가 위치한 곳부터 끝까지 블록을 설정할 수 있습니다.
- 블록을 설정할 단어를 더블 클릭하면 한 단어가 블록 설정됩니다.
- 블록을 설정할 단어를 세 번 클릭하면 한 문단이 블록 설정됩니다.
- [편집] 탭의 [모두 선택]을 클릭하거나 Ctrl + A 를 누르면 문서 전체가 블록 설정됩니다.

글꼴 서식 설정하기

- [서식] 탭의 목록 단추를 클릭하여 [글자 모양]을 선택하거나 [서식] 탭 또는 [편집] 탭의 [글자 모양]을 클릭합니다.
- Alt + L 을 눌러 [글자 모양] 대화상자를 불러올 수 있습니다.
- 서식 도구 상자에서 글꼴, 크기, 속성, 줄 간격 등을 설정할 수 있습니다.

- [글자 모양] 대화상자의 [기본] 탭에서 글자 크기, 글꼴, 글자 색 등을 설정할 수 있습니다.

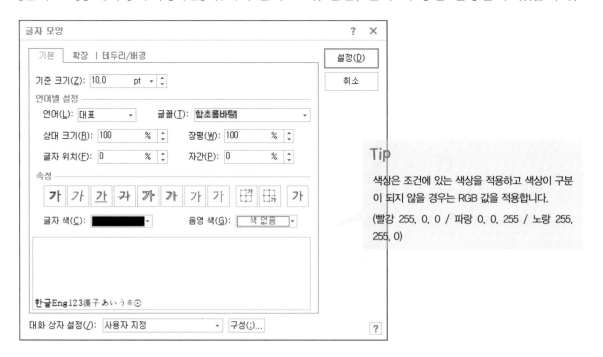

Tip

색상은 조건에 있는 색상을 적용하고 색상이 구분이 되지 않을 경우는 RGB 값을 적용합니다.

(빨강 255, 0, 0 / 파랑 0, 0, 255 / 노랑 255, 255, 0)

- 속성

- [글자 모양] 대화상자의 [확장] 탭에서 ~, ·, °과 같은 강조점을 설정하여 문자 위에 표시할 수 있습니다.

Tip

글자 속성 단축키

메뉴	진하게	기울임	밑줄	흰색 글자	빨간색 글자	노란색 글자	파란색 글자
단축키	Ctrl + B	Ctrl + I	Ctrl + U	Ctrl + M , W	Ctrl + M , R	Ctrl + M , Y	Ctrl + M , B

문단 모양 설정하기

- [서식] 탭의 목록 단추를 클릭하여 [문단 모양]을 선택하거나 [서식] 탭 또는 [편집] 탭의 [문단 모양]을 클릭합니다.
- Alt + T 를 눌러 [문단 모양] 대화상자를 불러올 수 있습니다.
- [서식]에서 문단 정렬 및 문단 첫글자 장식, 줄 간격, 왼쪽 여백 늘이기, 왼쪽 여백 줄이기 등을 설정할 수 있습니다.

- [문단 모양] 대화상자에서 정렬 방식, 여백, 첫 줄 들여쓰기, 첫 줄 내어쓰기, 줄 간격 등을 설정할 수 있습니다.

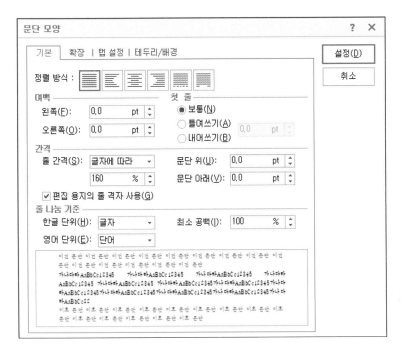

문단 첫 글자 장식 설정하기

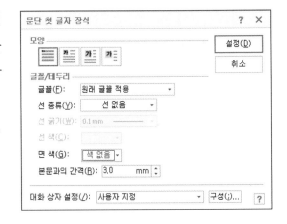

- 첫 글자를 장식할 문단에 커서를 위치한 다음에 [서식] 탭의 목록 단추를 클릭하여 [문단 첫 글자 장식]을 선택하거나 [서식] 탭의 [문단 첫 글자 장식]을 클릭합니다.
- [문자 첫 글자 장식] 대화상자의 모양에서 2줄, 3줄, 여백으로 문단 첫 글자를 장식할 수 있습니다.

문단 번호 모양 설정하기

- [서식] 탭의 목록 단추를 클릭하여 [문단 번호 모양]을 선택하거나 [서식] 탭에서 [문단 번호]의 목록 단추를 클릭하여 [문단 번호 모양]을 클릭합니다.
- Ctrl + K , N 을 눌러 [문단 번호/글머리표] 대화상자를 불러올 수 있습니다.

- [문단 번호/글머리표] 대화상자에서 [사용자 정의]를 클릭하면 문단 번호의 모양을 수준에 따라 각각 다르게 설정할 수 있으며 문단 번호의 너비와 정렬을 설정할 수 있습니다.

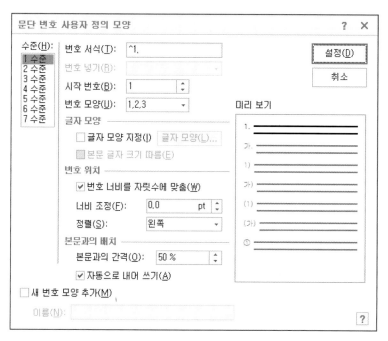

- [서식] 탭의 [한 수준 증가]를 클릭하면 문단 번호가 한 수준 증가하며, [한 수준 감소]를 클릭하면 문단 번호가 한 수준 감소합니다.

모양 복사하기

- [편집] 탭의 목록 단추를 클릭하여 [모양 복사]를 선택하거나 [편집] 탭의 [모양 복사]를 클릭하여 커서 위치의 글자 모양이나 문단 모양, 스타일 등을 다른 곳으로 복사할 수 있습니다.
- Alt + C 를 눌러 [모양 복사] 대화상자를 불러올 수 있습니다.
- 특정한 모양을 반복적으로 설정해야 하는 경우에 편리한 기능입니다.
- 복사한 글자 모양이나 문단 모양을 적용하고 싶으면 원하는 내용을 블록 설정한 다음, Alt + C 를 누릅니다.

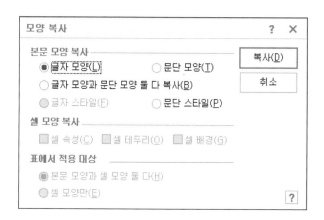

■ ■ 예제 : 기출유형₩기본문서.hwp

다음의 ≪조건≫에 따라 ≪출력형태≫와 같이 문서를 작성하시오.

공통 부문
(1) 파일명의 본인의 "수험번호–성명"으로 입력하여 답안폴더 [내 PC₩문서₩ITQ]에 저장하시오.
(2) 글꼴에 대한 기본설정은 함초롬바탕, 10포인트, 검정, 줄 간격 160%, 양쪽 정렬로 한다.
(3) 색상은 조건의 색을 적용하고 색의 구분이 안될 경우에는 RGB 값을 적용한다(빨강 255, 0, 0 / 파랑 0, 0, 255 / 노랑 255, 255, 0).
(4) 용지여백은 왼쪽 · 오른쪽 11mm, 위쪽 · 아래쪽 · 머리말 · 꼬리말 10mm, 제본은 0mm로 한다.

조건
(1) 문단 모양 – 왼쪽 여백 : 15pt, 문단 아래 간격 : 10pt
(2) 글자 모양 – 글꼴 : 한글(궁서)/영문(돋움), 크기 : 10pt, 장평 : 95%, 자간 : 5%

출력형태

Leisure or free time, is a period of time spent out of work and essential domestic activity. Most people enjoy socializing with friends for dinner or a drink after a hard day at work.

풍요로운 생활과 함께 삶의 질적 수준을 높이고자 하는 현세대의 가치관과 맞물려 다양한 분야의 여가가 그 수요를 높이고 있다.

출력형태

문단 첫글자 장식 기능
글꼴 : 돋움, 면색 : 노랑

건강한 삶을 위한 여가활동

돋움, 21pt, 진하게, 가운데 정렬

일을 하지 않는 여가에 이루어지는 활동을 여가활동이라고 한다. 즉 의무적인 행동이 아닌 남는 시간에 자유롭게 행하는 활동으로서 공연 관람 등의 문화생활, 배움을 목적으로 한 강좌 수강, 나눔을 위한 자원봉사 등 자신의 만족을 위한 자발적인 모든 것이 이에 포함된다. 고도의 경제 성장으로 선진국 진입의 발판이라는 1인당 국민소득(國民所得) 6만 달러 시대를 맞은 우리나라도 이제 이 여가활동이 국가 경쟁력의 핵심이 되고 있다. 여가는 노동과 대립되는 의미이지만 노동력을 향상시키기 위한 에너지를 재충전한다는 관점에서 상호 보완적 관계에 있다고도 할 수 있다.

산업 기술의 혁신과 노동 환경의 변화에 따라 육체적인 작업보다 정신적인 업무가 증가하면서 이에 수반되는 스트레스를 해소하고 마음의 여유와 생활의 활력을 찾기 위한 여가활동의 필요성도 점점 강조되고 있다. 풍요로운 생활과 함께 삶의 질적 수준을 높이고자 하는 현세대(現世代)의 가치관과 맞물려 다양한 분야의 여가가 그 수요를 높이고 있는 것이다. 개인의 삶의 질을 향상시키는 역할은 물론 국가 경쟁력을 키우는 핵심 국정 사안으로 인식되어 국가적 차원의 지원과 활성화가 이루어지기를 기대한다.

◆ **여가활동의 종류**

글꼴 : 굴림, 18pt, 흰색
음영색 : 파랑

　　A. 신체적 여가활동
　　　① 의의 : 현대인의 신체적 불균형 해소
　　　② 종류 : 등산, 하이킹, 캠핑, 야영, 각종 스포...
　　B. 사회적 여가활동
　　　① 의의 : 인간성의 회복과 건전한 사회 풍토 조성
　　　② 종류 : 자원봉사, 캠페인 전개, 사회운동 참여

문단 번호 기능 사용
1수준 : 20pt, 오른쪽 정렬,
2수준 : 30pt, 오른쪽 정렬,
줄 간격 : 180%

◆ *여가활동별 유형 분석*

글꼴 : 굴림, 18pt, 기울임, 강조점

　　A. 탐구형 : 분석적, 이지적, 독립적, 독창적, 개방적
　　B. 예술형 : 낭만적, 표현적, 직관적, 풍부한 상상력, 예민한 감수성
　　C. 진취형 : 열정적, 경쟁적, 낙천적, 사교적, 권력지향적

왼쪽 여백 : 20pt, 줄 간격 : 180%

여가정책연구실

글꼴 : 궁서, 24pt, 진하게,
장평 : 110%, 가운데 정렬

01 [쪽] 탭의 [편집 용지]를 클릭하거나 F7 을 눌러 [편집 용지] 대화상자의 ❶[기본] 탭에서 ❷[용지 여백]을 위쪽 · 아래쪽 · 머리말 · 꼬리말은 '10mm', 왼쪽 · 오른쪽은 '11mm', 제본은 '0mm'으로 설정하고 ❸[설정]을 클릭합니다.

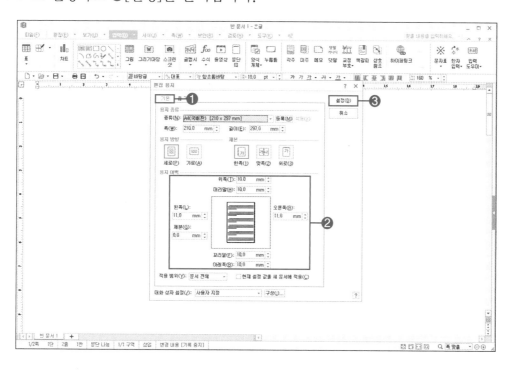

02 ≪출력형태≫와 같이 내용을 입력합니다. 입력한 내용을 블록으로 설정하고 ❶[서식] 탭의 ❷[글자 모양]을 클릭합니다. [글자 모양] 대화상자에서 ❸언어를 '한글', 글꼴은 '궁서', 장평은 '95%', 자간은 '5%'로 설정합니다.

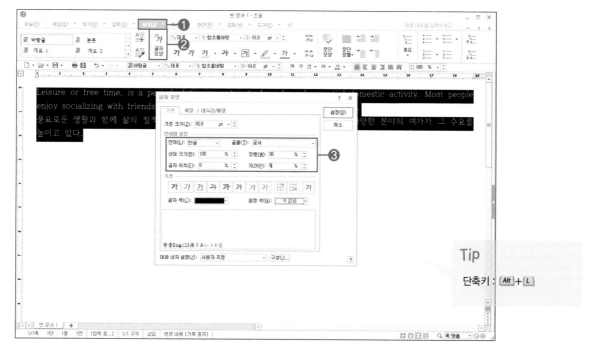

Tip

단축키 : Alt + L

03 ❶언어를 '영문', 글꼴은 '돋움', 장평은 '95%', 자간은 '5%'로 설정하고 ❷[설정]을 클릭합니다.

04 ❶[서식] 탭의 ❷[문단 모양]을 클릭합니다. [문단 모양] 대화상자의 ❸[기본] 탭에서 ❹왼쪽은 '15pt', ❺문단 아래 간격은 '10pt'로 설정하고 ❻[설정]을 클릭합니다.

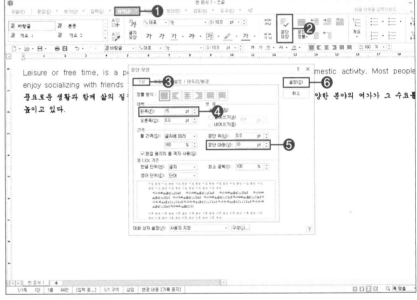

Tip
단축키 : Alt + T

05 입력한 내용 마지막 줄 끝에 마우스 커서를 위치시킨 다음 [쪽 나누기]를 클릭하여 쪽(페이지)을 나눕니다.

Tip
단축키 : Ctrl + Enter

01 ≪출력형태≫와 같이 내용을 입력합니다. 제목을 블록 설정한 다음, 서식 도구 상자에서 ❶글꼴은 '돋움', 글자 크기는 '21pt', 속성은 '진하게', 정렬은 '가운데 정렬'로 설정합니다.

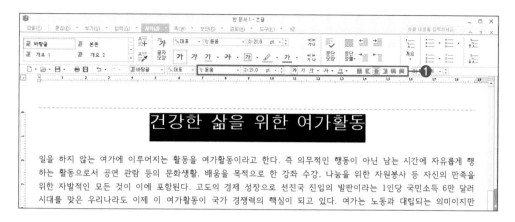

02 한자로 변환할 ❶'국민소득' 뒤에 커서를 위치시키고 [한자] 또는 *F9*를 누릅니다. [한자로 바꾸기] 대화상자의 한자 목록에서 ❷'國民所得'을 선택한 다음 입력 형식에서 ❸'한글(漢字)'로 선택하고 ❹[바꾸기]를 클릭합니다.

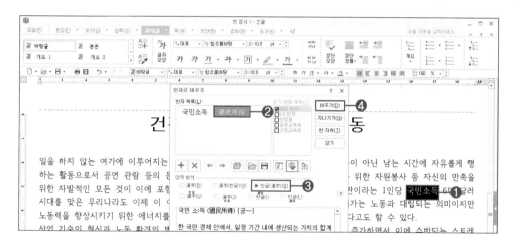

03 같은 방법으로 '현세대' 뒤에 커서를 위치시키고 [한자로 바꾸기] 대화상자의 한자 목록에서 ❶'現世代'를 선택하고 ❷[바꾸기]를 클릭합니다.

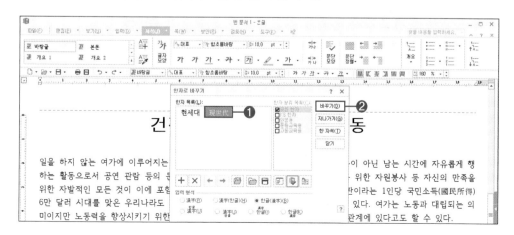

04 내용 맨 앞에 커서를 위치시키고 ❶[서식] 탭의 ❷[문단 첫 글자 장식]을 클릭합니다. [문단 첫 글자 장식] 대화상자에서 ❸모양은 '2줄', ❹글꼴은 '돋움'으로 설정합니다. ❺면 색의 목록 단추를 클릭하고 ❻색상 테마 목록 단추를 클릭하여 ❼'오피스'를 클릭합니다.

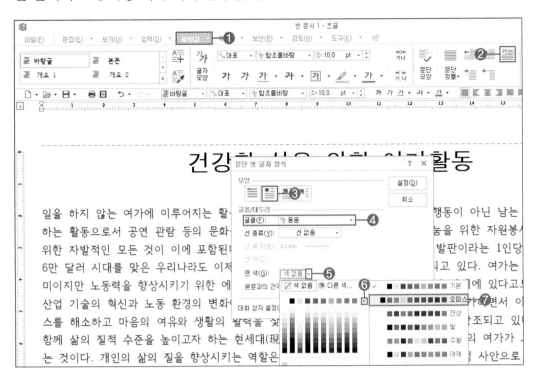

05 ❶'노랑'을 선택하고 ❷[설정]을 클릭합니다.

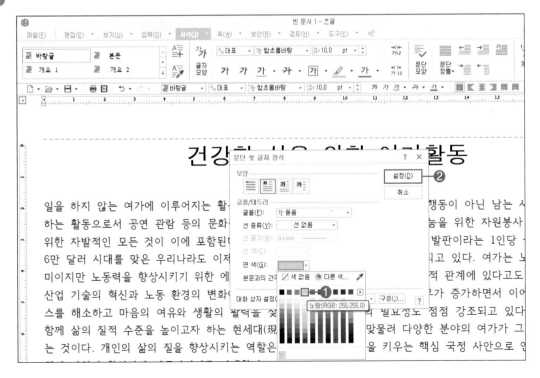

01 문자표를 입력할 위치에 커서를 위치시키고 `Ctrl`+`F10`을 누릅니다. [문자표 입력] 대화상자에서 ❶[흔글(HNC) 문자표] 탭을 선택하고 문자 영역에서 ❷'전각 기호(일반)'를 선택합니다. 문자 선택에서 ❸'◆'을 선택하고 ❹[넣기]를 클릭합니다.

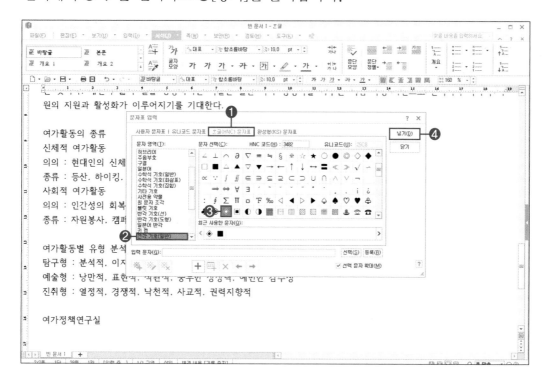

02 삽입된 문자표 뒤에 `Space Bar`를 눌러 공백을 삽입한 후, 다음과 같이 블록을 설정하고 서식 도구 상자에서 ❶글꼴은 '굴림', 글자 크기는 '18pt'로 설정합니다.

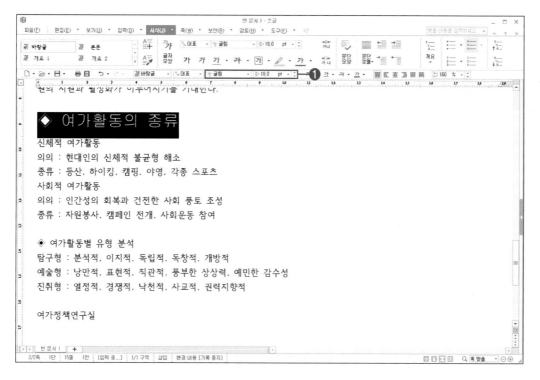

03 문자표를 제외한 내용을 블록으로 설정하고 ❶[서식] 탭의 ❷[글자 모양]을 클릭합니다. [글자 모양] 대화상자에서 ❸음영 색의 ❹색상 테마 목록 단추를 클릭하여 ❺'오피스'로 변경합니다.

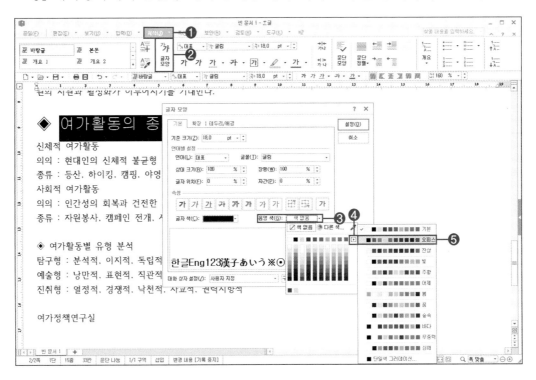

04 ❶음영색을 '파랑'으로 선택하고 ❷글자 색 목록 단추를 클릭하여 ❸'흰색'을 선택하고 ❹[설정]을 클릭합니다.

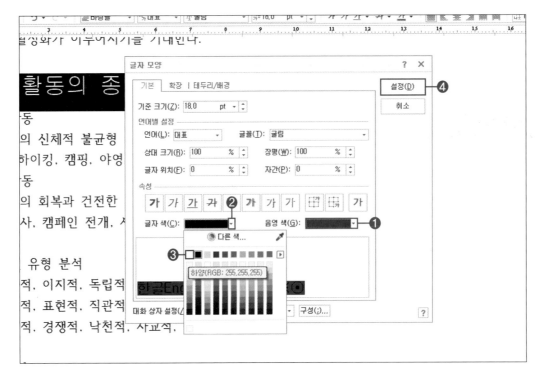

05 다음과 같이 제목을 블록 설정하고 서식 도구 상자에서 ❶글꼴은 '굴림', 글자 크기는 '18pt'로 설정합니다.

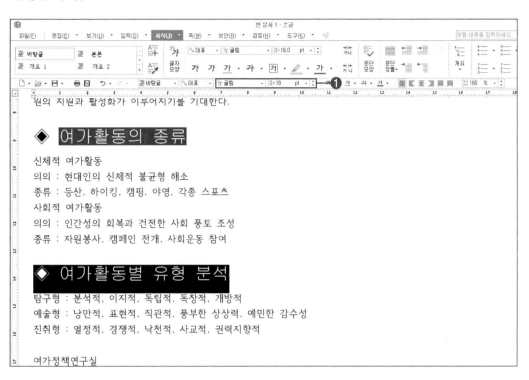

06 문자표를 제외한 내용을 블록으로 설정하고 ❶[서식] 탭의 ❷'기울임'을 클릭합니다.

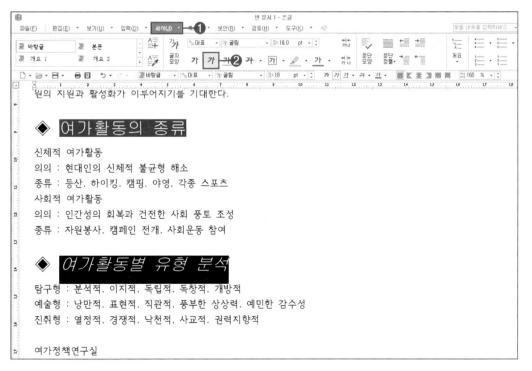

07 '여가활동'만 블록으로 설정하고 ❶[서식] 탭의 ❷[글자 모양]을 클릭합니다. [글자 모양] 대화상자의 ❸[확장] 탭에서 ❹강조점을 클릭하여 ❺≪출력형태≫와 같은 강조점을 선택하고 ❻[설정]을 클릭합니다.

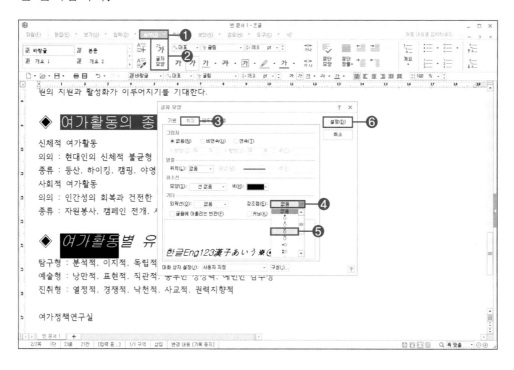

08 '여가정책연구실'에 블록으로 설정하고 ❶[서식] 탭의 ❷[글자 모양]을 클릭합니다. [글자 모양] 대화상자의 ❸[기본] 탭에서 ❹글꼴을 '궁서', 글자 크기는 '24pt', 장평은 '110%', 속성은 '진하게'로 설정하고 ❺[설정]을 클릭합니다. 마지막으로 서식 도구 상자에서 '가운데 정렬'을 클릭합니다.

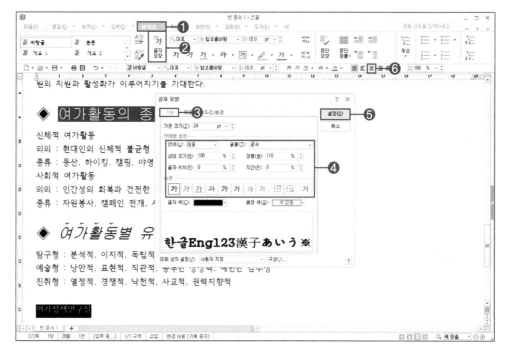

01 문단 번호를 설정할 내용을 블록 설정한 다음 ❶[서식] 탭의 ❷[문단 번호]의 목록 단추를 클릭하여 [문단 번호 모양]을 클릭합니다. [문단 번호/글머리표] 대화상자의 [문단 번호] 탭에서 ❸≪출력형태≫와 비슷한 문단 번호를 선택하고 ❹[사용자 정의]를 클릭합니다.

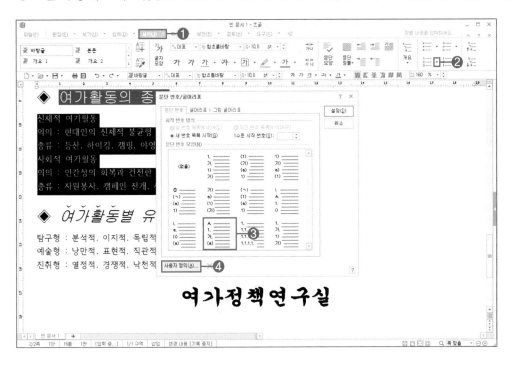

02 [문단 번호 사용자 정의 모양] 대화상자에서 ❶1수준의 너비 조정을 '20'으로 설정하고 ❷정렬을 '오른쪽'으로 선택합니다.

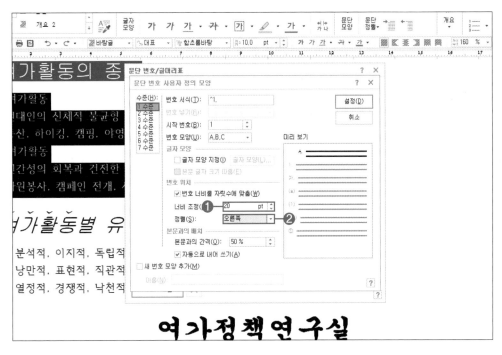

03 수준을 ❶'2수준'으로 선택하고 ❷현재 수준의 번호 모양을 클릭하여 ❸'①, ②, ③'으로 선택합니다.

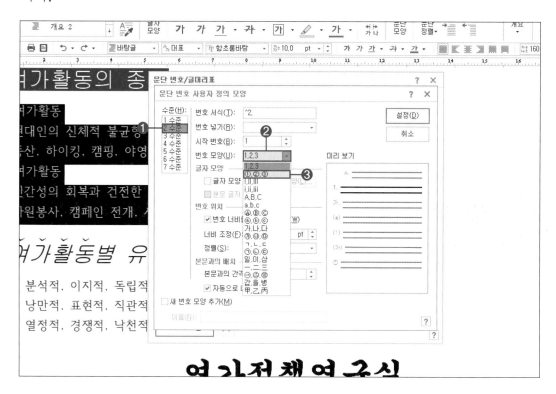

04 ❶번호 서식을 '^2'로 입력하고 ❷너비 조정을 '30'으로 설정하고 ❸정렬을 '오른쪽'으로 선택하고 ❹[설정]을 클릭합니다.

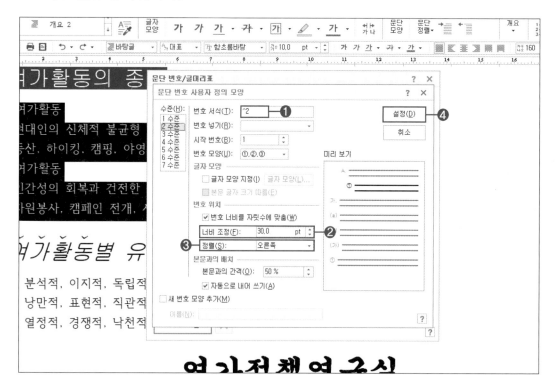

05 [문단 번호/글머리표] 대화상자의 첫 화면으로 돌아와 ❶[설정]을 클릭합니다.

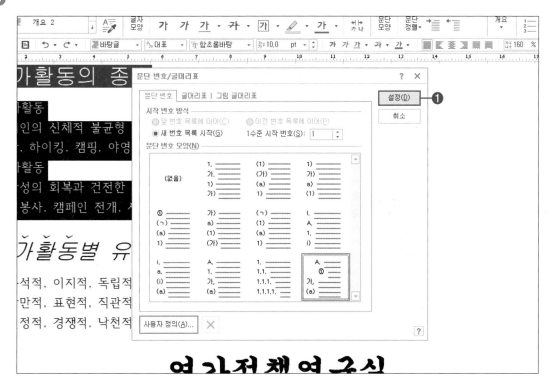

06 다음과 같이 2수준 내용을 블록으로 설정하고 ❶[한 수준 감소]를 클릭해 문단 번호의 수준을 한 수준 낮춥니다.

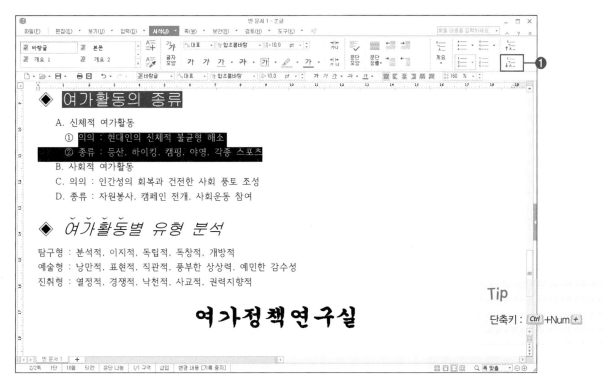

Tip
단축키 : Ctrl +Num +

07 같은 방법으로 다음과 같이 블록 설정된 내용도 ❶[한 수준 감소]를 클릭해 문단 번호의 수준을 한 수준 낮춥니다.

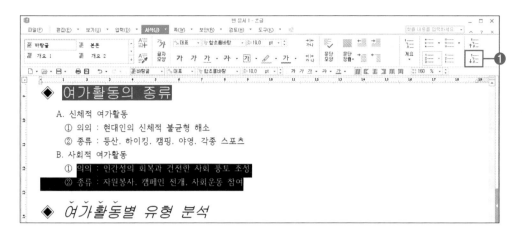

08 다음과 같이 블록을 설정하고 ❶줄 간격을 '180%'로 설정합니다.

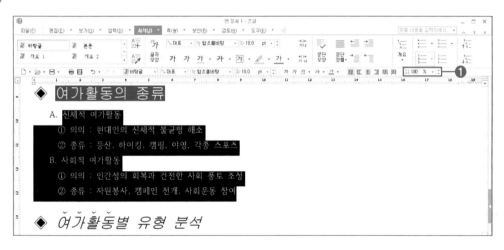

09 다음과 같이 내용을 블록 설정하고 ❶[서식] 탭의 ❷[문단 번호]의 목록 단추를 클릭하여 [문단 번호 모양]을 클릭합니다. [문단 번호/글머리표] 대화상자의 ❸[문단 번호] 탭에서 ❹≪출력형태≫와 같은 모양을 선택하고 ❺[설정]을 클릭합니다.

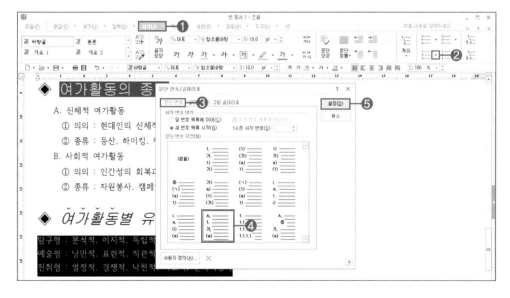

10 다음과 같이 블록 설정된 상태에서 ❶[서식] 탭의 ❷[문단 모양]을 클릭합니다. [문단 모양] 대화상자에서 ❸왼쪽 여백을 '20pt', 줄 간격을 '180%'로 설정하고 ❹[설정]을 클릭합니다.

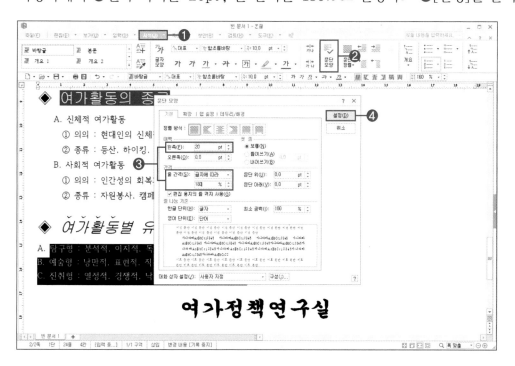

11 문서를 저장하기 위해 [Alt]+[S]를 누릅니다. [다른 이름으로 저장하기] 대화상자에서 [내 PC\문서\ITQ] 폴더를 열어 파일 이름을 ❶'수험번호-이름' 형식으로 입력하고 ❷[저장]을 클릭합니다.

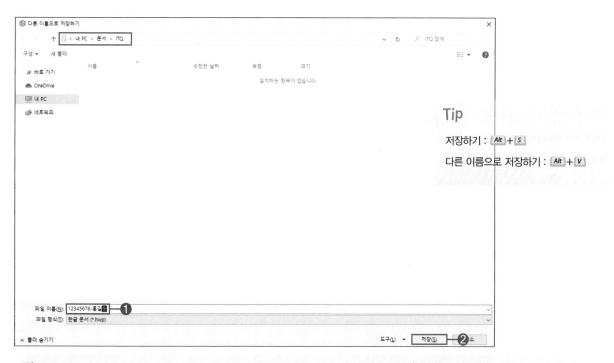

Tip

저장하기 : [Alt]+[S]

다른 이름으로 저장하기 : [Alt]+[V]

Tip

• ITQ 폴더는 내 PC에 답안용 폴더를 생성하여 저장하면 됩니다.

• 답안 문서 파일명이 '수험번호-이름'과 일치하지 않으면 실격 처리됩니다. 파일 저장 과정에서 답안 문서의 파일명이 틀렸을 경우 [파일] 탭의 [다른 이름으로 저장하기] 또는 [Alt]+[V]를 눌러 파일명을 정확하게 입력하고 다시 저장합니다.

■ ■ 준비파일 : 실력팡팡\기본문서1.hwp / 완성파일 : 실력팡팡\기본문서1_완성.hwp

01 다음의 ≪조건≫에 따라 ≪출력형태≫와 같이 문서를 작성하시오.

공통 부문
(1) 파일명의 본인의 "수험번호–성명"으로 입력하여 답안폴더 [내 PC\문서\ITQ]에 저장하시오.
(2) 글꼴에 대한 기본설정은 함초롬바탕, 10포인트, 검정, 줄 간격 160%, 양쪽 정렬로 한다.
(3) 색상은 조건의 색을 적용하고 색의 구분이 안될 경우에는 RGB 값을 적용한다(빨강 255, 0, 0 / 파랑 0, 0, 255 / 노랑 255, 255, 0).
(4) 용지여백은 왼쪽·오른쪽 11mm, 위쪽·아래쪽·머리말·꼬리말 10mm, 제본은 0mm로 한다.

조건
(1) 문단 모양 – 왼쪽 여백 : 15pt, 문단 아래 간격 : 10pt
(2) 글자 모양 – 글꼴 : 한글(돋움)/영문(궁서), 크기 : 10pt, 장평 : 105%, 자간 : –5%

출력형태

A genetically modified organism(GMO) or GEO is an organism whose genetic material has been altered using genetic engineering techniques.

유전자재조합이란 한 생물체의 유용한 유전자를 추출하여 다른 생물체에 이식함으로써 유용한 성질을 생성하는 기술을 말한다.

출력형태

문단 첫글자장식 기능
글꼴 : 돋움, 면색 : 노랑

유전자와 재조합기술의 이해 ◀ 궁서, 21pt, 진하게, 가운데 정렬

생물체 각각의 유전 형질을 발현시키는 원인이 되는 고유한 형태, 색, 성질 등과 같은 인자를 유전자(遺傳子)라고 하며, 염색체 가운데 일정한 순서로 배열되어 생식 세포를 통해 자손에게 유전 정보를 전달한다. 세포 속에 들어 있는 유전자는 생명 현상의 가장 중요한 성분인 단백질을 만드는 데 필요한 유전 정보 단위이며, 본체는 DNA라 불리는 화합물로 구성되어 있다. 이 DNA의 염기 배열 순서에 따라 어떤 단백질이 만들어지는지가 결정되면서 생물의 모양이나 특성 등이 달라진다. 인간의 경우 세포 속에 약 3만여 개, 벼는 약 4만여 개의 유전자가 존재한다.
한 생물체의 유용한 유전자를 추출하여 다른 생물체에 이식(移植)함으로써 유용한 성질을 생형하는 기술을 유전자재조합이라고 한다. 이 기술에 의해 형질이 전환된 생물체를 GMO라고 하며 그 종류에 따라 유전자재조합농산물, 유전자재조합동물, 유전자재조합미생물로 분류된다. 식물이나 가축의 유전적 특성을 개선하여 보다 실용적인 개체를 개발하고자 유전공학의 힘을 이용하여 의도적인 품종 개량을 유도하는 유전자재조합기술은 복제기술, 조직배양기술, 생체 대량배양기술과 더불어 대표적인 현대 생명공학기술이다.

◆ **GMO 표시의 개요** ◀ 글꼴 : 굴림, 18pt, 흰색 / 음영색 : 파랑

  A. 시행 목적과 법적 근거
    ① 시행 목적 : 소비자에게 올바른 정보 제공
    ② 법적 근거 : 농산물품질 관리법에 따른 표시 요령
  B. 표시 방법
    ① 국내 식품 : 포장지에 인쇄
    ② 수입 식품 : 스티커 부착 기능

문단 번호 기능 사용
1수준 : 20pt, 오른쪽 정렬,
2수준 : 30pt, 오른쪽 정렬,
줄 간격 : 180%

◆ *GM 식품의 표시 관리* ◀ 글꼴 : 굴림, 18pt, 기울임, 강조점

  A. 한국의 비의도적 혼합치 : 3% 이하
  B. 일본의 비의도적 혼합치 : 5% 이하

왼쪽 여백 : 15pt, 줄 간격 : 200%

글꼴 : 궁서, 25pt, 진하게,
장평 : 110%, 오른쪽 정렬 ▶ **KFDA(식약청)**

02 다음의 《조건》에 따라 《출력형태》와 같이 문서를 작성하시오.

공통 부문

(1) 파일명의 본인의 "수험번호-성명"으로 입력하여 답안폴더 [내 PC₩문서₩ITQ]에 저장하시오.

(2) 글꼴에 대한 기본설정은 함초롬바탕, 10포인트, 검정, 줄 간격 160%, 양쪽 정렬로 한다.

(3) 색상은 조건의 색을 적용하고 색의 구분이 안될 경우에는 RGB 값을 적용한다(빨강 255, 0, 0 / 파랑 0, 0, 255 / 노랑 255, 255, 0).

(4) 용지여백은 왼쪽 · 오른쪽 11mm, 위쪽 · 아래쪽 · 머리말 · 꼬리말 10mm, 제본은 0mm로 한다.

조건

(1) 문단 모양 – 왼쪽 여백 : 15pt, 문단 아래 간격 : 10pt

(2) 글자 모양 – 글꼴 : 한글(돋움)/영문(굴림), 크기 : 10pt, 장평 : 97%, 자간 : –5%

출력형태

After-school activity was included in the category of specialty and aptitude education. It was expected that after-school program could promote students good character and improve their creativity.

방과후학교 프로그램은 획일화된 정규 교과 위주의 교육에서 벗어나 21세기를 이끌어 갈 인재를 양성하고 학생들 개개인의 소질과 적성을 계발하기 위하여 도입되었다.

출력형태

문단 첫글자 장식 기능
글꼴 : 궁서, 면색 : 노랑

방과후학교로 교육체제 혁신

돋움, 20pt, 진하게, 가운데 정렬

방 과후학교는 기존의 특기적성 교육, 방과후교실, 수준별 보충학습 등을 통합하여 정규 교육과정 이외의 시간에 다양한 형태의 교육 프로그램으로 운영하는 교육체제를 말한다. 자율성, 다양성, 개방성이 확대된 혁신적(革新的) 교육체제를 표방하며 전국의 초중고교에 도입된 방과후학교는 획일화된 정규 교과 위주의 교육에서 벗어나 21세기를 이끌어 갈 인재를 양성하고 학생들 개개인의 소질과 적성을 계발하기 위하여 2005년 시범 운영을 거쳐 2006년에 전면 실시되었다.

본 제도는 다양한 학습과 보육의 욕구를 해소하여 사교육비를 경감하고 사회 양극화에 따른 교육 격차를 완화하여 교육복지를 구현하며 학교, 가정, 사회가 연계한 지역 교육문화의 발전을 꾀하고자 학생 보살핌, 청소년 보호선도, 자기주도적 학력신장, 인성 함양 등을 위한 다양한 프로그램이 개설되어 운영되고 있다. 창의력과 특기 적성 계발 등 학생들의 다양성(多樣性)이 교육과정에서 중요한 부분으로 부각되는 가운데 사교육이 아닌 공교육에서 이루어지는 방과후학교는 학생들과 학부모들로부터 큰 호응을 얻고 있으며 일선 학교 및 교육기부 단체의 적극적인 참여로 다양한 프로그램과 교육환경이 개선되고 있다.

■ 방과후학교 개요

글꼴 : 돋움, 18pt, 흰색
음영색 : 파랑

　　1. 운영 주체 및 지도 강사

　　　가. 운영 주체 : 학교장, 대학, 비영리법인(단체)

　　　나. 지도 강사 : 현직 교원, 관련 전문가, 지역사회 인사 등

　　2. 교육 대상 및 교육 장소

　　　가. 교육 대상 : 타교 학생 및 지역사회 성인까지 확대

　　　나. 교육 장소 : 인근 학교 및 지역사회의 다양한 시설 활용

문단 번호 기능 사용
1수준 : 20pt, 오른쪽 정렬,
2수준 : 30pt, 오른쪽 정렬,
줄 간격 : 180%

■ *방과후학교 예능 강좌*

글꼴 : 돋움, 18pt, 기울임, 강조점

　　1. 한지공예 : 한지를 이용하여 반짇고리, 찻상 등에 전통미를 불어넣는 공예

　　2. 리본아트 : 리본을 이용하여 머리핀과 코르사주 등 생활용품 제작

　　3. 비즈공예 : 진주처럼 구멍이 뚫린 구슬을 이용한 모든 공예

왼쪽 여백 : 20pt, 줄 간격 : 180%

교육과학기술부

글꼴 : 굴림, 20pt, 진하게,
장평 : 95%, 가운데 정렬

■ ■ 준비파일 : 실력팡팡₩기본문서3.hwp / 완성파일 : 실력팡팡₩기본문서3_완성.hwp

03 다음의 ≪조건≫에 따라 ≪출력형태≫와 같이 문서를 작성하시오.

공통 부문
(1) 파일명의 본인의 "수험번호-성명"으로 입력하여 답안폴더 [내 PC₩문서₩ITQ]에 저장하시오.
(2) 글꼴에 대한 기본설정은 함초롬바탕, 10포인트, 검정, 줄 간격 160%, 양쪽 정렬로 한다.
(3) 색상은 조건의 색을 적용하고 색의 구분이 안될 경우에는 RGB 값을 적용한다(빨강 255, 0, 0 / 파랑 0, 0, 255 / 노랑 255, 255, 0).
(4) 용지여백은 왼쪽·오른쪽 11mm, 위쪽·아래쪽·머리말·꼬리말 10mm, 제본은 0mm로 한다.

조건
(1) 문단 모양 - 왼쪽 여백 : 10pt, 문단 아래 간격 : 10pt
(2) 글자 모양 - 글꼴 : 한글(굴림)/영문(굴림), 크기 : 10pt, 장평 : 120%, 자간 : 5%

출력형태

Learn myself free personality tests provide the most interesting, accurate and fun means of learning about yourself.

다면인성검사는 미네소타 대학의 해서웨이와 맥킨리가 임상진단용으로 만든 성격검사로 임상척도와 타당성 척도로 구성되어 있다.

출력형태

문단 첫글자장식 기능
글꼴 : 돋움, 면색 : 노랑

역학관계 연구

궁서, 25pt, 진하게, 가운데 정렬

집단 공동체의식의 피폐와 부재로 개인 및 집단의 이기(利己)와 기회주의가 만연하고 보편적 사회규범이 약화되면서 계층 간의 갈등과 도덕성 해이가 사회문제로 대두됨에 따라 공동체의식과 도덕성을 회복하고 준법, 참여, 민주와 같은 시민의식을 함양하기 위한 제도적 장치가 요구되고 있다. 학교 현장에서도 학생들의 공동체의식과 인성을 함양하여 집단 따돌림, 학원 폭력, 인터넷 중독 등을 예방하고 체계적인 상담과 지도를 위한 제도적 장치와 절차적 수단을 강구할 목적으로 다면인성검사도구가 개발되어 활용되고 있다.

다면인성검사도구는 개개인을 비롯하여 학생과 학생, 교사와 학생 등 학급 구성원 간에 일어나는 역학적 상호작용(相互作用)과 의식적 동기화 과정에 대한 이해 정도를 주관적 또는 객관적 방법으로 진단하고 평가하여 피드백을 꾀한다. 기존의 일반화된 성격검사 방법과 상호인식검사 방식을 결합하고 상위자 평가가 병행되며 피검 대상 및 관계, 검사 방법 및 절차 등의 표준화와 규준을 마련하고 있기 때문에 상호인식검사법 또는 다면인성검사 프로그램이라고도 하며 교육 현장에 적용할 때는 학생표준인성검사 프로그램이라고 부른다.

◉ 다면인성검사도구의 특징

글꼴 : 돋움, 18pt, 흰색
음영색 : 초록

1) 목적 및 검사 대상
　가) 목적 : 학원 폭력 및 집단 따돌림 예방과 인성 함양
　나) 검사 대상 : 7인 이상으로 구성된 집단
2) 기대효과
　가) 긍정적 문답으로 인한 정적 강화 제고와 감성적 역기능 배제
　나) 자기충족적 예언의 위험 해소, 자기효능감 기대효과 증진

문단 번호 기능 사용
1수준 : 20pt, 오른쪽 정렬,
2수준 : 30pt, 오른쪽 정렬,
줄 간격 : 180%

◉ 다면인성검사도구의 실제

글꼴 : 돋움, 18pt, 밑줄, 강조점

1. 문제의 예 : 나는 분위기를 잘 파악한다.
2. 평가 방법 : 5점 척도

왼쪽 여백 : 20pt, 줄 간격 : 160%

글꼴 : 돋움, 24pt, 진하게,
장평 : 120%, 가운데 정렬

한국무형자산연구소

04 다음의 ≪조건≫에 따라 ≪출력형태≫와 같이 문서를 작성하시오.

공통 부문
(1) 파일명의 본인의 "수험번호−성명"으로 입력하여 답안폴더 [내 PC₩문서₩ITQ]에 저장하시오.
(2) 글꼴에 대한 기본설정은 함초롬바탕, 10포인트, 검정, 줄 간격 160%, 양쪽 정렬로 한다.
(3) 색상은 조건의 색을 적용하고 색의 구분이 안될 경우에는 RGB 값을 적용한다(빨강 255, 0, 0 / 파랑 0, 0, 255 / 노랑 255, 255, 0).
(4) 용지여백은 왼쪽 · 오른쪽 11mm, 위쪽 · 아래쪽 · 머리말 · 꼬리말 10mm, 제본은 0mm로 한다.

조건
(1) 문단 모양 – 첫 줄 들여쓰기 : 10pt, 문단 아래 간격 : 10pt
(2) 글자 모양 – 글꼴 : 한글(돋움)/영문(궁서), 크기 : 10pt, 장평 : 110%, 자간 : −5%

출력형태

A mobile operation system, mobile software platform, is the operating system that controls a mobile device or information appliance.

모바일 운영체제는 스마트폰, 태블릿 컴퓨터 및 정보 가전 등의 소프트웨어 플랫폼, 모바일 장치 또는 정보 기기를 제어하는 운영체제이다.

출력형태

운영체제(OS) 주도권 경쟁의 확산

문단 첫글자 장식 기능
글꼴 : 돋움, 면색 : 노랑

굴림, 25pt, 진하게, 가운데 정렬

스마트폰이 활성화되면서 MS가 주도해 온 운영체제(OS) 시장에서 애플과 구글이 부상하는 등 지각변동이 일어나고 있다. 2007년 애플의 아이폰이 출시되면서 스마트폰 OS 시장은 심비안이 몰락(沒落)하고 멀티터치 스크린과 외부 개발자 생태계 등을 지원하는 애플 iOS가 스마트폰 OS 경쟁을 촉발하여 그 대항마로 안드로이드가 급부상하면서 다자간 경쟁으로 전환되었다.
OS 주도권을 장악하기 위해 사활을 건 승부가 벌어지고 있는 까닭은 첫째, OS가 필요한 기기의 수가 폭증하고 있기 때문이다. 인터넷에 연결되어 다양한 애플리케이션을 활용할 수 있는 기기는 2010년 125억 대에서 2020년에는 500억 대로 늘어날 전망이다. 다양한 기기에 장착되는 OS를 장악한 기업은 관련 산업 자체를 자사에 유리한 방향으로 이끄는 등 막대한 이익을 향유하게 될 것이다. 둘째, 서버에 저장된 애플리케이션과 콘텐츠를 다양한 기기로 접속해 이용하는 클라우드 서비스가 확산되고 있기 때문이다. 클라우드 환경에서 필요한 OS는 PC 환경에서의 OS와 성격이 다르다. 따라서 향후 최대의 수익원으로 부상할 클라우드 서비스에서 수익을 극대화하기 위해 이에 최적화된 OS의 개발(開發) 경쟁이 전개되고 있다.

◐ 운영체제 주도권 경쟁의 확산

글꼴 : 굴림, 18pt, 흰색
음영색 : 주황

가) 스마트화가 진행되는 TV 시장
　a) 애플 : 2012년 iOS를 탑재할 TV 출시 확정
　b) MS의 윈도 8 : 스마트폰, 태블릿 PC뿐만 아니라 TV에도 탑재
나) 자동차용 OS의 경쟁 동향
　a) 구글 : 2010년 GM과 안드로이드 기반 텔레매틱스 서비스 개발 협력
　b) RIM : 2011년 블랙베리와 QNX를 통합한 BBX 공개

문단 번호 기능 사용
1수준 : 20pt, 오른쪽 정렬,
2수준 : 30pt, 오른쪽 정렬,
줄 간격 : 180%

◐ *모바일 OS 비교*

글꼴 : 굴림, 18pt, 기울임, 강조점

가) 안드로이드 판매처 : 안드로이드 마켓
나) iOS 판매처 : 애플 스토어

왼쪽 여백 : 20pt, 줄 간격 : 180%

글꼴 : 궁서, 22pt, 진하게,
장평 : 90%, 오른쪽 정렬

모바일운영체제연구소

기능평가 Ⅰ - 스타일

Section

스타일은 한글과 영어 문서 작성 능력과 스타일 기능을 활용하는 능력을 평가합니다. 스타일 이름, 문단 모양과 글자 모양을 미리 설정하여 일관성있게 문서를 작성해 봅니다.

🔘 스타일 설정하기

- [서식] 탭의 목록 단추를 클릭하여 [스타일]을 선택하거나 [편집] 탭의 [스타일]을 클릭합니다.
- *F6*을 눌러 [스타일] 대화상자를 불러올 수 있습니다.
- [스타일] 대화상자에서 [스타일 추가하기]를 클릭합니다.

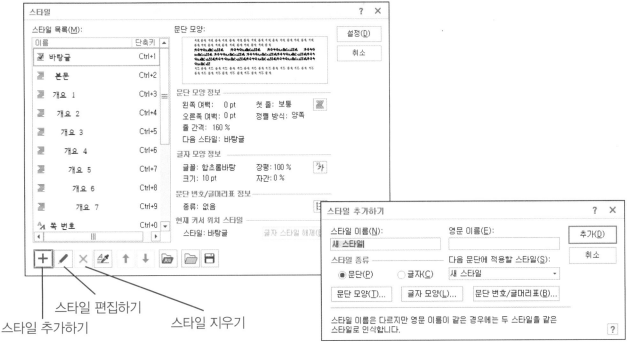

🔘 스타일 수정 및 삭제하기

- 스타일을 잘못 설정한 경우에는 [스타일 편집하기]를 클릭하여 '스타일 이름'과 '문단 모양'과 '글자 모양' 등을 수정할 수 있습니다.
- 스타일을 삭제할 때는 [스타일 지우기]를 클릭하면 삭제할 수 있습니다.

🔘 스타일 해제하기

- 스타일이 해제가 되지 않으면 문서에서 작성한 스타일이 계속 적용되므로 다음 문단에서는 해제하고 싶다면 반드시 스타일을 [바탕글]로 선택합니다.
- *Ctrl* + *1* 를 누르거나 서식 도구 상자의 [바탕글]을 선택하여 해제합니다.

■ ■ 준비파일 : 기출유형₩스타일.hwp / 완성파일 : 기출유형₩스타일_완성.hwp

다음의 ≪조건≫에 따라 스타일 기능을 적용하여 ≪출력형태≫와 같이 작성하시오. (50점)

조건
(1) 스타일 이름 – ubiquitous
(2) 문단 모양 – 왼쪽 여백 : 10pt, 문단 아래 간격 : 10pt
(3) 글자 모양 – 글꼴 : 한글(돋움)/영문(굴림), 크기 : 10pt, 장평 : 95%, 자간 : –5%

출력형태

Recently, location tracking technology is considered as a core technology in the ubiquitous era.

최근, 위치 추적 기술은 유비쿼터스 시대의 핵심 기술로 간주된다.

Step 01. 스타일 설정하기

01 준비파일을 불러옵니다. 1 페이지 처음에 문제번호 '1.'을 입력하고 Enter 를 눌러 다음 줄에 입력된 본문을 블록 설정합니다.

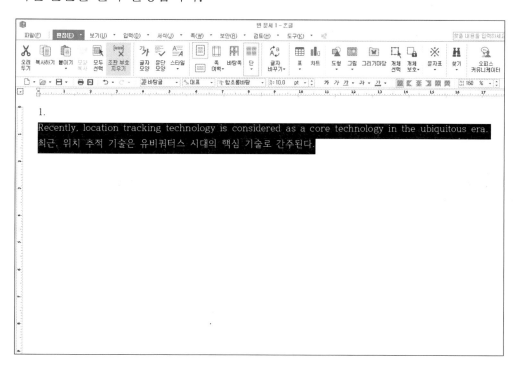

02 ❶[편집] 탭의 [스타일]을 클릭합니다. [스타일] 대화상자에서 ❷[스타일 추가하기]를 클릭합니다.

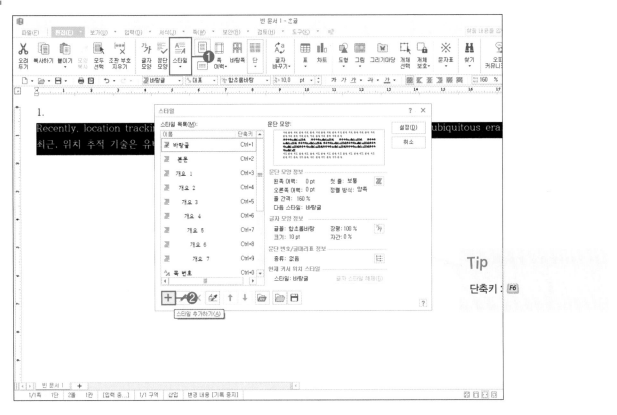

03 [스타일 추가하기] 대화상자의 ❶스타일 이름에 'ubiquitous'를 입력하고 ❷[문단 모양]을 클릭합니다.

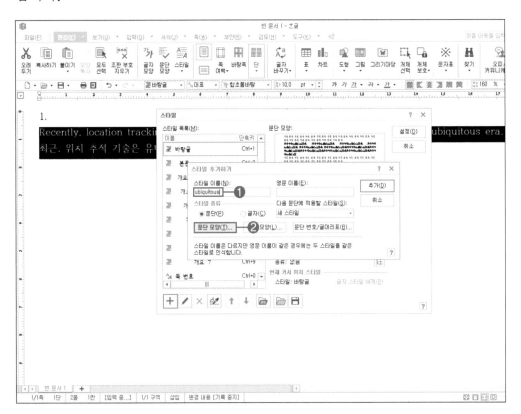

04 [문단 모양] 대화상자에서 ❶왼쪽 여백은 '10pt', ❷문단 아래 간격은 '10pt'로 설정하고 ❸[설정]을 클릭합니다.

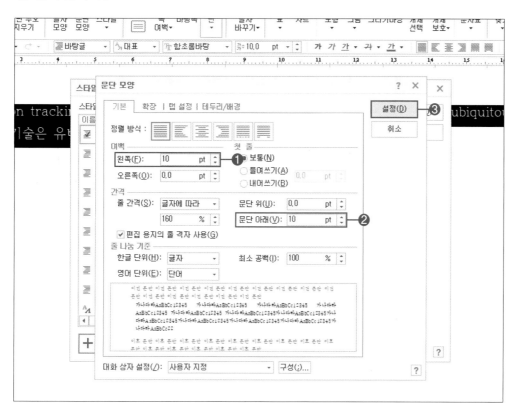

05 [스타일 추가하기] 대화상자에서 ❶[글자 모양]을 클릭합니다. [글자 모양] 대화상자가 나타나면 ❷언어는 '한글', 기준 크기는 '10pt', 글꼴은 '돋움', 장평은 '95%', 자간은 ' - 5%'로 설정합니다.

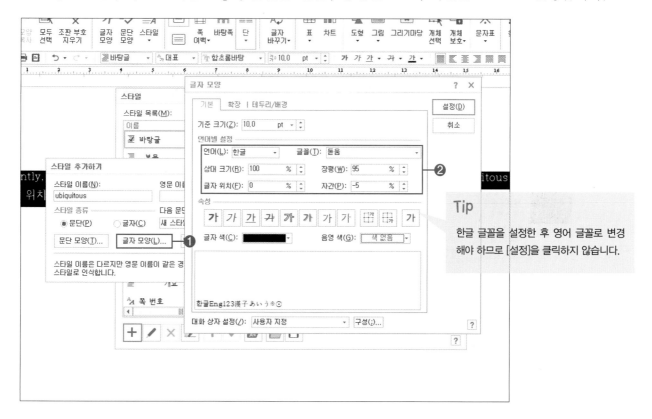

Tip

한글 글꼴을 설정한 후 영어 글꼴로 변경해야 하므로 [설정]을 클릭하지 않습니다.

06 이번에는 [글자 모양] 대화상자에서 ❶언어는 '영문', 기준 크기는 '10pt', 글꼴은 '굴림', 장평은 '95%', 자간은 '−5%'로 설정하고 ❷[설정]을 클릭합니다.

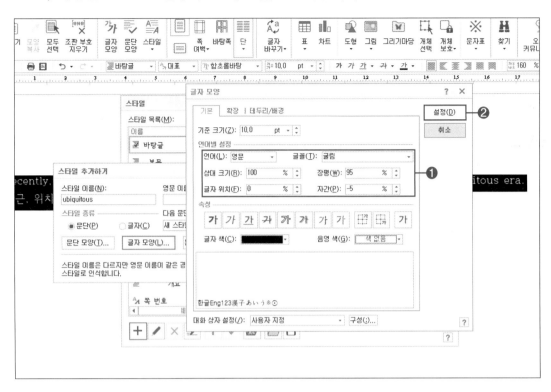

07 설정이 완료되었으면 ❶[추가]를 클릭하고 [스타일] 대화상자에서 ❷[설정]을 클릭합니다. 스타일이 적용된 것을 확인하고 문서의 빈 곳을 클릭하여 블록 지정을 해제합니다.

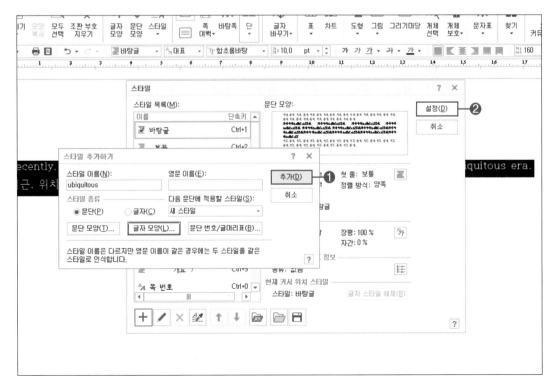

08 맨 마지막 줄에서 Enter 를 눌러 줄을 바꾸고 ❶[스타일] 목록 단추를 클릭하여 스타일을 ❷'바탕 글'로 선택합니다.

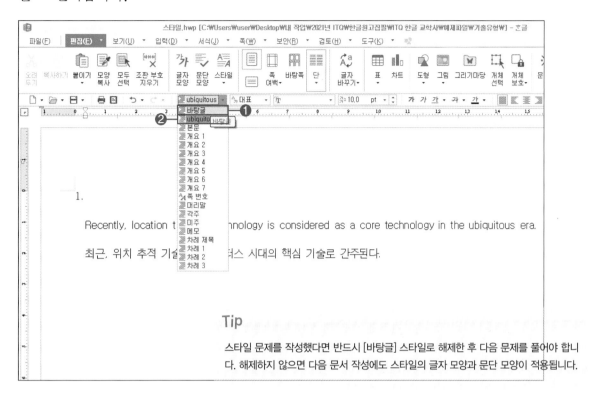

Tip

스타일 문제를 작성했다면 반드시 [바탕글] 스타일로 해제한 후 다음 문제를 풀어야 합니다. 해제하지 않으면 다음 문서 작성에도 스타일의 글자 모양과 문단 모양이 적용됩니다.

09 Alt + S 를 눌러 저장합니다. [다른 이름으로 저장하기] 대화상자의 [내 PC\문서\ITQ] 폴더에 ❶'수험번호-이름'으로 파일 이름을 입력하고 ❷[저장]을 클릭합니다.

■ ■ 준비파일 : 실력팡팡₩스타일실력.hwp / 완성파일 : 실력팡팡₩스타일실력_완성.hwp

01 다음의 ≪조건≫에 따라 스타일 기능을 적용하여 ≪출력형태≫와 같이 작성하시오. (50점)

조건 (1) 스타일 이름 – brain
(2) 문단 모양 – 왼쪽 여백 : 15pt, 문단 아래 간격 : 10pt
(3) 글자 모양 – 글꼴 : 한글(굴림)/영문(돋움), 크기 : 10pt, 장평 : 90%, 자간 : –5%

출력형태

We are an intelligent species and the use of our intelligence quite properly gives us pleasure. In this respect the brain is like a muscle. When it is in use we feel very good. Understanding is joyous.

사람은 지성적 존재이므로 당연히 지성을 사용할 때 기쁨을 느낀다. 이런 의미에서 두뇌는 근육과 같은 성격을 갖는다. 두뇌를 사용할 때 우리는 기분이 매우 좋다. 이해한다는 것은 즐거운 일이다.

02 다음의 ≪조건≫에 따라 스타일 기능을 적용하여 ≪출력형태≫와 같이 작성하시오. (50점)

조건 (1) 스타일 이름 – choice
(2) 문단 모양 – 왼쪽 여백 : 15pt, 문단 아래 간격 : 10pt
(3) 글자 모양 – 글꼴 : 한글(궁서)/영문(돋움), 크기 : 10pt, 장평 : 105%, 자간 : 5%

출력형태

For what is the best choice, for each individual is the highest it is possible for him to achieve.

개개인에 있어서 최고의 선택은 그 자신이 성취할 수 있는 곳에서 최고가 되는 것이다.

03 다음의 ≪조건≫에 따라 스타일 기능을 적용하여 ≪출력형태≫와 같이 작성하시오. (50점)

조건 (1) 스타일 이름 – illiteate
(2) 문단 모양 – 왼쪽 여백 : 10pt, 문단 아래 간격 : 10pt
(3) 글자 모양 – 글꼴 : 한글(돋움)/영문(굴림), 크기 : 10pt, 장평 : 90%, 자간 : 10%

출력형태

The illiterate of the 21st century will not be those who cannot read and write, but those who cannot learn, unlearn, and relearn(Alvin Toffler).

21세기의 문맹자는 글을 읽을 줄 모르는 사람이 아니라 학습하고, 교정하고 재학습하는 능력이 없는 사람이다 (앨빈 토플러).

04 다음의 ≪조건≫에 따라 스타일 기능을 적용하여 ≪출력형태≫와 같이 작성하시오. (50점)

조건
(1) 스타일 이름 – travel
(2) 문단 모양 – 첫 줄 들여쓰기 : 10pt, 문단 위 간격 : 10pt
(3) 글자 모양 – 글꼴 : 한글(궁서)/영문(굴림), 크기 : 10pt, 장평 : 110%, 자간 : –5%

출력형태

We are all travelling through time together, everyday of our lives. All we can do is do our best to relish this remarkable ride.

우리는 삶 곳의 매일을 여행하고 있다. 우리가 할 수 있는 것은 이 훌륭한 여행을 즐기기 위해 최선을 다하는 것이다.

05 다음의 ≪조건≫에 따라 스타일 기능을 적용하여 ≪출력형태≫와 같이 작성하시오. (50점)

조건
(1) 스타일 이름 – achieve
(2) 문단 모양 – 왼쪽 여백 : 10pt, 문단 아래 간격 : 10pt
(3) 글자 모양 – 글꼴 : 한글(굴림)/영문(궁서), 크기 : 10pt, 장평 : 97%, 자간 : –2%

출력형태

For a man to achieve all that is demanded of him, he must regard himself as greater than he is.

어떤 사람이 자신에게 주어진 모든 임무를 달성해내기 위해서는, 자기 자신을 본래의 자기보다 훨씬 더 위대하게 생각해야 한다.

06 다음의 ≪조건≫에 따라 스타일 기능을 적용하여 ≪출력형태≫와 같이 작성하시오. (50점)

조건
(1) 스타일 이름 – heart
(2) 문단 모양 – 첫 줄 들여쓰기 : 10pt, 문단 위 간격 : 10pt
(3) 글자 모양 – 글꼴 : 한글(돋움)/영문(궁서), 크기 : 10pt, 장평 : 95%, 자간 : 5%

출력형태

The best and most beautiful things in the world cannot be seen of even touched. They must be felt with the heart.

세상에서 가장 아름답고 소중한 것은 보이거나 만져지지 않는다. 단지 가슴으로만 느낄 수 있다.

기능평가 Ⅰ - 표

표는 문서에서 중요한 역할을 합니다. 복잡한 문서를 보기 쉽게 정리할 수 있고 합계, 평균 등의 계산할 때 유용합니다. 표 내용을 작성하고, 보기 좋게 정렬하고, 디자인 요소를 더해 봅니다. 또한 표의 계산 기능과 캡션 기능을 학습해 봅니다.

표 삽입하기

- [입력] 탭의 목록 단추를 클릭하여 [표]를 선택하거나 [입력] 탭 또는 [편집] 탭의 [표]를 클릭해 표를 삽입합니다.
- `Ctrl` + `N` , `T` 를 눌러 '줄/칸' 수를 입력하여 표를 만들 수 있습니다.
- '글자처럼 취급'에 체크한 후 [만들기]를 클릭합니다.
- '글자처럼 취급'에 체크하면 표가 글자처럼 취급되어 내용 수정할 때 표의 위치가 변경됩니다.

Tip

`F5` 를 한 번 누르면 하나의 셀이 블록 설정됩니다.

연속/비연속 셀 블록 설정하기

- 연속된 셀 블록을 설정하려면 마우스로 드래그하거나 셀 블록의 시작 셀을 클릭하고 `Shift` 를 누르고 마지막 셀을 클릭합니다.
- 떨어져 있는 셀 블록을 설정하려면 `Ctrl` 을 누르고 셀을 클릭합니다.

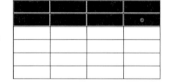
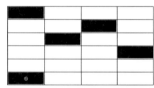

셀 크기 조절하기

- 마우스로 크기를 조절할 때는 가로선이나 세로선을 드래그하여 크기 조절을 할 수 있습니다.
- 방향키를 이용할 때는 셀 블록을 설정하고 `Ctrl` +방향키로 선택된 셀을 포함하는 행과 열의 크기를 조절할 수 있으며 표의 전체 크기가 같이 조절됩니다.
- 셀 블록을 설정하고 `Alt` +방향키로 선택된 셀을 포함하는 행과 열의 크기를 조절할 수 있으며 표의 전체 크기는 조절되지 않습니다.
- 셀 블록을 설정하고 `Shift` +방향키를 누르면 선택된 셀의 높이나 너비가 조절됩니다. 표 전체 크기는 조절되지 않습니다.

셀 너비를 같게/셀 높이를 같게

- 셀 블록을 설정한 다음, 마우스 오른쪽 버튼을 눌러 [셀 너비를 같게]를 클릭하거나 [표] 탭의 [셀 너비를 같게]를 클릭하면 블록으로 설정한 셀의 너비가 같아집니다.

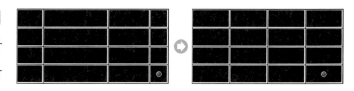

- 셀 블록을 설정한 다음, 마우스 오른쪽 버튼을 눌러 [셀 높이를 같게]를 클릭하거나 [표] 탭의 [셀 높이를 같게]를 클릭하면 블록으로 설정한 셀의 높이가 같아집니다.

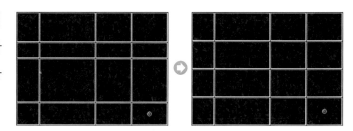

줄/칸 삽입과 삭제하기

- 줄이나 칸을 추가하려면 삽입될 위치에서 마우스 오른쪽 버튼을 눌러 [줄/칸 추가하기]를 클릭하여 원하는 위치에 줄이나 칸을 추가합니다.
- 행이나 열을 삭제하려면 삭제할 행이나 열에 커서를 위치한 후 마우스 오른쪽 버튼을 눌러 [줄/칸 지우기]를 클릭하여 칸 또는 줄을 지웁니다.

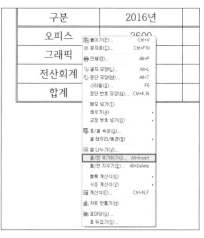
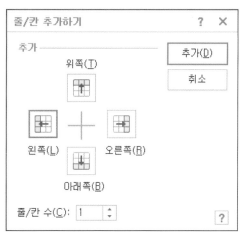

Tip

- 줄 삽입 단축키 : Ctrl + Enter
- 줄/칸 삽입 : Alt + Insert
- 줄/칸 삭제 : Alt + Delete

🔵 셀 합치기와 셀 나누기

- 셀을 합칠 때 합칠 셀을 블록으로 설정하고 마우스 오른쪽 버튼을 눌러 [셀 합치기]를 클릭합니다. 또는 M 을 누릅니다.
- 셀을 나눌 때 나눌 셀을 블록 설정하고 마우스 오른쪽 버튼을 눌러 [셀 나누기]를 선택하여 줄 또는 칸 수를 입력해 원하는 만큼 줄 또는 칸을 나눕니다. 또는 나눌 셀을 블록 설정해 S 를 눌러 셀 나누기를 할 수 있습니다.

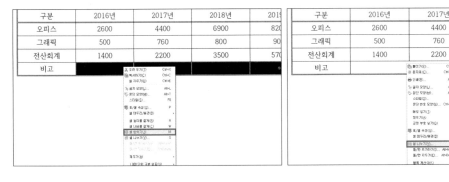

🔵 셀 테두리 설정하기

- 테두리를 적용할 셀을 블록 설정한 후, 활성화된 [표] 탭의 목록 단추를 클릭하여 [셀 테두리/배경]의 [각 셀마다 적용]을 선택하거나 마우스 오른쪽 버튼을 눌러 [셀 테두리/배경]-[각 셀마다 적용]을 클릭합니다.
- [셀 테두리/배경] 대화상자의 [테두리] 탭에서 테두리 종류와 색을 선택하고 미리보기 창에서 적용될 테두리를 선택합니다.
- [셀 테두리/배경] 대화상자의 [대각선] 탭에서 대각선 방향을 선택할 수 있습니다.
- 테두리를 적용할 셀을 블록 설정해 L 을 눌러 셀 테두리나 배경을 설정할 수도 있습니다.

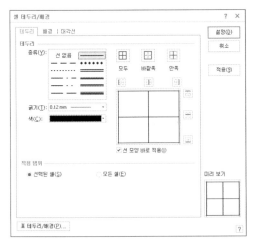 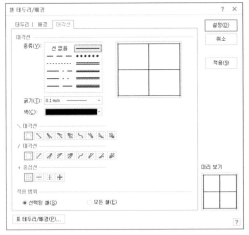

- 활성화된 [표] 탭에서 셀 테두리 및 테두리 색과 테두리 모양/굵기 등을 빠르게 선택할 수 있습니다.

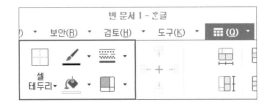

🌀 셀 배경 설정하기

- 배경색을 적용할 셀을 블록 설정한 후, 활성화된 [표] 탭의 목록 단추를 클릭하여 [셀 테두리/배경]의 [각 셀 마다 적용]을 선택하거나 마우스 오른쪽 버튼을 눌러 [셀 테두리/배경]–[각 셀마다 적용]을 클릭합니다.
- [셀 테두리/배경] 대화상자의 [배경] 탭에서 채우기 색을 선택하거나 그라데이션의 '시작 색'과 '끝 색', '유형' 등을 설정할 수 있습니다.
- 배경색을 적용할 셀을 블록 설정해 C 를 눌러 셀 배경을 설정할 수도 있습니다.

🌀 캡션 달기

- 표를 선택하고 마우스 오른쪽 버튼을 눌러 [캡션 넣기]를 클릭하거나 활성화된 [표] 탭의 [캡션]을 클릭합니다. 또는 Ctrl + N , C 를 눌러 캡션을 넣을 수도 있습니다.
- 캡션 내용을 입력하고 본문 영역을 클릭하거나 Shift + Esc 를 눌러 캡션 영역이 나와야 캡션이 완성됩니다.
- 캡션을 삭제하려면 캡션 영역에서 마우스 오른쪽 버튼을 눌러 [캡션 없음]을 클릭하면 삭제됩니다.

🌀 캡션 수정하기

- 캡션을 수정할 때 캡션 영역을 클릭하면 내용을 수정할 수 있습니다.
- 표를 선택한 상태에서 마우스 오른쪽 버튼을 눌러 [개체 속성]을 클릭합니다. [표/셀 속성] 대화상자에서 [여백/캡션] 탭의 캡션의 위치 등을 설정할 수 있습니다. 또는 Ctrl + N , K 를 눌러 [표/셀 속성] 대화상자의 [여백/캡션] 탭에서 캡션의 위치 등을 설정할 수 있습니다.

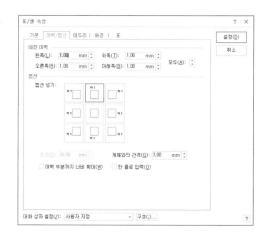

- 활성화된 [표] 탭의 [캡션]에서 위치를 수정할 수 있습니다.
- 캡션의 위치는 위, 왼쪽 위, 왼쪽 가운데, 왼쪽 아래, 오른쪽 위, 오른쪽 가운데, 오른쪽 아래, 아래 중에서 선택할 수 있습니다.

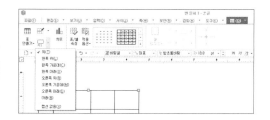

⬆ 블록 계산식 적용하기

- 계산식에 사용할 숫자가 입력된 셀과 계산식의 결과값이 들어갈 셀을 블록으로 설정하고 마우스 오른쪽 버튼을 눌러 [블록 계산식]의 하위 메뉴를 선택합니다.

Tip

· 블록 합계 : Ctrl + Shift + S
· 블록 평균 : Ctrl + Shift + A

- 활성화된 [표] 탭의 [계산식]을 클릭해 하위 메뉴에서 원하는 블록 계산을 설정할 수 있으며 하위 메뉴는 [블록 합계], [블록 평균], [블록 곱]이 있습니다.

- 블록 계산식을 적용한 이후에 일부 셀에 입력된 값을 수정하면 그 값이 반영되어 자동으로 결과값도 변경됩니다.

⬆ 계산식 수정하기

- 계산식이 적용된 셀에서 마우스 오른쪽 버튼을 눌러 [계산식 고치기]를 클릭합니다.
- [계산식] 대화상자에서 형식의 목록 단추를 눌러 정수형이나 소수점 이하의 자릿 수를 설정할 수 있습니다.

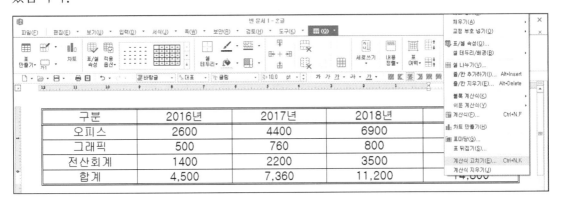

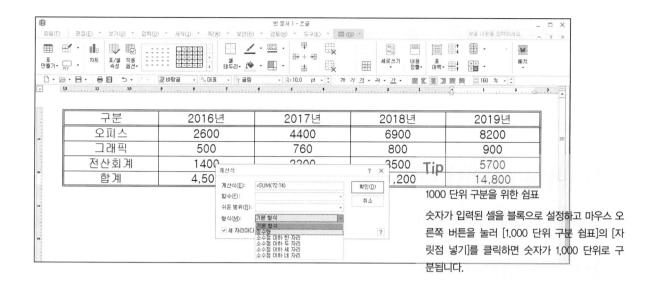

구분	2016년	2017년	2018년	2019년
오피스	2600	4400	6900	8200
그래픽	500	760	800	900
전산회계	1400	2200	3500	5700
합계	4,50		,200	14,800

Tip

1000 단위 구분을 위한 쉼표

숫자가 입력된 셀을 블록으로 설정하고 마우스 오른쪽 버튼을 눌러 [1,000 단위 구분 쉼표]의 [자릿점 넣기]를 클릭하면 숫자가 1,000 단위로 구분됩니다.

출제유형 따라하기

■ ■ 완성파일 : 기출유형₩표_완성.hwp

시험에서는 section04에서 다룰 '차트'와 함께 한 문제로 출제됩니다.

다음의 ≪조건≫에 따라 ≪출력형태≫와 같이 표를 작성하시오. (100점)

조건

(1) 표 전체(표, 캡션) – 굴림, 10pt
(2) 정렬 – 문자 : 가운데 정렬, 숫자 : 오른쪽 정렬
(3) 셀 배경(면 색) : 노랑
(4) 한글의 계산 기능을 이용하여 빈칸에 평균(소수점 이하 두 자리 표시)을 구하고, 캡션 기능을 사용할 것
(5) 선 모양은 ≪출력형태≫와 동일하게 처리할 것

출력형태

연도별 S/W 판매 현황(단위 : 천)

구분	2015년	2016년	2017년	2018년	2019년
오피스	2,600	4,400	6,900	8,200	4,900
그래픽	500	760	800	900	7,900
전산회계	1,400	2,200	3,500	5,700	3,900
합계	4,500	7,360	11,200	14,800	

01 문제번호 '2.'를 입력하고 Enter 를 누른 다음 ❶[입력] 탭의 ❷[표]를 클릭합니다. [표 만들기] 대화상자에서 ❸줄 수는 '5', 칸 수는 '6'을 입력하고 기타의 ❹'글자처럼 취급'에 체크한 다음 ❺[만들기]를 클릭합니다.

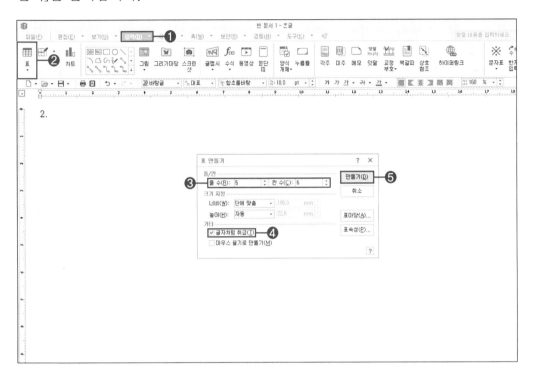

02 《출력형태》와 같이 표 안에 내용을 입력합니다. 숫자가 입력된 셀과 결과값이 들어갈 셀을 블록으로 설정하고 마우스 오른쪽 버튼을 눌러 ❶[블록 계산식]-[블록 합계]를 클릭합니다.

03 숫자가 입력되어 있는 셀을 블록 설정한 다음, 서식 도구 상자에서 ❶글꼴은 '굴림', 글자 크기
는 '10pt', 정렬 방식은 '오른쪽 정렬'로 설정합니다.

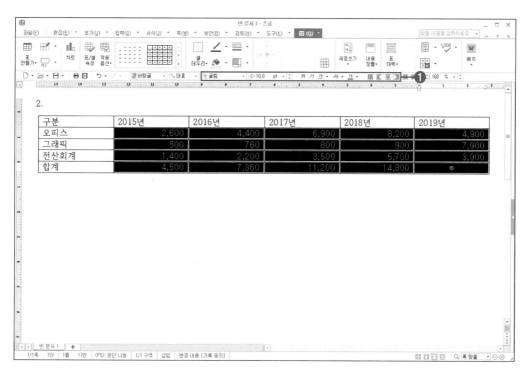

04 Ctrl 을 눌러 다음과 같이 셀을 블록 설정한 다음 ❶글꼴은 '굴림', 글자 크기는 '10pt', 정렬 방
식은 '가운데 정렬'로 설정합니다.

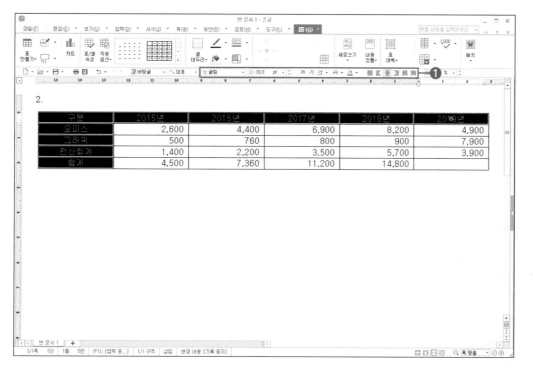

01 표 전체를 블록으로 설정하고 마우스 오른쪽 버튼을 눌러 ❶[셀 테두리/배경]–[각 셀마다 적용]을 클릭합니다.

Tip

블록이 설정된 다음 ⓛ을 누르면 [셀 테두리/배경] 대화상자를 쉽게 불러올 수 있습니다.

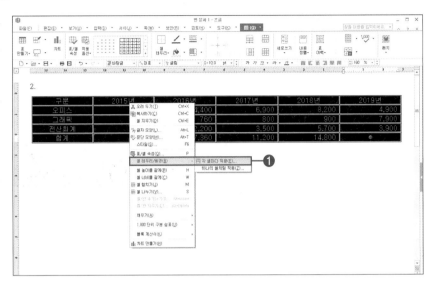

02 [셀 테두리/배경] 대화상자의 ❶[테두리] 탭에서 테두리의 ❷종류는 '이중 실선', ❸적용 위치를 '바깥쪽'으로 선택하고 ❹[설정]을 클릭합니다.

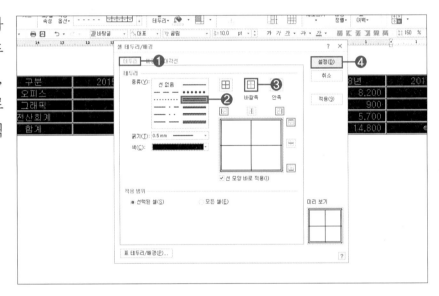

03 1행 전체를 블록으로 설정하고 마우스 오른쪽 버튼을 눌러 ❶[셀 테두리/배경]–[각 셀마다 적용]을 클릭합니다.

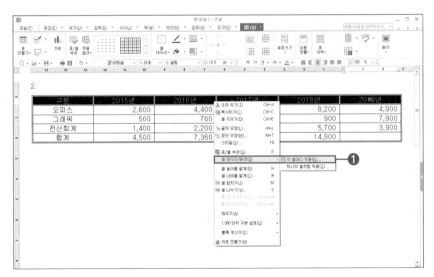

04 [셀 테두리/배경] 대화상자의 **❶**[테두리] 탭에서 **❷**테두리의 종류는 '이중 실선', **❸**적용 위치를 '아래쪽'으로 선택하고 **❹**[설정]을 클릭합니다.

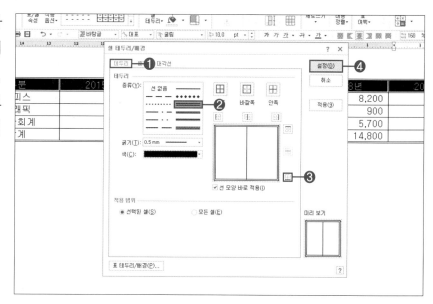

05 대각선을 넣기 위해 다음과 같이 셀을 선택한 후, 마우스 오른쪽 버튼을 눌러 **❶**[셀 테두리/배경]-[각 셀마다 적용]을 클릭합니다.

Tip

단축키 : F5

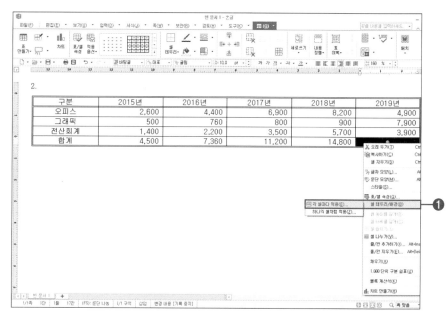

구분	2015년	2016년	2017년	2018년	2019년
오피스	2,600	4,400	6,900	8,200	4,900
그래픽	500	760	800	900	7,900
전산회계	1,400	2,200	3,500	5,700	3,900
합계	4,500	7,360	11,200	14,800	

06 [셀 테두리/배경] 대화상자의 **❶**[대각선] 탭에서 ≪출력형태≫와 같은 **❷**대각선을 선택하고 **❸**[설정]을 클릭합니다.

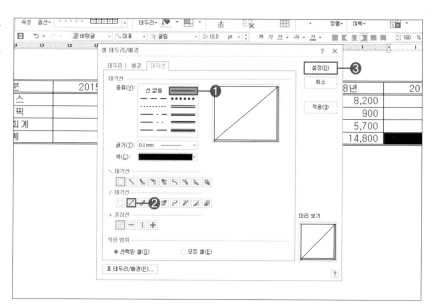

07 배경 색을 설정할 셀을 블록으로 설정한 다음 마우스 오른쪽 버튼을 눌러 ❶[셀 테두리/배경]-[각 셀마다 적용]을 클릭합니다.

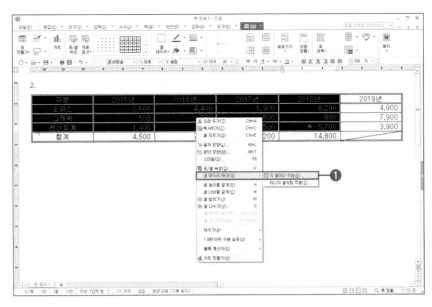

08 [셀 테두리/배경] 대화상자의 ❶[배경] 탭에서 ❷'색'을 클릭하고 ❸면 색의 목록 단추를 클릭하여 ❹색상 테마 버튼을 클릭하여 ❺'오피스'를 선택합니다.

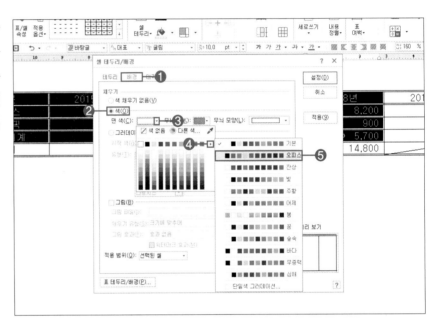

09 변경된 면 색의 색상 목록에서 ❶'노랑'을 선택하고 ❷[설정]을 클릭합니다.

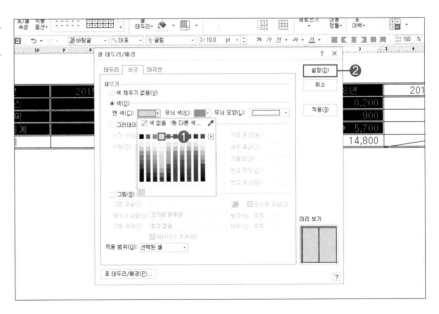

01 표를 선택한 다음, 활성화된 [표] 탭에서 ❶[캡션]의 목록 단추를 클릭하여 ❷[위]를 선택합니다.

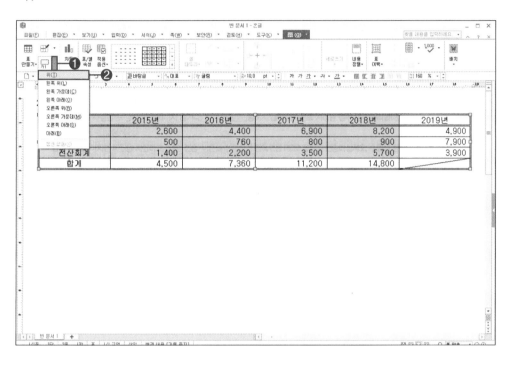

02 캡션 번호인 '표 1' 대신 ≪출력형태≫와 같이 내용을 입력합니다. 입력한 캡션 내용의 ❶글꼴은 '굴림', 글자 크기는 '10pt', 정렬은 '오른쪽 정렬'로 설정하고 본문 영역을 클릭하여 캡션 영역을 빠져나옵니다. 셀 크기를 적당히 조절하여 표를 완성합니다.

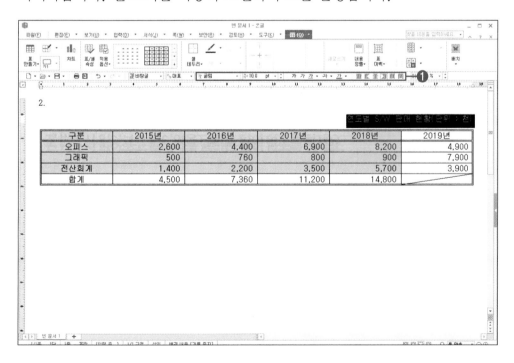

■ ■ 완성파일 : 실력팡팡₩표예제_완성.hwp

01 다음의 ≪조건≫에 따라 ≪출력형태≫와 같이 표를 작성하시오. (50점)

조건 (1) 표 전체(표, 캡션) – 굴림, 10pt
(2) 정렬 – 문자 : 가운데 정렬, 숫자 : 오른쪽 정렬
(3) 셀 배경(면 색) : 노랑
(4) 한글의 계산 기능을 이용하여 빈칸에 평균(소수점 이하 두 자리 표시)을 구하고, 캡션 기능을 사용할 것
(5) 선 모양은 ≪출력형태≫와 동일하게 처리할 것

출력형태

OA 성적현황

이름	워드프로세서	스프레드시트	프레젠테이션	검색활용	평균
김화영	100	90	85	95	
고경운	90	100	100	85	
박재웅	90	82	100	90	
최자영	85	95	90	100	

02 다음의 ≪조건≫에 따라 ≪출력형태≫와 같이 표를 작성하시오. (50점)

조건 (1) 표 전체(표, 캡션) – 궁서, 10pt
(2) 정렬 – 문자 : 가운데 정렬, 숫자 : 오른쪽 정렬
(3) 셀 배경(면 색) : 노랑
(4) 한글의 계산 기능을 이용하여 빈칸에 합계를 구하고, 캡션 기능을 사용할 것
(5) 선 모양은 ≪출력형태≫와 동일하게 처리할 것

출력형태

부서별 출장내역서

구분	건축과	기획과	무역과	총무과	정보통신과
숙박비	200,000	100,000	250,000	120,000	180,000
교통비	300,000	275,000	220,000	330,000	235,000
식비	225,000	150,000	310,000	250,000	200,000
합계					

03 다음의 ≪조건≫에 따라 ≪출력형태≫와 같이 표를 작성하시오. (50점)

조건
  (1) 표 전체(표, 캡션) – 돋움, 10pt
  (2) 정렬 – 문자 : 가운데 정렬, 숫자 : 오른쪽 정렬
  (3) 셀 배경(면 색) : 노랑
  (4) 한글의 계산 기능을 이용하여 빈칸에 합계를 구하고, 캡션 기능을 사용할 것
  (5) 선 모양은 ≪출력형태≫와 동일하게 처리할 것

출력형태

학사원예마을 작물현황(단위 : 천)

작물 종류	2015년	2016년	2017년	2018년	2019년
근채류	5,500	6,820	5,430	9,040	9,150
과채류	2,300	3,000	4,330	5,070	6,500
엽채류	2,700	3,500	5,100	7,000	8,200
합계	✕		✕		

04 다음의 ≪조건≫에 따라 ≪출력형태≫와 같이 표를 작성하시오. (50점)

조건
  (1) 표 전체(표, 캡션) – 굴림, 10pt
  (2) 정렬 – 문자 : 가운데 정렬, 숫자 : 오른쪽 정렬
  (3) 셀 배경(면 색) : 노랑
  (4) 한글의 계산 기능을 이용하여 빈칸에 평균(소수점 이하 두 자리 표시)을 구하고, 캡션 기능을 사용할 것
  (5) 선 모양은 ≪출력형태≫와 동일하게 처리할 것

출력형태

분기별 매출실적

지역	1분기	2분기	3분기	4분기	평균
서울	85	60	75	55	
경기	110	50	65	80	
김해	90	75	100	60	
광주	80	95	90	90	✕

기능평가 Ⅰ – 차트

Section 04

표를 작성하고 이를 이용하여 간단한 차트를 작성할 수 있는 능력을 평가합니다. 차트를 구성하는 요소를 알아보고 차트 서식을 설정해 봅니다.

☘ 차트 만들기

- 차트로 만들 표의 셀을 블록 설정하고 [입력] 탭의 [차트]를 클릭합니다.
- 차트를 더블 클릭하면 차트를 편집할 수 있습니다.
- 삽입한 차트를 선택한 다음 활성화된 [차트] 탭에서 차트 속성, 차트 모양, 차트 색상, 차트 계열, 범례 등을 설정할 수 있는 서식이나 옵션을 선택할 수 있습니다.

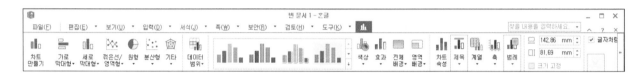

☘ 차트 구성요소 알아보기

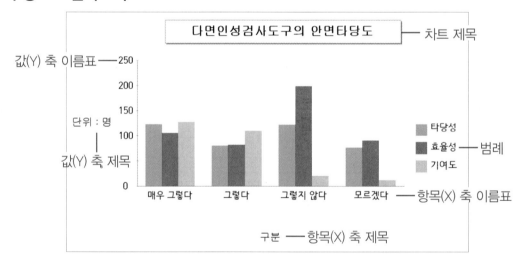

☘ 차트 데이터 편집하기

- 차트를 선택한 다음, 활성화된 [차트] 탭에서 [데이터 범위]의 [데이터 편집]을 클릭하거나 차트를 더블 클릭하여 차트 편집 상태로 만든 다음 마우스 오른쪽 버튼을 눌러 [차트 데이터 편집]을 클릭하면 데이터를 입력하거나 수정할 수 있습니다.

- 차트를 선택한 다음, 활성화된 [차트] 탭에서 [데이터 범위]의 목록 단추를 클릭하면 행과 열을 바꿀 수 있습니다.

📌 차트 마법사 설정하기

- 차트를 더블 클릭하여 차트 편집 상태로 만든 다음, 마우스 오른쪽 버튼을 눌러 [차트 마법사]를 클릭합니다.
- [차트 마법사 - 3단계 중 1단계] 대화상자의 '차트 종류 선택'에서 차트 종류를 선택하고 [다음]을 클릭합니다.
- [차트 마법사 - 3단계 중 2단계] 대화상자에서 ≪출력형태≫와 같은 차트 방향을 선택하고 [다음]을 클릭합니다.

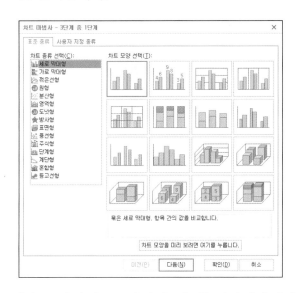
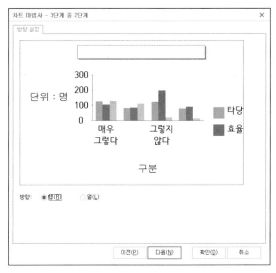

- [차트 마법사 - 마지막 단계] 대화상자의 [제목] 탭에서 ≪출력형태≫와 같은 제목을 입력하고 X(항목) 축 이름, Y(값) 축 이름을 입력합니다.
- [축] 탭은 X(항목) 축, Y(값) 축의 표시 여부를 설정할 수 있습니다.
- [눈금선] 탭은 X축, Y축의 주 눈금선의 표시 여부를 설정할 수 있습니다.
- [범례] 탭은 범례 표시 여부와 범례의 배치를 설정할 수 있습니다.
- [배경색] 탭은 차트 영역의 배경색 채우기 유형을 설정할 수 있습니다.
- [데이터 레이블] 탭은 계열 이름, 항목 이름, 값의 레이블을 설정할 수 있습니다.

차트 제목 설정하기

- 차트 제목을 더블 클릭하여 [제목 모양] 대화상자의 [배경] 탭에서 배경 색, 선 모양과 그림자 등을 설정할 수 있습니다.
- [글자] 탭에서 글자 정렬, 글자 방향과 글꼴의 종류와 크기, 속성을 설정할 수 있습니다.
- [위치] 탭에서 차트의 제목의 표시 여부와 차트 제목 위치를 설정할 수 있습니다.

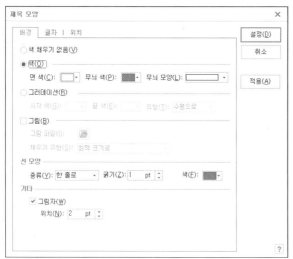 

축 제목 모양 설정하기

- 차트 편집 상태에서 마우스 오른쪽 버튼을 눌러 [축]의 [제목]을 클릭합니다.
- [축 선택] 대화상자에서 '가로 항목 축'을 선택하면 가로 항목 이름에 대한 서식을, 세로 값 축을 선택하면 값 이름에 대한 서식을 설정할 수 있습니다.

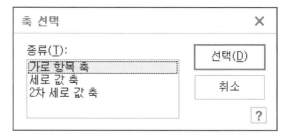

- 차트의 축 제목 영역을 더블 클릭하면 [축 제목 모양] 대화상자에서 [글자] 탭의 '보임'에 체크한 후, 내용을 입력할 수 있습니다. [배경] 탭에서는 축 제목의 색을 설정할 수 있습니다.

🌓 축 모양 설정하기

- 축 눈금선을 더블 클릭하거나 마우스 오른쪽 버튼을 눌러 [축]-[축]을 선택합니다.
- [축 선택] 대화상자에서 축을 선택한 후, [축 모양] 대화상자의 [비례] 탭에서 '자동으로 꾸밈'의 체크를 해제하면 눈금선의 최솟값과 최댓값을 설정할 수 있습니다.
- 큰 눈금선을 설정하여 차트 눈금의 수를 설정할 수 있습니다.
- [눈금] 탭에서 눈금을 보이지 않게 하거나 위치를 설정할 수 있습니다.

🌓 축 이름표 모양 설정하기

- 차트 편집 상태에서 마우스 오른쪽 버튼을 눌러 [축]의 [이름표]를 클릭하거나 바로 항목 축 이름표 또는 값 축 이름표를 더블 클릭하여 모양을 설정할 수 있습니다.

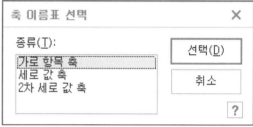

- [축 이름표 선택] 대화상자에서 가로 항목 축을 선택하면 항목에 대한 서식을, 세로 값 축을 선택하면 값에 대한 서식을 설정할 수 있습니다.

🌓 범례 설정하기

- 차트 편집 상태에서 마우스 오른쪽 버튼을 누르고 [범례 모양]을 클릭하거나 범례를 더블 클릭하여 모양을 설정할 수 있습니다.
- [범례 모양] 대화상자에서 범례 배경, 글자, 위치를 설정할 수 있습니다.

■ ■ 준비파일 : 기출유형₩차트.hwp / 완성파일 : 기출유형₩차트_완성.hwp

먼저 표를 작성하고 표 내용에 의해 차트를 작성하는 문제입니다. 차트 종류, 차트 서식 지정 등의 조건들을 지키며 차트를 완성시킵니다. 표와 차트 작성을 함께 묶어 배점은 100점입니다.

다음의 ≪조건≫에 따라 ≪출력형태≫와 같이 표와 차트를 작성하시오. (100점)

표 조건
　(1) 표 전체(표, 캡션) – 돋움, 10pt
　(2) 정렬 – 문자 : 가운데 정렬, 숫자 : 오른쪽 정렬
　(3) 셀 배경(면 색) : 노랑
　(4) 한글의 계산 기능을 이용하여 빈칸에 평균(소수점 이하 두 자리 표시)을 구하고, 캡션 기능 사용할 것
　(5) 선 모양은 ≪출력형태≫와 동일하게 처리할 것

출력형태

어린이 건강 실태 현황(단위 : %)

구분	2016년	2017년	2018년	2019년	평균
비만관리 필요	19.5	25.7	29.6	38.5	28.33
혈압관리 필요	22.4	37.5	32.2	35.4	31.88
당뇨관리 필요	18.3	23.4	40.8	38.1	30.15
콜레스테롤 관리 필요	10.9	12.7	18.6	21.4	

차트 조건
　(1) 차트 데이터는 표 내용에서 연도별 비만관리 필요, 혈압관리 필요, 당뇨관리 필요의 값만 이용할 것
　(2) 종류 – 〈꺾은선형〉으로 작업할 것
　(3) 제목 – 궁서, 진하게, 12pt, 배경 – 선 모양(한 줄로), 그림자(2pt)
　(4) 제목 이외의 전체 글꼴 – 궁서, 보통, 10pt
　(5) 축 제목과 범례는 ≪출력형태≫와 동일하게 처리할 것

출력형태

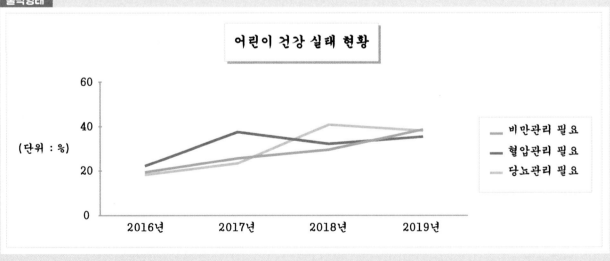

01 준비파일을 불러옵니다. 미리 작성된 표 위에 문제번호 '2.'를 입력하고 Enter 를 누릅니다. 표에서 차트에 사용될 ❶데이터 범위를 블록 지정한 다음, 활성화된 [차트] 탭의 ❷[차트]를 클릭합니다.

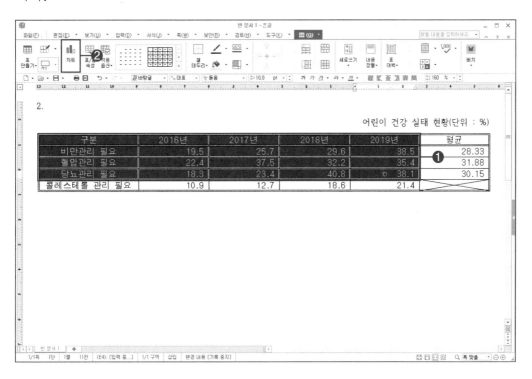

02 삽입된 차트를 더블 클릭하여 차트를 편집 상태로 만듭니다. 차트 영역에서 마우스 오른쪽 버튼을 눌러 ❶[차트 마법사]를 클릭합니다.

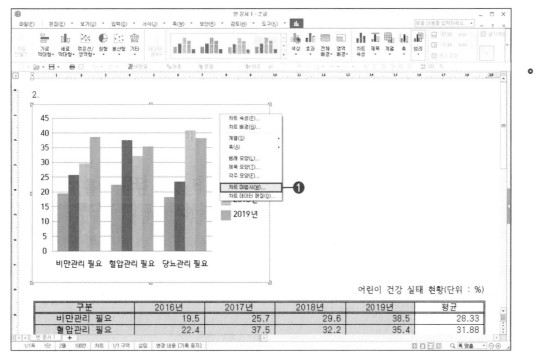

03 [차트 마법사 – 3단계 중 1 단계] 대화상자에서 ≪출력 형태≫와 같은 차트 종류인 ❶'꺾은선형'을 선택한 후 ❷첫 번째 차트 모양(꺾은 선형)을 클릭합니다. ❸[다음]을 클릭합니다.

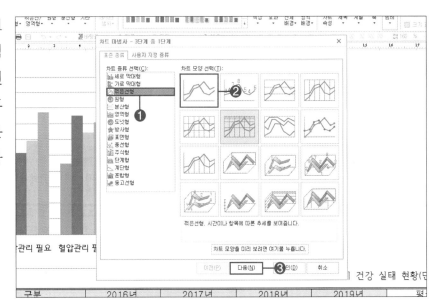

04 [차트 마법사 – 3단계 중 2 단계] 대화상자에서 방향을 ❶'행'으로 선택하고 ❷[다음]을 클릭합니다.

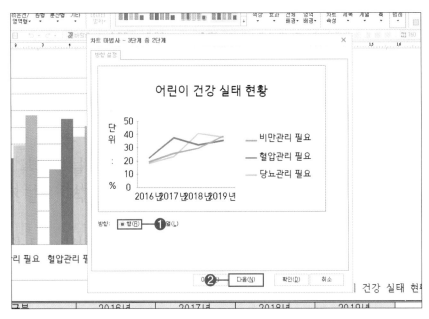

05 [차트 마법사 – 마지막 단계] 대화상자에서 차트 제목 과 Y(값) 축 제목을 ≪출력 형태≫와 같이 입력하고 ❶ [확인]을 클릭합니다.

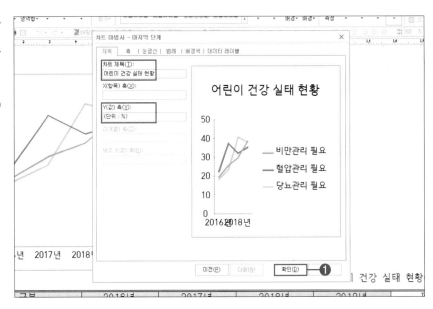

01 ❶차트 제목 영역을 더블 클릭합니다. [제목 모양] 대화상자의 ❷[배경] 탭에서 색의 ❸면 색을 '흰색', ❹선 종류는 '한 줄로', ❺그림자는 '2pt'로 설정합니다.

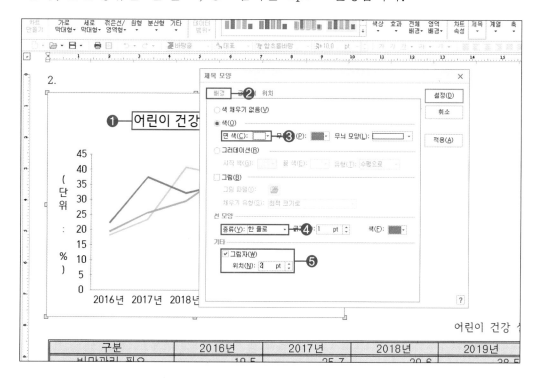

02 ❶[글자] 탭에서 ❷글꼴은 '궁서', 글자 크기는 '12pt', 속성은 '진하게'로 설정하고 ❸[설정]을 클릭합니다.

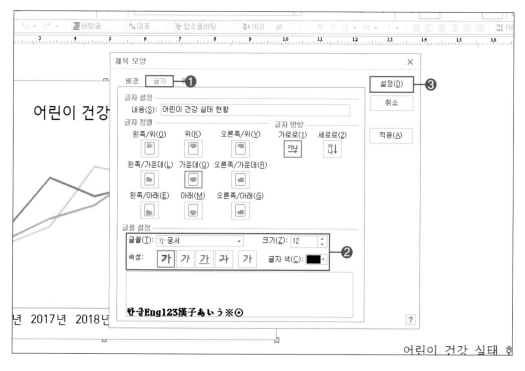

03 ❶Y(값) 축 제목의 영역을 더블 클릭합니다. [축 제목 모양] 대화상자에서 ❷[글자] 탭을 클릭합니다. ❸글자 방향을 '가로로', ❹글꼴을 '궁서', 글자 크기는 '10pt'로 설정하고 ❺[설정]을 클릭합니다.

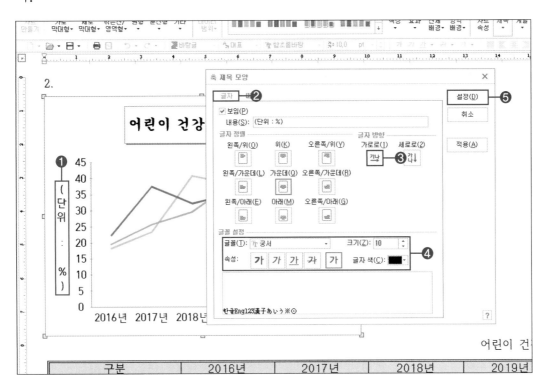

04 ❶같은 방법으로 값(Y)축과 항목(X)축 이름표를 더블 클릭합니다. ❷[글자] 탭에서 ❸글꼴을 '궁서', 글자 크기는 '10pt', 속성은 '보통'으로 설정하고 ❹[설정]을 클릭합니다.

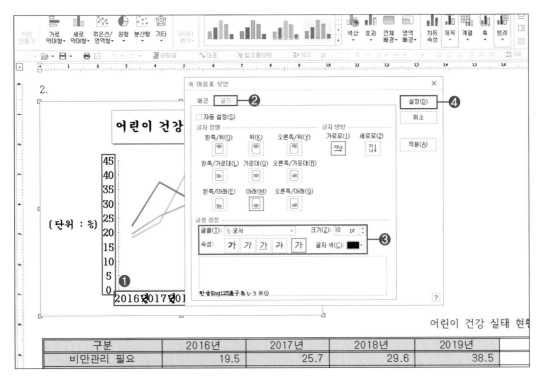

구분	2016년	2017년	2018년	2019년	
비만관리 필요	19.5	25.7	29.6	38.5	

05 ❶범례 영역을 더블 클릭하여 [범례] 대화상자에서 ❷[배경] 탭을 클릭합니다. ❸선 모양의 종류를 '한 줄로'로 설정합니다.

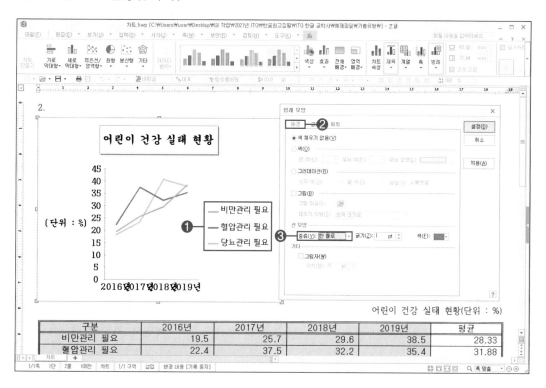

06 ❶[글자] 탭에서 ❷글꼴을 '궁서', 글자 크기는 '10pt', 속성은 '보통'으로 설정합니다.

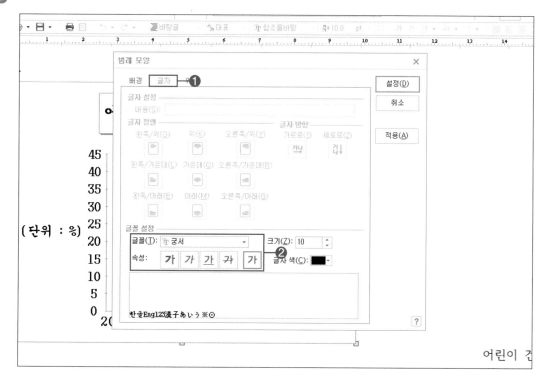

07 ❶[위치] 탭에서 ❷범례의 위치를 '오른쪽/가운데'로 선택하고 ❸[설정]을 클릭합니다.

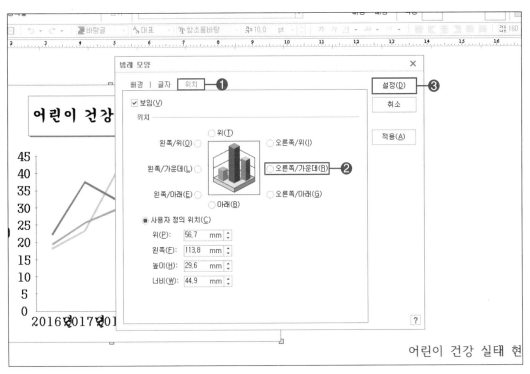

08 ❶세로 값 축 눈금선을 더블 클릭하여 [축 모양] 대화상자에서 ❷[비례] 탭을 클릭합니다. ❸'자동으로 꾸밈'의 체크 표시를 해제하고 ❹최댓값을 '60', 큰 눈금선을 '3'으로 입력하고 ❺[설정]을 클릭합니다.

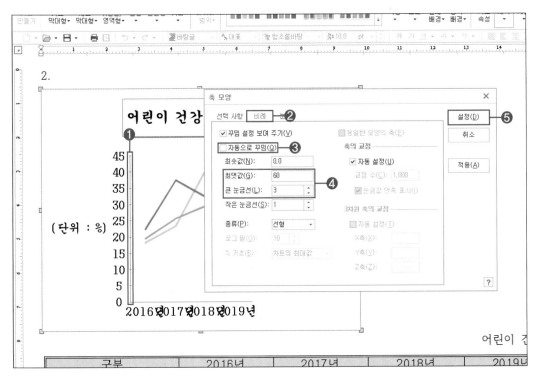

09 ❶차트의 크기를 적당히 조절한 다음, 차트 영역에서 마우스 오른쪽 버튼을 누르고 ❷[개체 속성]을 클릭합니다.

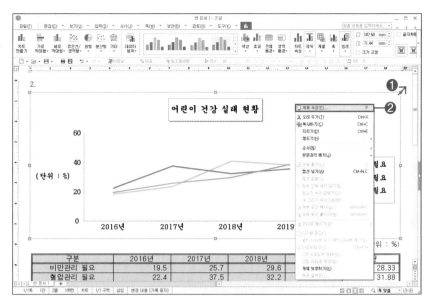

10 [개체 속성] 대화상자에서 ❶'글자처럼 취급'을 클릭하고 ❷[설정]을 클릭합니다.

11 차트를 표 아래로 위치시켜 차트 작성을 완료합니다.

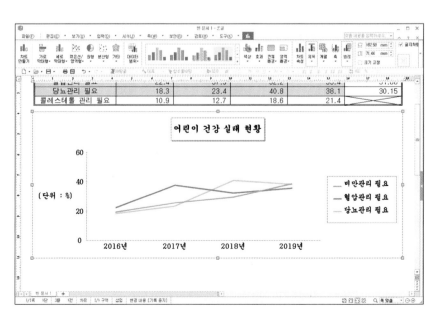

■ ■ 준비파일 : 기출유형₩차트예제.hwp / 완성파일 : 실력팡팡₩차트예제_완성.hwp

01 다음의 ≪조건≫에 따라 ≪출력형태≫와 같이 표와 차트를 작성하시오. (100점)

표 조건
(1) 표 전체(표, 캡션) - 궁서, 10pt
(2) 정렬 - 문자 : 가운데 정렬, 숫자 : 오른쪽 정렬
(3) 셀 배경(면 색) : 노랑
(4) 한글의 계산 기능을 이용하여 빈칸에 합계를 구하고, 캡션 기능 사용할 것
(5) 선 모양은 ≪출력형태≫와 동일하게 처리할 것

출력형태

연도별 국가 DB 이용 건수(단위 : 만 건)

구분	국가지식포털	과학기술	정보통신	교육학술	합계
2017년	384	791	106	315	
2016년	263	727	117	217	
2015년	120	713	151	160	
2014년	57	416	30	97	

차트 조건
(1) 차트 데이터는 표 내용에서 2017년, 2016년, 2015년의 국가지식포털, 과학기술, 정보통신 값만 이용할 것
(2) 종류 - 〈묶은 세로 막대형〉으로 작업할 것
(3) 제목 - 돋움, 진하게, 12pt, 배경 - 선 모양(한 줄로), 그림자(2pt)
(4) 제목 이외의 전체 글꼴 - 돋움, 보통, 10pt
(5) 축 제목과 범례는 ≪출력형태≫와 동일하게 처리할 것

출력형태

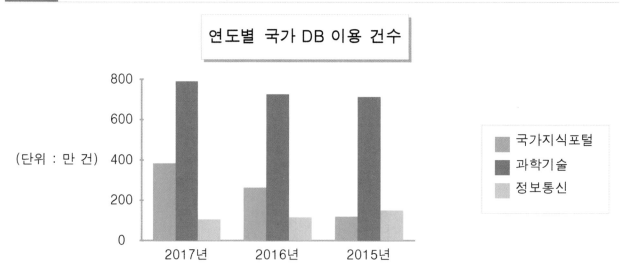

02 다음의 《조건》에 따라 《출력형태》와 같이 표와 차트를 작성하시오.. (100점)

표 조건
(1) 표 전체(표, 캡션) – 굴림, 10pt
(2) 정렬 – 문자 : 가운데 정렬, 숫자 : 오른쪽 정렬
(3) 셀 배경(면 색) : 노랑
(4) 한글의 계산 기능을 이용하여 빈칸에 평균(소수 이하 두 자리 표시)을 구하고, 캡션 기능 사용할 것
(5) 선 모양은 《출력형태》와 동일하게 처리할 것

출력형태

세계관광의 해 방문자 평균(단위 : 백)

지역	방문자	전년도방문객	금년예상방문객	평균
전라도	5,400	3,500	6,000	
경상도	4,500	3,000	5,000	
제주도	8,800	7,500	9,000	
충청도	5,000	3,700	5,500	

차트 조건
(1) 차트 데이터는 표 내용에서 지역별 방문자, 전년도방문객의 값만 이용할 것
(2) 종류 – 〈꺾은선형〉으로 작업할 것
(3) 제목 – 굴림, 진하게, 12pt, 배경 – 선 모양(두 줄로), 그림자(3pt)
(4) 제목 이외의 전체 글꼴 – 굴림, 보통, 10pt
(5) 축 제목과 범례는 《출력형태》와 동일하게 처리할 것

출력형태

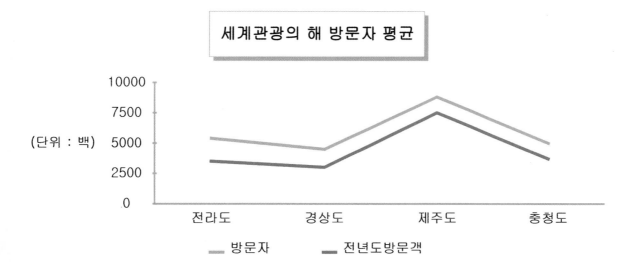

03 다음의 ≪조건≫에 따라 ≪출력형태≫와 같이 표와 차트를 작성하시오.   (100점)

표 조건
(1) 표 전체(표, 캡션) – 돋움, 10pt
(2) 정렬 – 문자 : 가운데 정렬, 숫자 : 오른쪽 정렬
(3) 셀 배경(면 색) : 노랑
(4) 한글의 계산 기능을 이용하여 빈칸에 평균(소수 이하 두 자리 표시)을 구하고, 캡션 기능 사용할 것
(5) 선 모양은 ≪출력형태≫와 동일하게 처리할 것

출력형태

우리마트 제품판매현황(단위 : 대)

상품명	전년도판매수량	금년도계획수량	판매수량	초과판매수량	평균
냉장고	15,320	30,000	34,890	14,680	
에어컨	18,950	22,000	19,000	3,050	
홈시어터	5,480	7,000	6,200	1,520	
오븐	3,950	5,000	9,500	1,050	

차트 조건
(1) 차트 데이터는 표 내용에서 냉장고, 에어컨, 홈시어터의 전년도판매수량, 금년도계획수량의 값만 이용할 것
(2) 종류 – 〈꺾은선형〉으로 작업할 것
(3) 제목 – 궁서, 진하게, 12pt, 배경 – 선 모양(한 줄로), 그림자(2pt)
(4) 제목 이외의 전체 글꼴 – 돋움, 보통, 10pt
(5) 축 제목과 범례는 ≪출력형태≫와 동일하게 처리할 것

출력형태

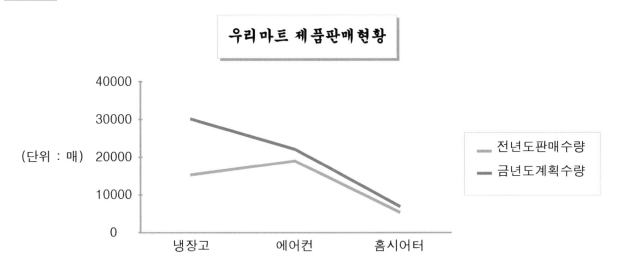

04 다음의 ≪조건≫에 따라 ≪출력형태≫와 같이 표와 차트를 작성하시오. (100점)

표 조건
(1) 표 전체(표, 캡션) – 굴림, 10pt
(2) 정렬 – 문자 : 가운데 정렬, 숫자 : 오른쪽 정렬
(3) 셀 배경(면 색) : 노랑
(4) 한글의 계산 기능을 이용하여 빈칸에 합계를 구하고, 캡션 기능 사용할 것
(5) 선 모양은 ≪출력형태≫와 동일하게 처리할 것

출력형태

찾아가는 행정교육서비스 신청자(단위 : 명)

기관명	프레젠테이션	기획문서작성	엑셀자동화	스마트폰활용	SNS마케팅
나눔복지관	15	20	20	25	30
지역아동센터	25	35	25	20	25
시민행동21	20	15	16	20	15
합계					

차트 조건
(1) 차트 데이터는 표 내용에서 기관명별 프레젠테이션, 기획문서작성, 엑셀자동화의 값만 이용할 것
(2) 종류 – 〈묶은 세로 막대형〉으로 작업할 것
(3) 제목 – 돋움, 진하게, 12pt, 배경 – 선 모양(한 줄로), 그림자(3pt)
(4) 제목 이외의 전체 글꼴 – 돋움, 보통, 10pt
(5) 축 제목과 범례는 ≪출력형태≫와 동일하게 처리할 것

출력형태

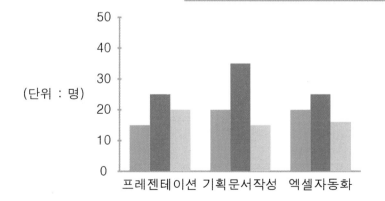

찾아가는 행정교육서비스 신청자

(단위 : 명)

나눔복지관
지역아동센터
시민행동21

기능평가 II – 수식

수식 편집기를 이용해 간단한 산술식부터 복잡한 수식까지 어떠한 수학식도 쉽게 작성할 수 있도록 능력을 키워 봅니다.

🔹 수식 입력하기

- 수식을 입력할 때는 반드시 2페이지에 답안을 입력하며 문제번호를 입력하고 수식을 삽입합니다.
- [입력] 탭의 [수식] 또는 [입력] 탭의 목록 단추를 클릭하여 [개체]–[수식]으로도 삽입할 수 있습니다.
- Ctrl + N , M 을 눌러 수식을 삽입할 수 있습니다.
- [수식 편집기]에서 수식 도구를 선택하고 항목 간 이동을 할 때는 Tab 으로 이동하고 이전 항목으로 이동할 때는 Shift + Tab 으로 이동할 수 있습니다.

🔹 수식 도구 상자

❶ 위첨자(Shift + 6)

❷ 아래첨자(Shift + —)

❸ 장식 기호(Ctrl + D)

❹ 분수(Ctrl + O)

❺ 근호(Ctrl + R)

❻ 합(Ctrl + S)

❼ 적분(Ctrl + I)

❽ 극한(Ctrl + L)

❾ 상호관계(Ctrl + E)

❿ 괄호(Ctrl + 9)

⓫ 경우(Ctrl + 0)

⓬ 세로쌓기(Ctrl + P)

⓭ 행렬(Ctrl + M)

⓮ 줄맞춤

⓯ 줄바꿈(Enter)

⓰ 이전 항목

⓱ 다음 항목

⓲ MathML 파일 불러오기
(Alt + M)

⓳ MathML 파일로 저장하기
(Alt + S)

⓴ 넣기(Shift + Esc)

❶ 그리스 대문자

❷ 그리스 소문자

α	β	γ	δ	ε
ζ	η	θ	ι	κ
λ	μ	ν	ξ	ο
π	ρ	σ	τ	υ
φ	χ	ψ	ω	

❸ 그리스 기호

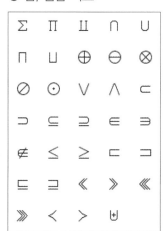

❹ 합, 집합 기호

Σ	Π	∐	∩	∪
⊓	⊔	⊕	⊖	⊗
⊘	⊙	∨	∧	⊏
⊃	⊂	⊒	∈	∋
≢	≤	≥	⊐	⊐
⊑	⊒	≪	≫	⋘
⋙	⟨	⟩	⊎	

❺ 연산, 논리 기호

❻ 화살표

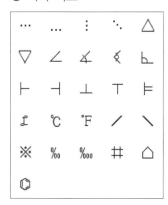

❼ 기타 기호

⋯	…	⋮	⋱	△
▽	∠	∡	∢	∟
⊢	⊣	⊥	⊤	⊨
£	℃	℉	╱	╲
※	‰	‱	♯	⌂
⬡				

❽ 글자크기

❾ 글자 색

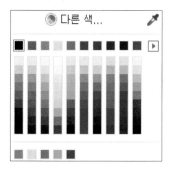

🔘 다른 색…

❿ 화면 확대

⓫ 명령어 입력

-+
->
!=
(
[
{
+-
<
<-
<->
<<
<<<
<=
==
>=
>>
>>>
acute
ALEPH
alpha
Alpha
ALPHA
ANGLE
ANGSTROM
APPROX
arch
ASSERT
AST
ASYMP
atop
att
bar

⓬ 글자 단위 영역

⓭ 줄 단위 영역

⓮ 도움말(**F1**)

■ ■ 완성파일 : 기출유형₩수식_완성.hwp

다음 (1), (2)의 수식을 수식 편집기로 각각 입력하시오. (40점)

출력형태

$$(1) A(n) = \frac{n^2 - 1}{n^2} A(n-1) + \frac{(n-1)(3n-2)}{n^2} \qquad (2)\ P(a \le x \le b) = \int_a^b f(x)dx$$

Step 01. 수식 (1) 작성하기

01 1페이지에서 Ctrl + Enter 를 눌러 2페이지로 이동해 문제 번호 '3.'을 입력하고 Enter 를 누릅니다. '(1)'을 입력한 후 ❶[입력] 탭의 ❷[수식]을 클릭합니다. [수식 편집기]에서 ❸'A(n)='을 입력하고 ❹[분수]를 클릭합니다.

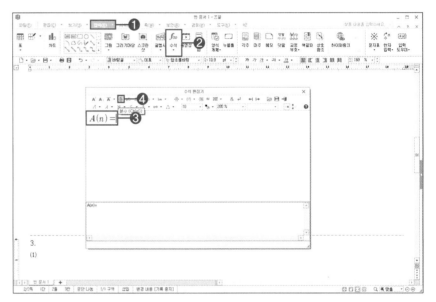

02 ❶'n'을 입력하고 수식 도구 상자에서 ❷[위첨자]를 클릭한 후 ❸'2'를 입력하고 ❹ Tab 을 눌러 다음 항목으로 넘어갑니다.

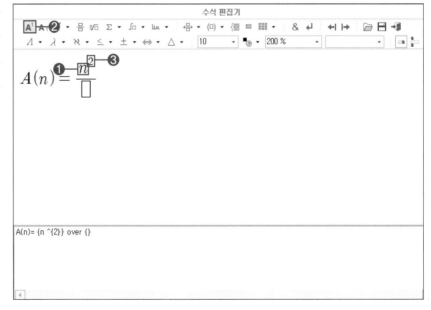

03 ❶'-1'을 입력하고 ⬇을 눌러 분모로 이동합니다. ❷'n'을 입력하고 수식 도구 상자에서 ❸[위 첨자]를 클릭한 후 ❹'2'를 입력합니다.

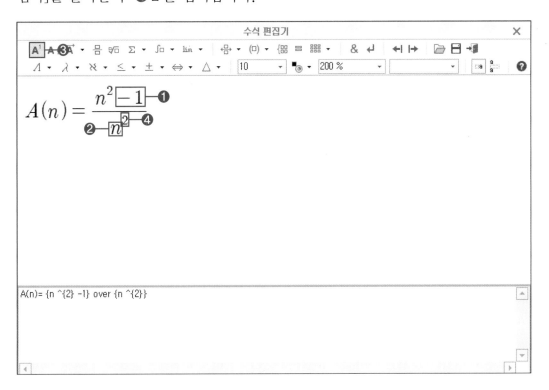

04 Tab을 두 번 누르고 ❶'A(n−1)+'를 입력합니다. 수식 도구 상자에서 다시 ❷[분수]를 클릭합니다.

05 ❶'(n−1)(3n−2)'을 입력하고 [Tab]을 눌러 분모 영역으로 이동합니다.

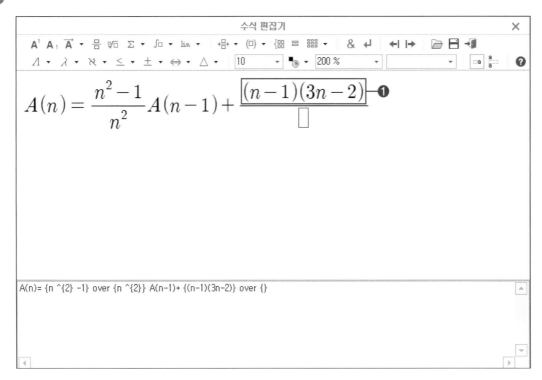

06 ❶'n'을 입력하고 수식 상자에서 ❷[위첨자]를 클릭한 후 ❸'2'를 입력합니다. 수식 도구 상자의 ❹[넣기]를 클릭하여 [수식 편집기]를 종료합니다.

수식 편집기

$$A(n) = \frac{n^2-1}{n^2}A(n-1) + \frac{(n-1)(3n-2)}{n^2}$$

A(n)= {n ^{2} -1} over {n ^{2}} A(n-1)+ {(n-1)(3n-2)} over {n ^{2}}

07 수식(1)이 완성되어 다음과 같이 삽입되었습니다.

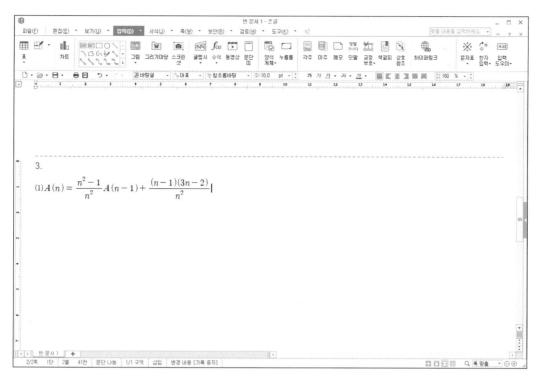

Step 02. 수식 (2) 작성하기

01 `Space Bar` 를 눌러 간격을 띄운 다음 '(2)'를 입력합니다. [입력] 탭의 [수식]을 클릭해 [수식 편집기]를 불러옵니다. ❶'P(a'를 입력한 후 수식 도구 상자의 ❷[합,집합 기호]를 클릭합니다. ❸'≤'를 선택하여 입력합니다.

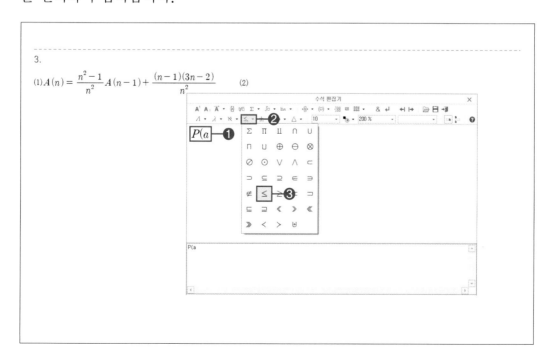

02 ❶'x'를 입력하고 수식 도구 상자의 [합, 집합 기호]에서 다시 ❷'≤'를 선택해 입력합니다. 이어서 ❸'b)='를 입력합니다. 수식 도구 상자에서 ❹[적분]을 클릭하고 ❺'∫'를 선택합니다.

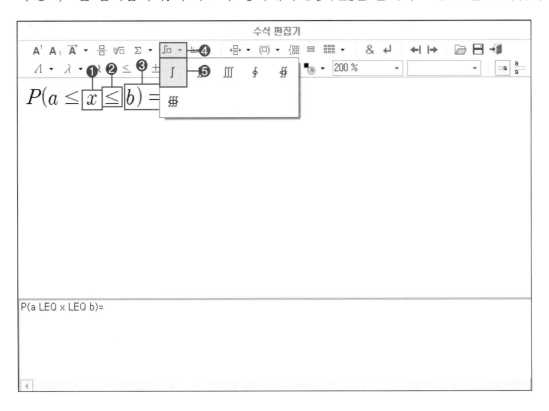

03 아래 칸에 ❶'a'를 입력하고 Tab 을 눌러 위로 이동한 후 ❷'b'를 입력하고 다시 Tab 을 누릅니다. ❸마지막으로 'f(x)dx'를 입력합니다. ❹[넣기]를 클릭하여 [수식 편집기]를 종료합니다.

■ ■ 완성파일 : 실력팡팡₩수식예제_완성.hwp

01 다음의 (1), (2)의 수식을 수식 편집기로 각각 입력하시오. (40점)

출력형태

(1) $\dfrac{1}{2}\left[n-1-2\left(\dfrac{n}{3}-1\right)\right]+2\left(\dfrac{n}{5}-1\right)$

(2) $E(n,k)\le\dfrac{1}{n}\left[\sum_{p=1}^{k-1}4(n-p)+\sum_{p=k}^{n-1}4p\right]+n-1$

(1) $cn^2+\dfrac{n(n-1)}{2}lgL+\dfrac{3n(n-1)}{2}lgL$

(2) $D_0=\begin{pmatrix}0&2&\infty&\infty\\3&0&15&5\\20&\infty&0&1\\1&\infty&5&0\end{pmatrix}$

(1) $f_k=\dfrac{\left[(1+\sqrt{5})/2\right]^k-\left[(1-\sqrt{5})/2\right]^k}{\sqrt{5}}$

(2) $\lim\limits_{n\to\infty}\dfrac{\pi(n)}{n/\ln n}=1$

(1) $\varphi(20)=20\prod_{p:p}\left(1-\dfrac{1}{p}\right)=20\left(1-\dfrac{1}{5}\right)\left(1-\dfrac{1}{2}\right)=8$

(2) $\sum\limits_{i=o}^{n}(i+1)=\dfrac{(n+2)(n+1)}{2}$

(1) $E=\left\{n^ip^j|0\le i,j\le\lfloor\sqrt{r}\rfloor\right\}$

(2) $\begin{bmatrix}c_{11}&c_{12}\\c_{21}&c_{22}\end{bmatrix}=\begin{bmatrix}a_{11}&a_{12}\\a_{21}&a_{22}\end{bmatrix}+\begin{bmatrix}b_{11}&b_{12}\\b_{21}&b_{22}\end{bmatrix}$

(1) $T(n)\in O(n^2)\cap\Omega(n^2)=\Theta(n^2)$

(2) $\sum\limits_{i=1}^{n}k^2=1^2+2^2+3^3+\cdots+n^2=\dfrac{1}{6}n(n+1)(2n+1)$

(1) $\sigma^2=\int(x_i-\overline{x})^2f(x)dx=(x^2)-(\overline{x})^2$

(2) $\overline{A\cup B}=\overline{A}\cap\overline{B}$

(1) $\sin(\alpha+\beta)^2=\sin\alpha^2+2\sin\beta+\sin\beta^2$

(2) $f(x)=\dfrac{1}{2}\left[\dfrac{1}{2}\ln\left(\dfrac{x+1}{x-1}+\arctan x\right)\right.$

기능평가 II - 도형, 그림, 글맵시

도형, 그림, 글맵시 등의 기능을 한글 문서를 작성할 때 유용하게 활용할 수 있는지를 평가합니다. 도형을 삽입하고 문자를 입력하거나 그림, 글맵시를 삽입하고 편집하는 방법을 학습합니다.

도형 삽입하기

- [입력] 탭에서 여러 가지 도형을 선택하여 문서에 삽입할 수 있습니다.

- [입력] 탭의 도형 목록 단추를 클릭하여 [다른 그리기 조각]을 클릭하면 [그리기 마당] 대화상자가 나타나며 '선택할 꾸러미' 목록에서 다양한 도형을 삽입할 수 있습니다.

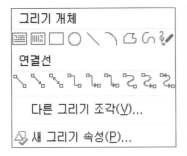
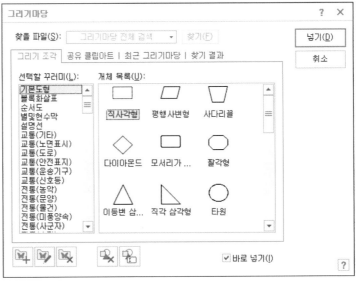

- 도형 목록에서 도형을 선택한 다음 **Shift**+드래그하면 정사각형, 정원 등을 그릴 수 있습니다.
- 도형 목록에서 도형을 선택한 다음 **Ctrl**+드래그하면 클릭한 곳을 도형의 중심으로 하여 삽입할 수 있습니다.
- 직사각형 또는 타원을 선택한 다음 도형이 그려질 위치를 클릭하면 너비와 높이가 각각 30mm인 도형이 삽입됩니다.
- 도형을 더블 클릭하거나 [서식] 탭의 목록 단추를 눌러 [개체 속성]을 클릭하면 [개체 속성] 대화상자가 나타납니다. 또는 도형을 선택한 후 [도형] 탭의 [개체 속성]을 클릭하여 [개체 속성] 대화상자를 열 수 있습니다.

- [개체 속성] 대화상자의 [기본] 탭에서 너비나 높이 값을 입력하여 도형의 크기를 정할 수 있으며, [선] 탭은 사각형 모서리 곡률이나 호의 테두리를 설정할 수 있습니다.

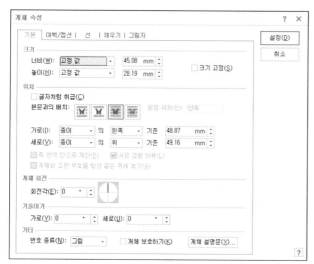 

- 삽입한 도형을 선택하면 도형의 조절점이 나타납니다. 조절점을 드래그하여 도형의 크기를 직접 조절할 수 있습니다. *Shift* 를 누른 상태로 드래그하면 너비와 높이가 같은 비율로 조절됩니다.
- 활성화된 [도형] 탭에서 바로 도형의 크기를 입력할 수 있으며, '크기 조정'에 체크하면 도형의 크기가 지정한 값으로 고정됩니다.

- 삽입한 도형에 마우스 오른쪽 버튼을 눌러 [도형 안에 글자 넣기]를 클릭하면 원하는 내용을 입력할 수 있습니다.

➡ 도형 이동 또는 복사하기

- 도형을 여러 개 선택하려면 *Shift* 를 누른 상태로 도형을 클릭하면 됩니다.
- [도형] 탭에서 [개체 선택]을 클릭한 다음 드래그하면 드래그한 범위 안의 도형을 모두 선택할 수 있습니다.
- *Shift* 를 누른 상태로 도형을 드래그하면 수직 또는 수평으로 도형이 이동됩니다.
- *Ctrl* 을 누른 상태로 도형을 드래그하면 도형이 복사됩니다.
- 도형을 선택한 후 키보드의 방향키를 이용하면 도형이 0.2mm씩 미세하게 이동됩니다.

🔵 글상자 삽입하기

- [입력] 탭의 목록 단추를 클릭하고 [개체]의 [글상자]를 선택하거나 [입력] 탭의 도형 목록에서 [가로 글상자], [세로 글상자]를 클릭하여 삽입합니다.
- Ctrl + N , B 를 눌러 글상자를 삽입할 수도 있습니다.
- 글상자의 테두리를 더블 클릭하거나, 삽입된 글상자를 선택한 다음 마우스 오른쪽 버튼을 누르고 [개체 속성]을 클릭하면 [개체 속성] 대화상자가 나타납니다.
- [개체 속성] 대화상자에서 글상자의 속성을 변경할 수 있으며 [선] 탭에서 글상자의 사각형 모서리 곡률을 변경할 수 있습니다.

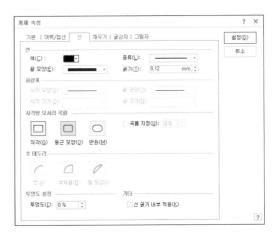

🔵 도형 서식 설정하기

- 활성화된 [도형] 탭에서 모양 속성, 선 스타일, 음영, 그림자, 크기, 정렬 등을 설정할 수 있습니다.

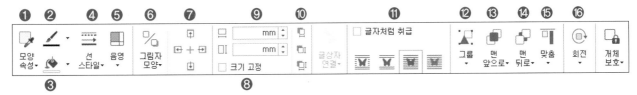

❶ 모양 속성 : 개체의 모양을 복사하거나 붙일 수 있습니다.

❷ 선 색 : 선택한 도형의 선 색을 설정할 수 있습니다.

❸ 채우기 : 선택한 도형의 배경 색을 설정할 수 있습니다.

❹ 선 스타일 : 선 종류와 선 굵기, 화살표 모양을 설정할 수 있습니다.

❺ 음영 : 도형의 음영을 증가시키거나 음영의 감소를 설정할 수 있습니다.

❻ 그림자 모양 : 도형의 그림자 효과를 지정할 수 있습니다.

❼ 그림자 이동 : 그림자 오른쪽으로 이동, 그림자 왼쪽으로 이동, 그림자 위로 이동, 그림자 아래로 이동, 그림자 원점으로 이동 등 그림자의 이동을 설정할 수 있고, 이동한 그림자를 원래대로 되돌릴 수도 있습니다.

❽ 크기 고정 : 개체의 너비나 높이를 고정합니다. 체크하면 크기가 고정이 되어 개체를 회전시킬 수 없습니다.

❾ 너비와 높이 : 도형의 너비와 높이를 직접 입력하여 지정할 수 있습니다.

❿ 같은 크기로 설정 : 너비를 같게, 높이를 같게, 너비/높이를 같게 등 선택한 도형들을 같은 크기로 설정할 수 있습니다.

⓫ 글자처럼 취급 : 개체를 본문에 있는 글자와 같게 취급합니다. 어울림, 자리 차지, 글 앞으로, 글 뒤로 등으로 설정할 수 있습니다.

⓬ 그룹 : 여러 개의 개체를 묶거나 묶기 이전의 상태로 풀 수 있습니다.

⓭ 맨 앞으로 : 여러 개의 개체들이 순서없이 겹쳐있을 때 선택한 개체를 맨 앞으로 이동시킬 수 있습니다.

⓮ 맨 뒤로 : 여러 개의 개체들이 순서없이 겹쳐있을 때 선택한 개체를 맨 뒤로 이동시킬 수 있습니다.

⓯ 맞춤 : 선택한 여러 개의 개체들을 위쪽, 중간, 아래쪽, 왼쪽, 가운데, 오른쪽으로 맞추거나 가로, 세로 간격을 동일하게 배분시킬 수 있습니다.

⓰ 회전 : 개체를 회전시키거나 좌우상하 대칭, 오른쪽, 왼쪽으로 회전시킬 수 있습니다.

그림 삽입하기

- [입력] 탭에서 [그림]을 클릭하거나 [입력] 탭의 목록 단추를 클릭하여 [그림]-[그림]을 클릭합니다.

- [그림 넣기] 대화상자의 체크 옵션에서 [문서에 포함]을 체크하면 문서에 삽입된 그림 파일이 문서에 포함됩니다.

- [마우스로 크기 지정]에 체크하면 선택한 그림을 삽입될 위치에서 마우스로 드래그하여 원하는 크기로 그림이 삽입할 수 있습니다. [마우스로 크기 지정]을 체크하지 않으면 문서에 원본 크기의 그림이 삽입됩니다.

- 활성화된 [그림] 탭에서 그림 크기를 조절할 수 있으며 [자르기]를 클릭하여 그림을 자를 수 있습니다.

- 활성화된 [그림] 탭에서 [색조 조정]의 목록 단추를 클릭하여 그림의 색조를 '회색조', '흑백', '워터마크'로 설정할 수 있습니다.

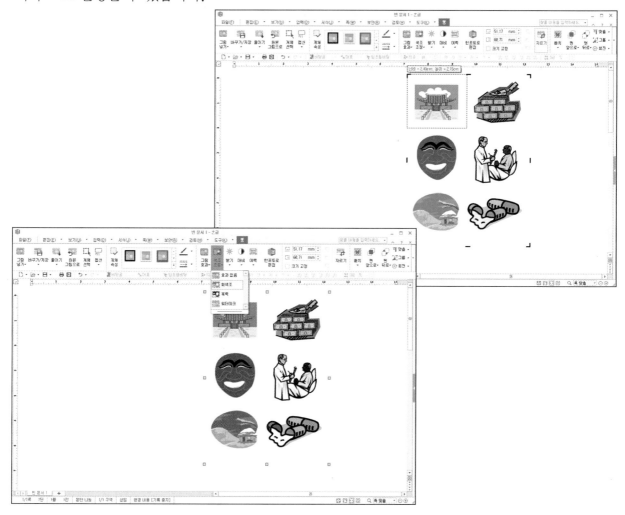

➡ 글맵시 삽입하기

- [입력] 탭의 [글맵시]를 클릭하거나 [입력] 탭의 목록 단추를 클릭하여 [개체]-[글맵시]를 클릭합니다.
- [글맵시]의 목록 단추를 클릭하면 원하는 글맵시 스타일을 선택할 수 있습니다.

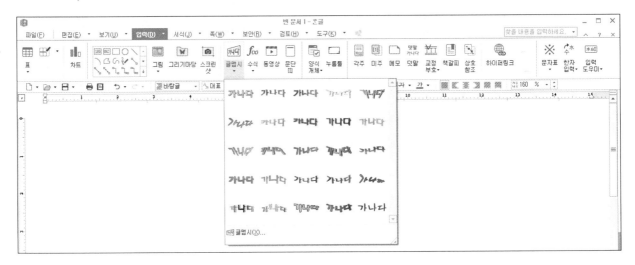

- 글맵시 스타일을 선택한 후, [글맵시 만들기] 대화상자에서 내용을 입력하고 글꼴과 글맵시 모양을 설정할 수 있습니다.
- '글맵시 모양'의 목록 단추를 클릭하여 글맵시 모양을 설정할 수 있습니다.

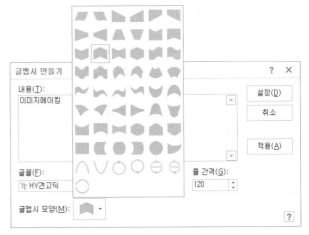

- 활성화된 [그림] 탭에서 글맵시의 채우기 색과 글맵시 모양을 변경할 수 있으며, [그림자 적용]의 목록 단추를 클릭하여 그림자의 색과 그림자 해지를 할 수 있습니다.

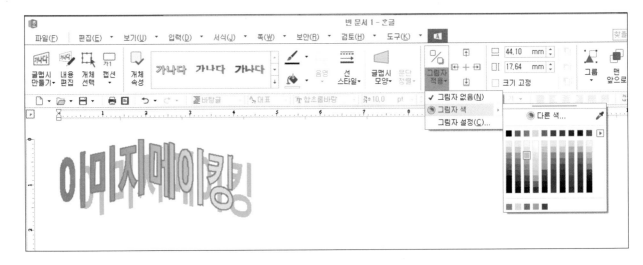

■ ■ 완성파일 : 기출유형₩도형_완성.hwp

시험에서는 Section07에서 다룰 책갈피와 하이퍼링크 기능이 포함된 문제가 출제됩니다.

다음의 ≪조건≫에 따라 ≪출력형태≫와 같이 문서를 작성하시오. (110점)

조건 (1) 그리기 도구를 이용하여 작성하고, 모든 도형(글맵시, 지정된 그림 포함)을 ≪출력형태≫와 같이 작성하시오.
(2) 도형의 면 색은 지시사항이 없으면, 색 없음을 제외하고 서로 다르게 임의로 지정하시오.

출력형태

글상자 : 크기(110mm×15mm),
면 색(파랑),
글꼴(궁서, 20pt, 흰색),
정렬(수평 · 수직-가운데)

글맵시 이용(역갈매기형 수장),
크기(45mm×30mm),
글꼴(HY견고딕, 파랑)

그림 위치
(내 PC₩문서₩ITQ₩Picture₩
로고1.jpg, 문서에 포함), 크기
(45mm×30mm),
그림효과(회색조)

크기(60mm×35mm)

글상자 이용,
선종류(점선 또는 파선)
면 색(색없음),
글꼴(굴림, 20pt),
정렬(수평 · 수직-가운데)

크기(130mm×140mm)

타원그리기 : 크기(12mm×12mm),
면 색(흰색), 글꼴(돋움, 20pt),
정렬(수평 · 수직-가운데)

직사각형 그리기 : 크기(12mm×12mm),
면 색(흰색을 제외한 임의의 색)

01 3번 수식 문제 아래에 문제번호 '4.'를 입력하고 Enter 를 두 번 눌러 입력할 준비를 합니다. ❶[입력] 탭에서 도형 목록의 ❷'직사각형'을 클릭하여 ❸드래그하여 적당한 크기로 바탕이 될 도형을 그립니다.

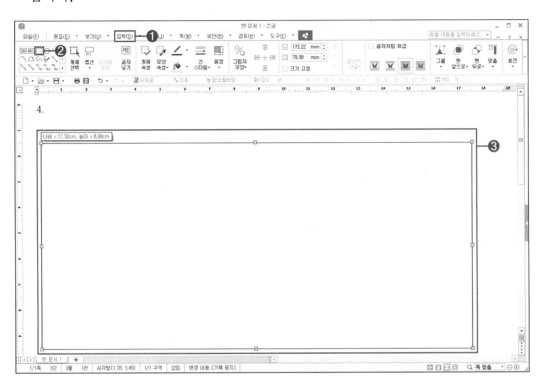

02 도형의 테두리를 ❶마우스로 선택하고 마우스 오른쪽 버튼을 눌러 ❷[개체 속성]을 클릭합니다. 또는 도형의 테두리를 마우스로 더블 클릭하여 [개체 속성]을 불러올 수 있습니다.

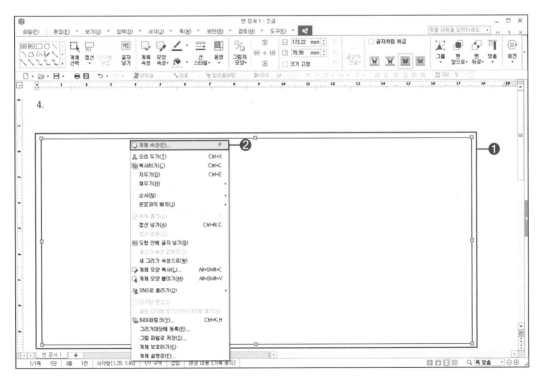

03 [개체 속성] 대화상자의 ❶[기본] 탭에서 ≪출력형태≫의 조건인 ❷도형 크기를 '너비 : 130', '높이 : 140'으로 입력하고 ❸'크기 고정'에 체크합니다.

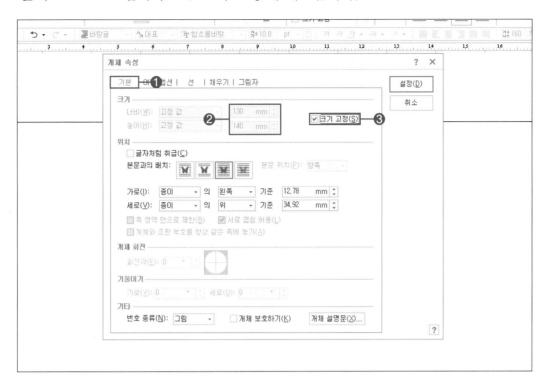

04 ❶[채우기] 탭을 클릭하고 '면 색'의 목록 단추를 클릭하여 ❷임의의 색을 선택한 후 ❸[설정]을 클릭합니다.

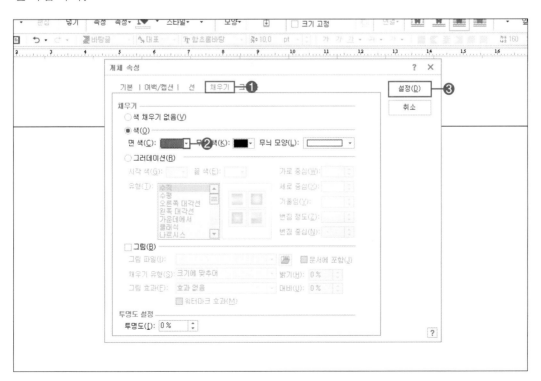

05 글상자를 삽입하기 위해 ❶[입력] 탭의 도형 목록에서 ❷'가로 글상자'를 클릭하고 ❸≪출력형태≫와 같이 드래그하여 삽입합니다.

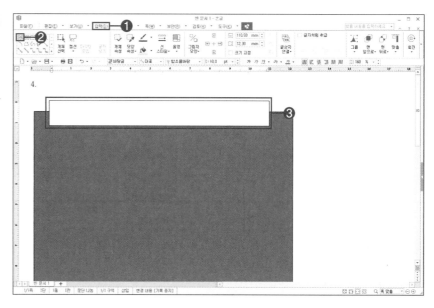

06 글상자 안에 커서가 깜빡거리면 ❶'산모신생아 바우처제도'라고 입력하고 ❷ 글꼴은 '궁서', 글자 크기는 '20pt', 글자색은 '흰색'으로 선택하고 정렬을 '가운데 정렬'로 합니다.

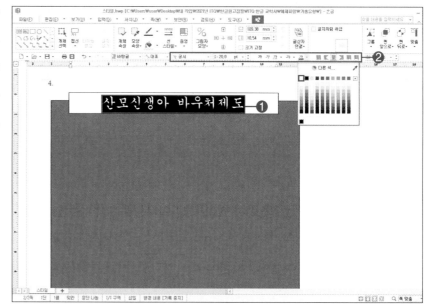

07 ❶글상자의 테두리를 선택하고 마우스 오른쪽 버튼을 눌러 [개체 속성]을 클릭합니다. [기본] 탭의 ❷크기에서 '너비 : 110', '높이 : 15'를 입력하고 ❸'크기 고정'에 체크합니다.

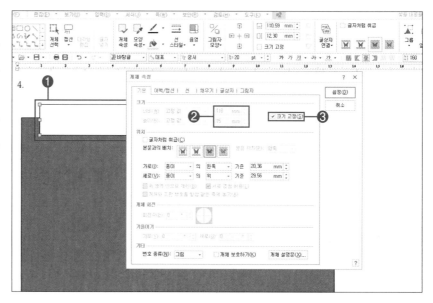

08 ❶[선] 탭에서 ❷'둥근 모양'으로 클릭합니다.

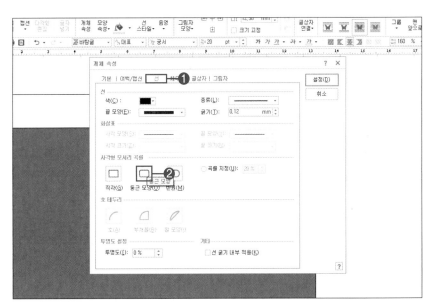

09 ❶[채우기] 탭의 ❷'색'을 선택한 후 면 색을 ❸'파랑'으로 선택합니다.

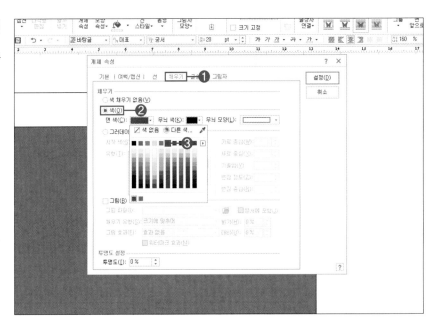

10 ❶[글상자] 탭의 속성에서 세로 정렬을 ❷'세로 가운데'로 선택하고 ❸[설정]을 클릭합니다. 글자가 입력된 글상자의 위치가 직사각형의 중앙에 위치하도록 마우스로 클릭하여 위치를 변경합니다.

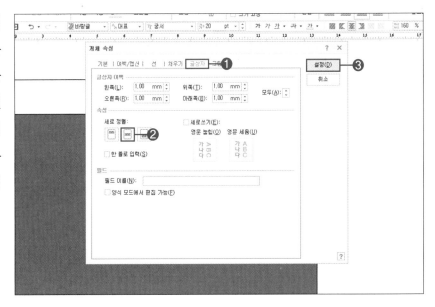

11 [입력] 탭의 도형 목록에서 ❶'직사각형'을 클릭하여 드래그한 다음 마우스 오른쪽 버튼을 눌러 [개체 속성]의 ❷[기본] 탭에서 ❸'너비 : 60', '높이 35'로 입력하고 ❹'크기 고정'에 체크합니다.

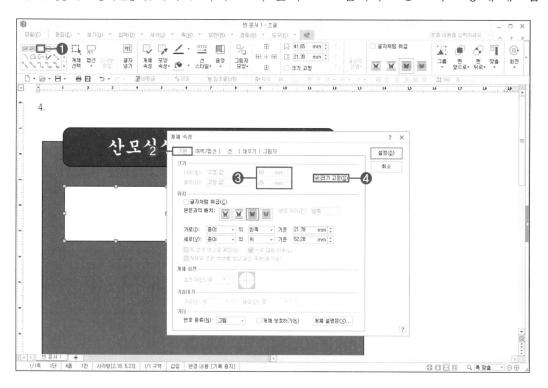

12 모서리가 구부러진 도형으로 변형하기 위해 [개체 속성] 대화상자의 ❶[선] 탭을 클릭합니다. 사각형 모서리 곡률에서 ❷'반원'을 클릭합니다.

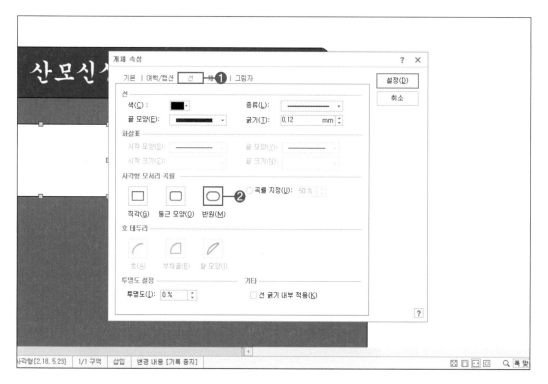

13 도형 안의 색을 채우기 위해 ❶[채우기] 탭을 클릭한 후 면 색을 ❷임의의 색으로 선택하고 ❸[설정]을 클릭합니다.

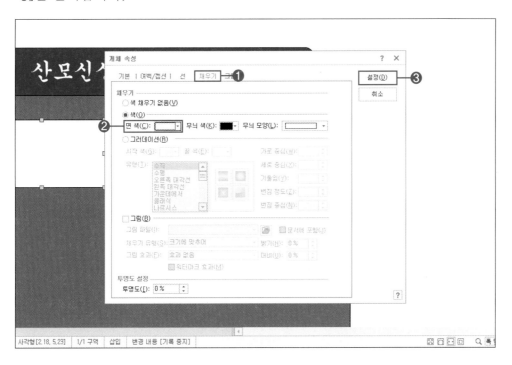

Tip

사각형 모서리 굴리기

• 사각형의 모서리가 둥근 정도에 따라 '직각', '둥근 모양', '반원'을 지정할 수 있습니다.

• 도형을 클릭하고 마우스 오른쪽 버튼을 눌러 [개체 속성]을 클릭하여 [선] 탭의 [사각형 모서리 곡률]에서 설정합니다.

호/부채꼴/활 모양 만들기

• [입력] 탭의 도형 목록에서 '호'를 선택하고, 드래그 한 도형을 선택한 후 마우스 오른쪽 버튼을 눌러 [개체 속성]을 클릭합니다.

• [개체 속성] 대화상자에서 [선] 탭의 '호', '부채꼴', '활 모양'을 설정합니다.

01 ❶[입력] 탭의 ❷[글맵시]를 클릭하여 [글맵시 만들기] 대화상자의 내용에 ❸'바우처 지원제도'를 입력하고 ❹글꼴을 'HY견고딕'으로 설정합니다. [글맵시 모양]에서 ❺'역갈매기 수장'을 선택하고 ❻[설정]을 클릭합니다.

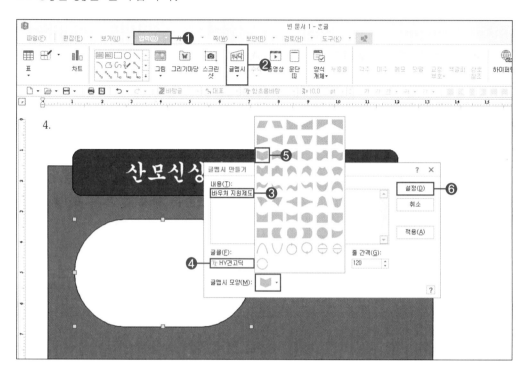

02 글맵시가 선택되어 있는 상태에서 마우스 오른쪽 버튼을 눌러 [개체 속성]을 클릭합니다. [개체 속성] 대화상자의 ❶[기본] 탭에서 ❷너비를 '45', 높이를 '30'으로 입력하고 ❸'크기 고정'을 체크합니다.

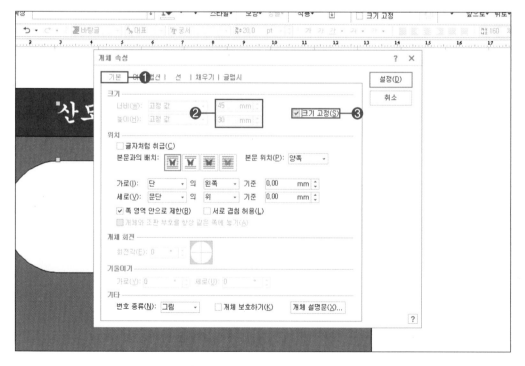

03 글맵시가 도형 뒤에 배치되어 있는 경우 본문과의 배치를 ❶'글 앞으로'로 선택합니다.

04 ❶[채우기] 탭에서 면 색을 ❷'파랑'으로 선택하고 ❸[설정]을 클릭합니다. 삽입된 글맵시를 ≪출력형태≫와 같은 위치로 이동합니다.

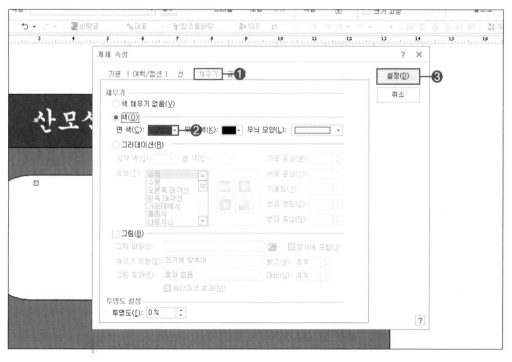

01 ❶[입력] 탭의 ❷[그림]을 클릭하여 [그림 넣기] 대화상자에서 ❸내 PCＷ문서ＷITQＷPicture에서 '로고1.jpg'를 선택한 다음 ❹[넣기]를 클릭합니다.

02 원하는 위치에 드래그하여 그림을 삽입합니다. 그림이 선택된 상태에서 마우스 오른쪽 버튼을 눌러 [개체 속성]을 클릭합니다. ❶너비를 '45', 높이를 '30'으로 입력하고 ❷'크기 고정'에 체크합니다.

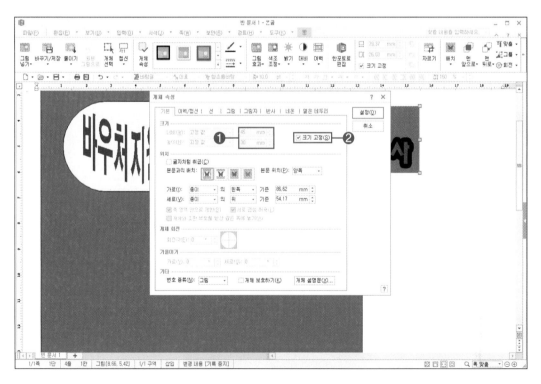

03 [개체 속성] 대화상자에서 본문과의 배치를 ❶'글 앞으로'로 클릭합니다.

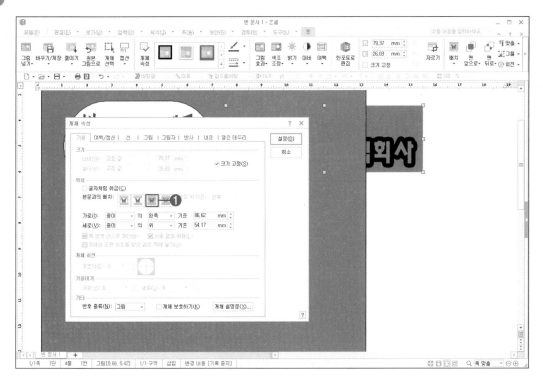

04 ❶[그림] 탭의 그림 효과에서 ❷'회색조'를 선택하고 ❸[설정]을 클릭합니다.

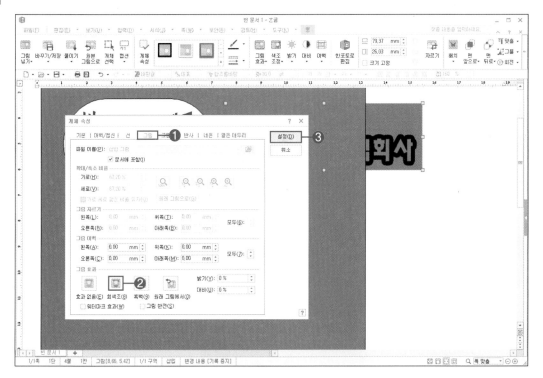

01 ❶[입력] 탭의 도형 목록에서 ❷직사각형을 선택하여 드래그한 다음 마우스 오른쪽 버튼을 눌러
❸[개체 속성]을 클릭합니다.

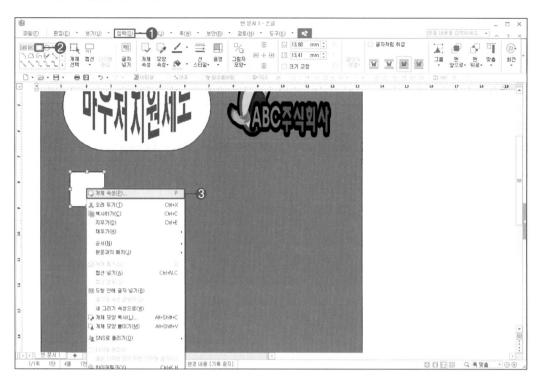

02 [개체 속성] 대화상자의 [기본] 탭에서 ❶크기를 '12', 높이를 '12'를 입력하고 ❷'크기 고정'에 체
크합니다.

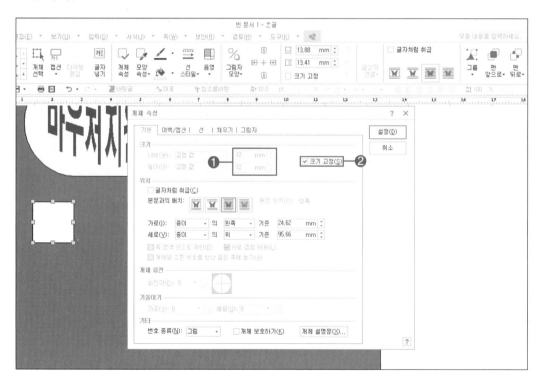

03 사각형의 모서리를 둥글게 굴리기 위해 [개체 속성] 대화상자의 ❶[선] 탭에서 사각형 모서리 곡률을 ❷'둥근 모양'으로 선택합니다.

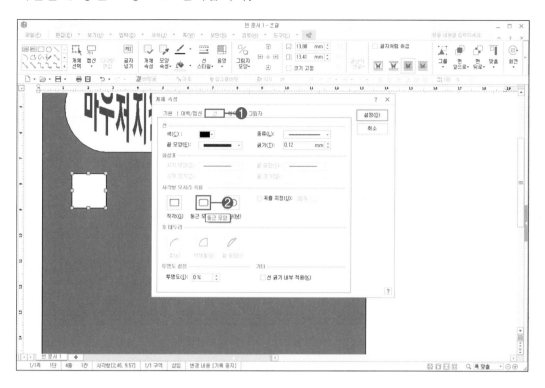

04 도형의 색을 채우기 위해 ❶[채우기] 탭에서 면 색을 ❷임의의 색으로 선택한 후 ❸[설정]을 클릭합니다.

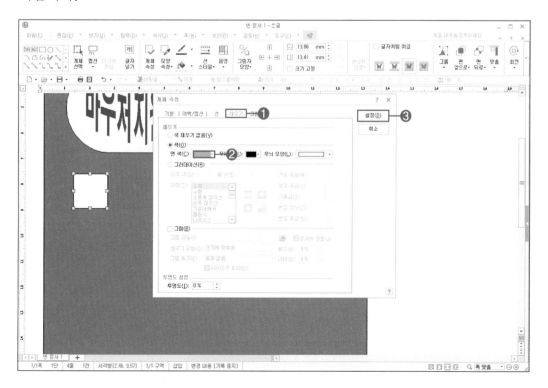

05 ❶[입력] 탭의 도형 목록에서 ❷'타원'을 선택하여 드래그한 다음 마우스 오른쪽 버튼을 눌러 ❸[개체 속성]을 클릭합니다.

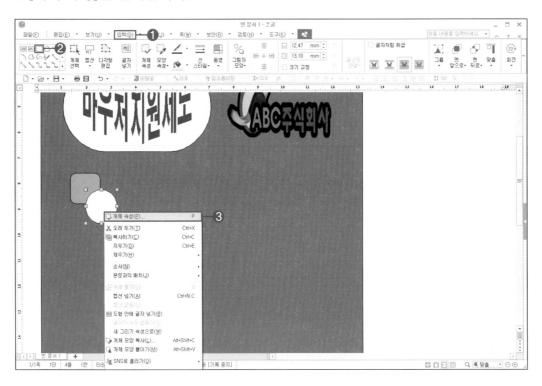

06 [개체 속성] 대화상자의 ❶[기본] 탭에서 ❷크기를 '12', 높이를 '12'를 입력하고 ❸'크기 고정'에 체크합니다.

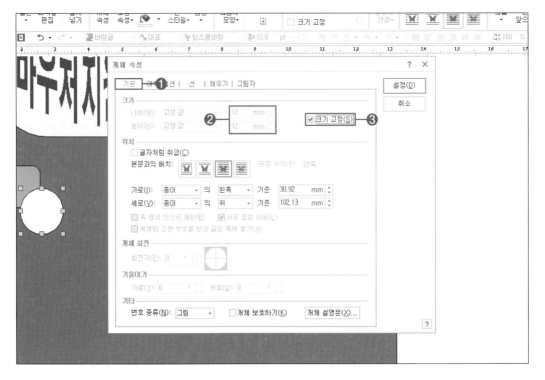

07 ❶[채우기] 탭에서 면 색을 ❷'흰색'으로 선택한 후 ❸[설정]을 클릭합니다.

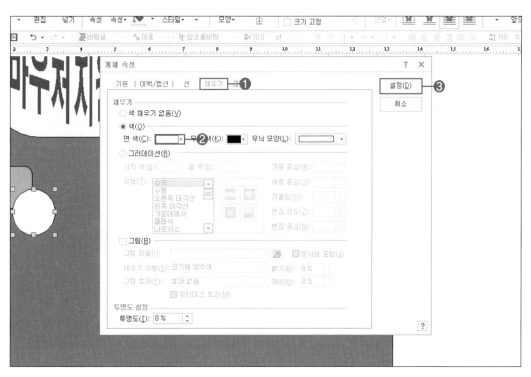

08 도형을 ≪출력형태≫와 같은 위치로 이동시킵니다. 도형 안에 내용을 입력하기 위해 마우스 오른쪽 버튼을 눌러 ❶[도형 안에 글자 넣기]를 클릭합니다.

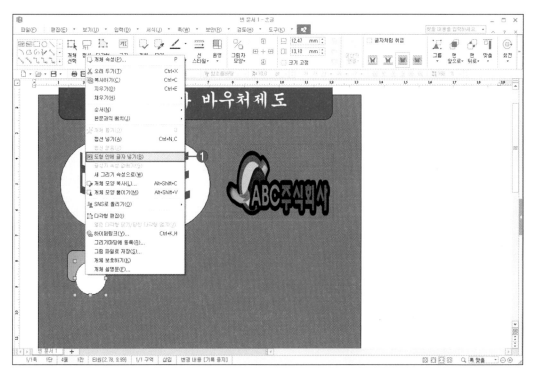

09 커서가 위치한 곳에 ❶'A'를 입력하고 ❷글꼴은 '돋움', 크기는 ' 20pt', '가운데 정렬'로 설정합니다.

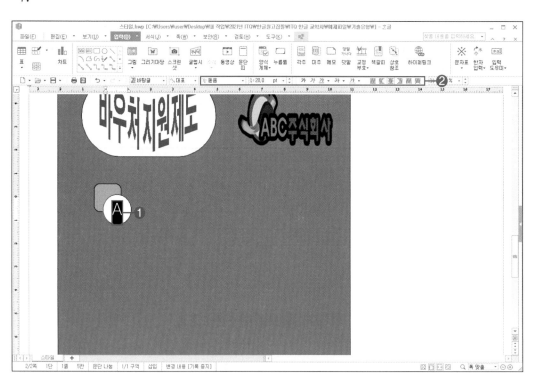

10 글상자를 작성하기 위해 [입력] 탭의 도형 목록에서 ❶'가로 글상자'를 클릭하여 ❷드래그합니다.

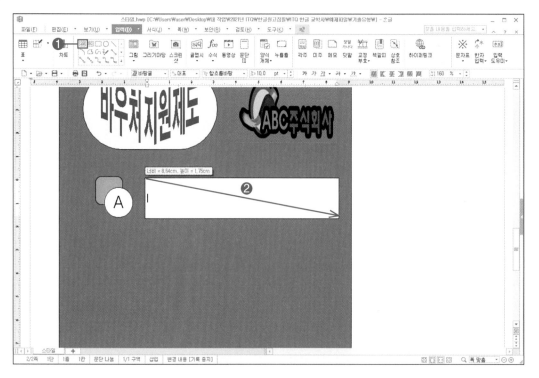

11 커서가 위치한 곳에 ❶'경제적 부담 경감'을 입력하고 ❷글꼴을 '굴림', 크기를 ' 20pt', '가운데
정렬'을 설정합니다.

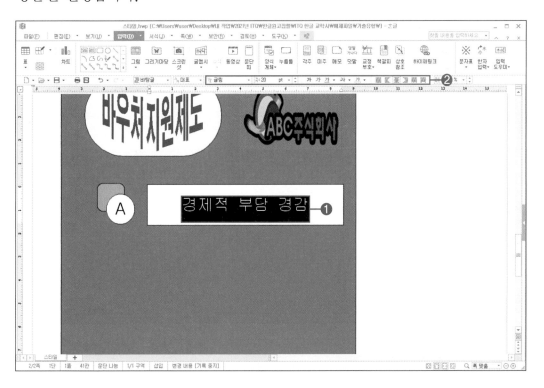

12 ❶글상자를 선택한 후 활성화된 ❷[도형] 탭의 ❸[선 스타일]을 클릭하여 ❹[선 종류]를 '파선'으
로 클릭하고 [선 굵기]를 '0.3mm'로 선택합니다.

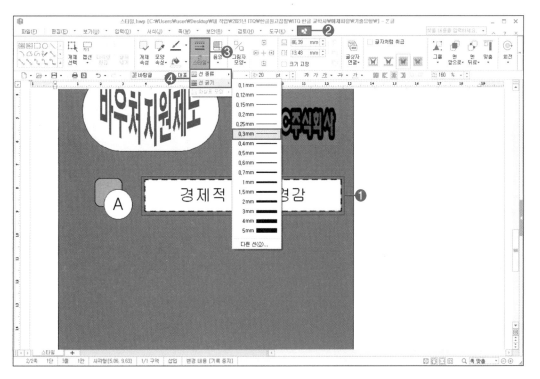

13 활성화된 [도형] 탭의 ❶[채우기]의 목록 단추를 클릭하여 채우기 색을 ❷'색 없음'으로 클릭하여 투명으로 만들어 줍니다.

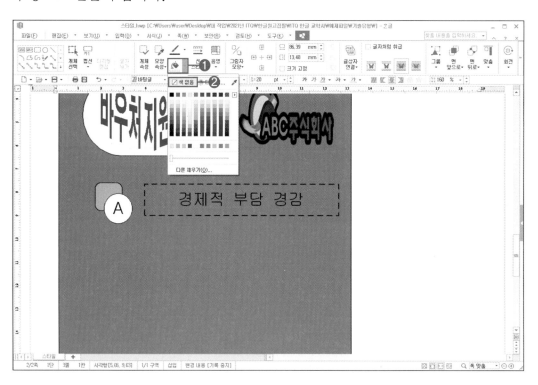

14 여러 도형을 선택하기 위해 Ctrl + Shift 를 누른 상태로 다음과 같이 도형을 선택합니다.

15 도형들이 선택되면 [Ctrl]+[Shift]를 계속 누른 상태로 ≪출력형태≫와 같은 위치에 도형을 아래로 드래그하여 두 개를 수직·수평 복사합니다.

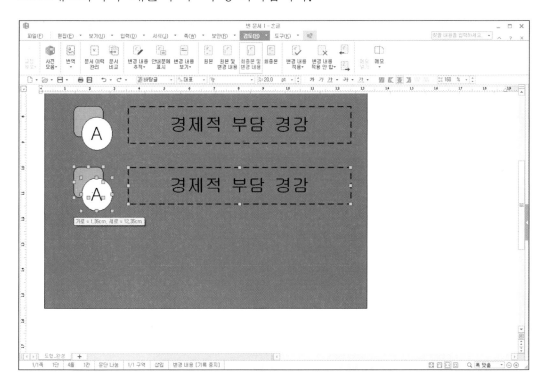

16 글상자의 텍스트를 수정하고 각 도형의 색상을 임의의 색으로 수정합니다. 입력이 끝나면 저장하여 완성합니다.

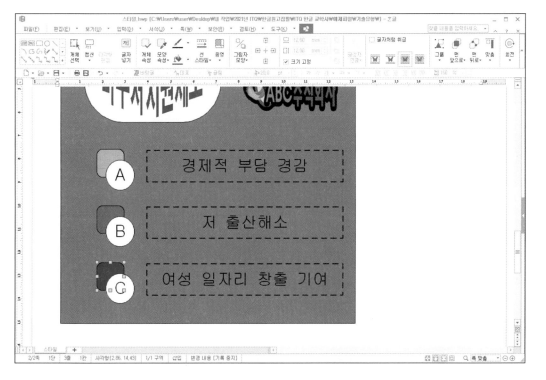

■ ■ 완성파일 : 실력팡팡₩도형예제_완성.hwp

01 다음의 ≪조건≫에 따라 ≪출력형태≫와 같이 문서를 작성하시오. (110점)

조건 (1) 그리기 도구를 이용하여 작성하고, 모든 도형(글맵시, 지정된 그림 포함)을 ≪출력형태≫와 같이 작성하시오.

(2) 도형의 면 색은 지시사항이 없으면, 색 없음을 제외하고 서로 다르게 임의로 지정하시오.

출력형태

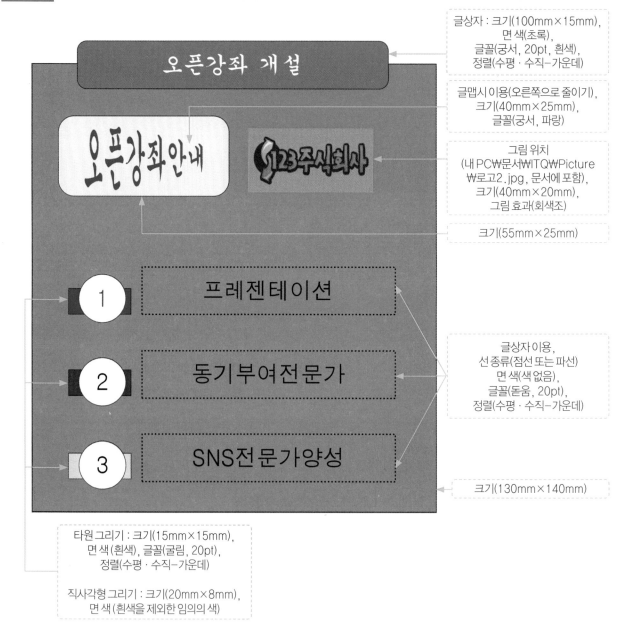

글상자 : 크기(100mm×15mm),
면 색(초록),
글꼴(궁서, 20pt, 흰색),
정렬(수평 · 수직-가운데)

글맵시 이용(오른쪽으로 줄이기),
크기(40mm×25mm),
글꼴(궁서, 파랑)

그림 위치
(내 PC₩문서₩ITQ₩Picture
₩로고2.jpg, 문서에 포함),
크기(40mm×20mm),
그림 효과(회색조)

크기(55mm×25mm)

글상자 이용,
선종류(점선 또는 파선)
면 색(색 없음),
글꼴(돋움, 20pt),
정렬(수평 · 수직-가운데)

크기(130mm×140mm)

타원 그리기 : 크기(15mm×15mm),
면 색(흰색), 글꼴(굴림, 20pt),
정렬(수평 · 수직-가운데)

직사각형 그리기 : 크기(20mm×8mm),
면 색(흰색을 제외한 임의의 색)

02 다음의 ≪조건≫에 따라 ≪출력형태≫와 같이 문서를 작성하시오. (110점)

조건
(1) 그리기 도구를 이용하여 작성하고, 모든 도형(글맵시, 지정된 그림 포함)을 ≪출력형태≫와 같이 작성하시오.
(2) 도형의 면 색은 지시사항이 없으면, 색 없음을 제외하고 서로 다르게 임의로 지정하시오.

출력형태

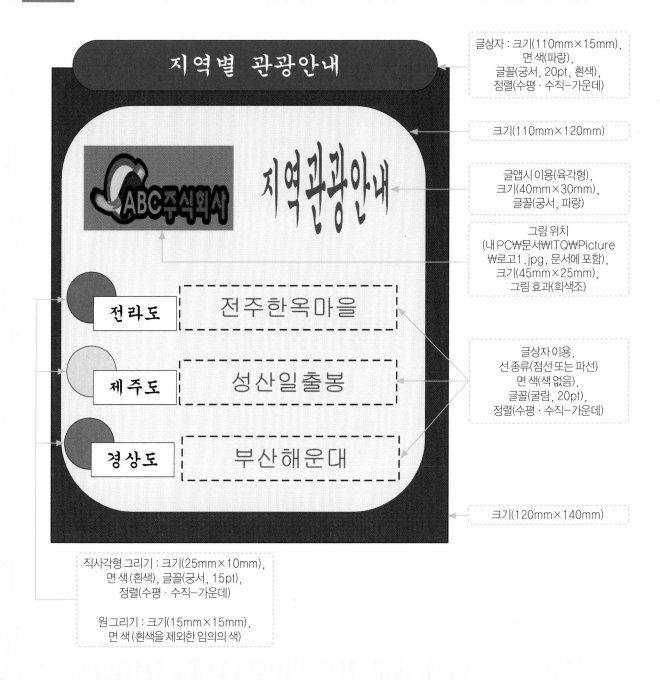

글상자 : 크기(110mm×15mm),
면 색(파랑),
글꼴(궁서, 20pt, 흰색),
정렬(수평·수직-가운데)

크기(110mm×120mm)

글맵시 이용(육각형),
크기(40mm×30mm),
글꼴(궁서, 파랑)

그림 위치
(내 PC₩문서₩ITQ₩Picture
₩로고1.jpg, 문서에 포함),
크기(45mm×25mm),
그림 효과(회색조)

글상자 이용,
선 종류(점선 또는 파선)
면 색(색 없음),
글꼴(굴림, 20pt),
정렬(수평·수직-가운데)

크기(120mm×140mm)

직사각형 그리기 : 크기(25mm×10mm),
면 색(흰색), 글꼴(궁서, 15pt),
정렬(수평·수직-가운데)

원 그리기 : 크기(15mm×15mm),
면 색(흰색을 제외한 임의의 색)

03 다음의 ≪조건≫에 따라 ≪출력형태≫와 같이 문서를 작성하시오. (110점)

조건 (1) 그리기 도구를 이용하여 작성하고, 모든 도형(글맵시, 지정된 그림 포함)을 ≪출력형태≫와 같이 작성하시오.
　　　(2) 도형의 면 색은 지시사항이 없으면, 색 없음을 제외하고 서로 다르게 임의로 지정하시오.

출력형태

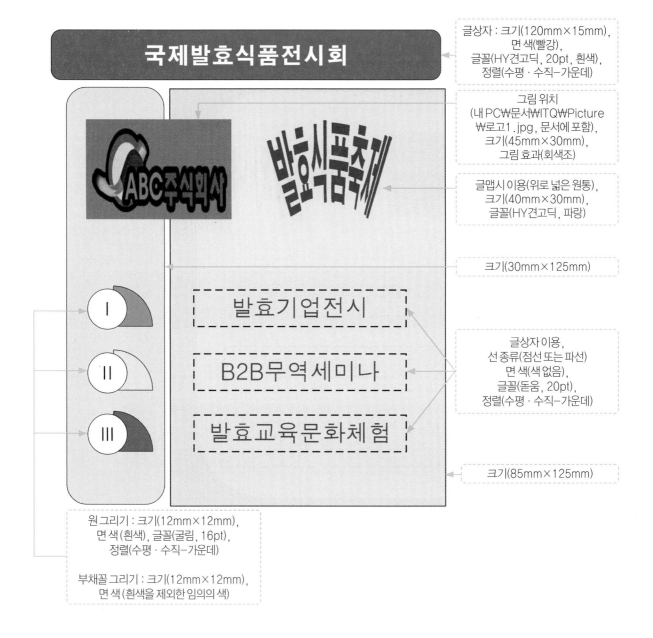

글상자 : 크기(120mm×15mm),
면 색(빨강),
글꼴(HY견고딕, 20pt, 흰색),
정렬(수평·수직-가운데)

그림 위치
(내 PC₩문서₩ITQ₩Picture
₩로고1.jpg, 문서에 포함),
크기(45mm×30mm),
그림 효과(회색조)

글맵시 이용(위로 넓은 원통),
크기(40mm×30mm),
글꼴(HY견고딕, 파랑)

크기(30mm×125mm)

글상자 이용,
선 종류(점선 또는 파선)
면 색(색 없음),
글꼴(돋움, 20pt),
정렬(수평·수직-가운데)

크기(85mm×125mm)

원 그리기 : 크기(12mm×12mm),
면 색(흰색), 글꼴(굴림, 16pt),
정렬(수평·수직-가운데)

부채꼴 그리기 : 크기(12mm×12mm),
면 색(흰색을 제외한 임의의 색)

04 다음의 ≪조건≫에 따라 ≪출력형태≫와 같이 문서를 작성하시오. (110점)

조건
(1) 그리기 도구를 이용하여 작성하고, 모든 도형(글맵시, 지정된 그림 포함)을 ≪출력형태≫와 같이 작성하시오.
(2) 도형의 면 색은 지시사항이 없으면, 색 없음을 제외하고 서로 다르게 임의로 지정하시오.

출력형태

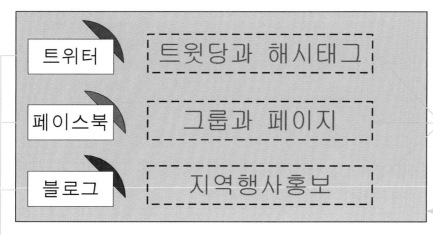

글상자 : 크기(110mm×15mm),
면 색(초록),
글꼴(돋움, 20pt, 흰색),
정렬(수평·수직-가운데)

글맵시 이용(두줄 원형),
크기(45mm×25mm),
글꼴(굴림, 파랑)

그림 위치
(내 PC₩문서₩ITQ₩Picture
₩로고2.jpg, 문서에 포함),
크기(40mm×30mm),
그림 효과(회색조)

크기(120mm×45mm)

SNS와 지역커뮤니티 활용

지역커뮤니티

123주식회사

트위터　　트윗당과 해시태그

페이스북　　그룹과 페이지

블로그　　지역행사홍보

글상자 이용,
선 종류(점선 또는 파선)
면 색(색 없음),
글꼴(굴림, 20pt),
정렬(수평·수직-가운데)

크기(120mm×60mm)

직사각형 그리기 : 크기(25mm×10mm),
면 색(흰색), 글꼴(돋움, 16pt),
정렬(수평·수직-가운데)

활모양 그리기 : 크기(12mm×12mm),
면 색(흰색을 제외한 임의의 색)

문서작성 능력평가

문서 작성을 위한 다양한 문서 능력을 평가하는 문항입니다. 앞서 학습한 내용과 더불어 책갈피, 하이퍼링크, 머리말/꼬리말 삽입, 덧말 넣기, 각주, 쪽번호 등을 학습합니다.

책갈피 삽입하기

- 책갈피를 넣을 부분의 앞을 클릭한 후 [입력] 탭의 [책갈피]를 클릭하거나 [입력] 탭의 목록단추를 클릭하여 [책갈피]를 클릭합니다.

- [책갈피] 대화상자의 '책갈피 이름'에 내용을 입력하고 [넣기]를 클릭합니다.

- 내용을 잘못 입력하였다면 '책갈피 이름 바꾸기'를 클릭하여 이름 수정이 가능하며, '삭제'를 클릭하여 삽입된 책갈피를 삭제할 수 있습니다.

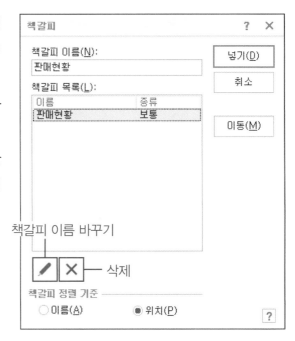

하이퍼링크 삽입하기

- 하이퍼링크로 설정할 내용을 블록으로 설정하거나 개체를 선택한 다음 [입력] 탭의 [하이퍼링크]를 클릭하거나 [입력] 탭의 목록 단추를 클릭하여 [하이퍼링크]를 클릭합니다.

- [하이퍼링크] 대화상자에서 '책갈피'에 등록된 부분을 선택해 연결할 수도 있습니다.

- 하이퍼링크가 잘못 연결되었을 경우 연결된 개체를 선택하고 마우스 오른쪽 버튼의 [하이퍼링크]를 클릭하여 [하이퍼링크 고치기] 대화상자의 [연결 안 함]을 클릭합니다.

🍀 머리말/꼬리말 삽입하기

- [쪽] 탭의 [머리말/꼬리말]을 클릭하거나 [쪽] 탭의 [머리말]을 클릭하여 [머리말/꼬리말]을 클릭합니다.
- 머리말 또는 꼬리말을 삽입하면 화면은 쪽 윤 곽으로 변경되며, 이 상태에서 머리말 영역과 꼬리말 영역을 더블 클릭하여 내용을 수정할 수 있습니다.
- 머리말과 꼬리말 입력이 끝나면 [머리말/꼬리 말 닫기]를 클릭하여 본문 편집 상태로 돌아갈 수 있습니다.

🍀 한자와 특수 문자 입력하기

- 한자로 변환할 글자 뒤를 클릭하고 [한자] 또는 [F9]를 누른 다음 해당 한자를 선택하고, 입력 형식을 선택합니다.
- 특수 문자는 [입력] 탭의 목록 단추를 클릭하여 [문자표]를 클릭하거나 [Ctrl] + [F10] 을 누릅니다.
- [한글(HNC)문자표] 탭의 '전각 기호(일반)' 문자 영역에서 해당 문자를 선택하여 삽입합니다.

🍀 글자 모양 설정하기

- 글자를 블록 설정한 후 서식 도구 상자를 이용하거나 [Alt] + [L] 또는 마우스 오른쪽 버튼을 눌러 [글자 모양]을 선택합니다.
- [글자 모양] 대화상자의 [기본] 탭에서 '글꼴', '크기', '장평', '자간', '속성' 등을 설정할 수 있습니다.
- [확장] 탭에서 '그림자', '밑줄', '외곽선 모양', '강조점'을 설정할 수 있습니다.

📀 문단 모양 설정하기

- [서식] 또는 [편집] 탭에서 [문단 모양]을 클릭하거나 또는 마우스 오른쪽 버튼을 눌러 [문단 모양]을 클릭합니다.
- [문단 모양] 대화상자의 [기본] 탭에서 '정렬 방식', '여백', '들여쓰기/내어쓰기', '줄 간격', '문단 간격' 등을 설정할 수 있습니다.

📀 덧말 넣기

- 덧말을 넣을 부분을 블록 설정하고 [입력] 탭의 목록 단추를 클릭해 [덧말 넣기]를 선택합니다.
- [덧말 넣기] 대화상자의 [덧말]에 내용을 입력하고 '덧말 위치'를 선택합니다. 덧말의 글자 크기와 색은 자동으로 설정되며 덧말 스타일을 설정할 수도 있습니다.
- 덧말을 수정하려면 덧말이 삽입된 내용 앞에 마우스 커서를 위치시키고 마우스 오른쪽 버튼을 눌러 [덧말 고치기]를 클릭하거나 덧말을 더블 클릭하면 [덧말 편집] 대화상자에서 수정할 수 있습니다.
- 덧말을 삭제하려면 덧말이 삽입된 내용 앞에 마우스 커서를 위치시키고 마우스 오른쪽 버튼을 눌러 [덧말 지우기]를 클릭합니다.

📀 문단 첫 글자 장식하기

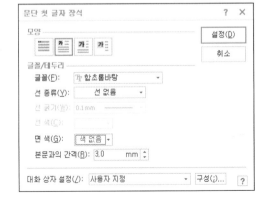

- 문단의 첫 글자를 클릭하고 [서식] 탭의 [문단 첫 글자 장식]을 클릭합니다.
- [문단 첫 글자 장식] 대화상자에서 '모양', '글꼴', '테두리', '선 종류', '면 색' 등을 설정할 수 있습니다.
- 문단 첫 글자 장식을 해제하려면 [문단 첫 글자 장식] 대화상자의 '모양'에서 '없음'을 선택합니다.

각주 삽입하기

- 각주를 넣을 단어의 뒤를 클릭하고 [입력] 탭의 [각주]를 클릭합니다.
- 페이지 하단의 각주 영역에 내용을 입력합니다.
- 주석 도구 모음에서 [번호 모양]을 클릭하면 각주 번호 모양을 변경할 수 있습니다.

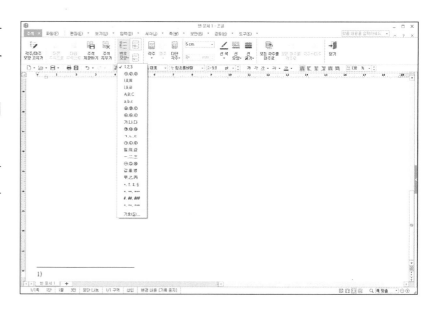

문단 번호 설정하기

- 문단 번호 설정은 [서식] 탭의 [문단 번호]의 목록 단추를 클릭하여 [문단 번호 모양]을 클릭합니다.
- 문단 번호와 글머리표, 그림 글머리표를 설정할 수 있습니다.
- [문단 번호/글머리표] 대화상자에서 [사용자 정의]를 클릭하면 문단 번호의 모양을 수준에 따라 각각 다르게 설정할 수 있습니다.

쪽 번호와 새 번호 넣기

- [쪽] 탭의 [쪽 번호 매기기]를 클릭합니다.
- [쪽 번호 매기기] 대화상자에서 '번호 위치'와 '번호 모양'을 선택할 수 있습니다.
- [쪽] 탭의 [새 번호로 시작]을 클릭하여 [새 번호로 시작] 대화상자에서 '시작 번호'를 변경할 수도 있습니다.

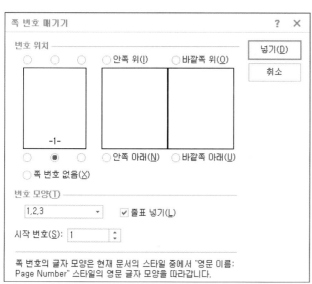

■ ■ 준비파일 : 기출유형₩문서작성능력.hwp / 완성파일 : 기출유형₩문서작성능력_완성.hwp

책갈피 기능과 하이퍼링크 기능을 활용하여 기능평가Ⅱ와 문서작성 능력평가를 완성시킬 수 있어야 합니다.

다음의 ≪조건≫에 따라 ≪출력형태≫와 같이 문서를 작성하시오.　　　　　　　　　　(110점)

조건

(1) 그리기 도구를 이용하여 작성하고, 모든 도형(글맵시, 지정된 그림 포함)을 ≪출력형태≫와 같이 작성하시오.

(2) 도형의 면 색은 지시사항이 없으면, 색 없음을 제외하고 서로 다르게 임의로 지정하시오.

출력형태

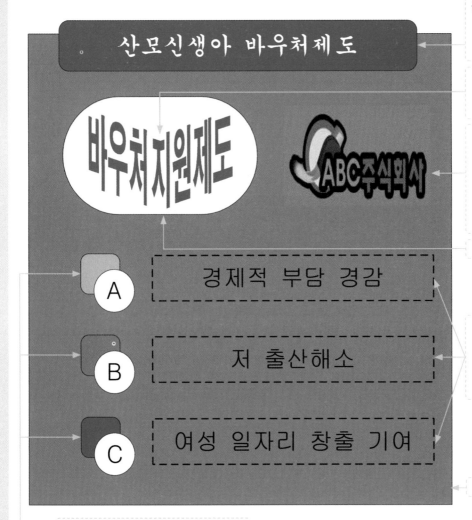

글상자 : 크기(110mm×15mm),
면 색(파랑),
글꼴(궁서, 20pt, 흰색),
정렬(수평 · 수직–가운데)

글맵시 이용(역갈매기형 수장),
크기(45mm×30mm),
글꼴(HY견고딕, 파랑)

그림 위치(내 PC₩문서₩ITQ₩
Picture₩로고1.jpg, 문서에 포
함), 크기(45mm×30mm),
그림효과(회색조)

하이퍼링크 : 문서작성 능력평가의
"산모 신생아 바우처 지원제도"
제목에 설정한 책갈피로 이동

크기(60mm×35mm)

글상자 이용,
선 종류(점선 또는 파선)
면 색(색 없음),
글꼴(굴림, 20pt),
정렬(수평 · 수직–가운데)

크기(130mm×140mm)

타원 그리기 : 크기(12mm×12mm),
면 색(흰색), 글꼴(돋움, 20pt),
정렬(수평 · 수직–가운데)

직사각형 그리기 : 크기(12mm×12mm),
면 색(흰색을 제외한 임의의 색)

출력형태

글꼴 : 굴림, 15pt, 진하게, 가운데 정렬
책갈피 이름 : 지원제도, 덧말 넣기

머리말 기능
굴림, 10pt, 오른쪽 정렬 → 지원제도

문단 첫글자 장식 기능
글꼴 : 궁서, 면색 : 노랑

바우처제도
산모신생아바우처 지원제도

그림위치(내 PC\문서\ITQ\Picture\그림4.jpg
자르기 기능 이용, 크기(35mm×35mm), 바깥 여백 왼쪽 : 2mm

산 모신생아바우처 지원제도란 실수요자에게 서비스를 이용할 수 있는 바우처(이용권)을 지원함으로써 수요자가 원하는 공급자(供給者)를 선택하여 서비스를 이용하도록 하는 제도이다. 추진배경을 살펴보면 산모신생아 도우미 파견기관 선정에 따른 도내 14개시 군 출산가정에 도우미[1]를 필요로 하는 곳이면 때와 장소 구분없이 파견해야 한다.

각주

권역별로 도우미 인력양성 교육을 실시하고, 임신부가 출산에 대한 사회적 중요성을 인식하고 정책적으로 지원하는 사회 서비스 향상으로 저출산을 해소하고 출산가정의 도우미 파견에 따른 경제적(經濟的) 부담 경감과 여성의 사회적 일자리 창출에 기여하기 위함이다. 건강관리가 필요하다고 보건소장이 판단한 경우 지원 장애아, 희귀난치성질환자, 한부모 가정, 여성장애인 산모 등을 대상으로 한다.

◆ 지원신청 및 바우처(이용권) 활용

글꼴 : 돋움, 18pt, 흰색
음영색 : 파랑

1. 신청장소 및 기간
   ⓐ. 신청장소 : 산무 주소지 관할 시군구(보건소)
   ⓑ. 신청기간 : 출산예정일 60일전부터 출산 후 60일까지
2. 신청서류 및 신청시간
   ⓐ. 신청서류 : 신청서 1부, 건강보험카드 사본
   ⓑ. 신청시간 : 월~금(09:00~18:00), 토요일(09:00~14:00)

문단 번호 기능 사용
1수준 : 20pt, 오른쪽 정렬,
2수준 : 30pt, 오른쪽 정렬,
줄 간격 : 180%

◆ *사업 추진현황*

글꼴 : 돋움, 18pt, 기울임, 강조점

표 전체 글꼴 : 굴림, 10pt, 가운데 정렬,
셀 배경(그러데이션) : 유형(수직),
시작 색(흰색), 끝 색(노랑)

서비스내용	가구원수	소득기준(선정기준)	건강보험료 본인부담금(원)	
			직장가입자	지역가입자
산모의 영향 관리	2인	1,314천원	38,136	23,550
산후 체조	3인	1,903천원	55,318	49,541
신생아 돌보기 보조	4인	2,194천원	63,724	63,488
신생아 건강 관리	5인	2,351천원	68,530	71,124
감염예방관리	6인	2,508천원	73,352	78,281
산모 정신적 안정	7인	2,665천원	77,814	84,176

- 산모신생아도우미 파견기관을 4개소로 확대 실시 예정

한국 여성 능력개발센터

글꼴 : 궁서, 20pt, 진하게,
장평 : 120%, 가운데 정렬

각주 구분선 : 5cm

[1] 행사를 맡아 안내를 하거나 남에게 봉사하는 사람

쪽번호 매기기
3으로 시작

01 3페이지에 커서를 위치한 후 문단 번호를 제외하고 다음과 같이 문서를 입력합니다.

산모신생아바우처 지원제도

산모신생아바우처 지원제도란 실수요자에게 서비스를 이용할 수 있는 바우처(이용권)을 지원함으로써 수요자가 원하는
공급자(供給者)를 선택하여 서비스를 이용하도록 하는 제도이다. 추진배경을 살펴보면 산모신생아 도우미 파견기관 선
정에 따른 도내 14개시 군 출산가정에 도우미를 필요로 하는 곳이면 때와 장소 구분없이 파견해야 한다.
　권역별로 도우미 인력양성 교육을 실시하고, 임신부가 출산에 대한 사회적 중요성을 인식하고 정책적으로 지원하는
사회 서비스 향상으로 저출산을 해소하고 출산가정의 도우미 파견에 따른 경제적(經濟的) 부담 경감과 여성의 사회적
일자리 창출에 기여하기 위함이다. 건강관리가 필요하다고 보건소장이 판단한 경우 지원 장애아, 희귀난치성질환자,
한부모 가정, 여성장애인 산모 등을 대상으로 한다.

◆ 지원신청 및 바우처(이용권) 활용
신청장소 및 기간
신청장소 : 산무 주소지 관할 시군구(보건소)
신청기간 : 출산예정일 60일전부터 출산 후 60일까지
신청서류 및 신청시간
신청서류 : 신청서 1부, 건강보험카드 사본
신청시간 : 월~금(09:00~18:00), 토요일(09:00~14:00)

◆ 사업 추진현황

서비스내용	가구원수	소득기준(선정기준)	건강보험료 본인부담금(원)	
			직장가입자	지역가입자
산모의 영향 관리	2인	1,314천원	38,136	23,550
산후 제조	3인	1,903천원	55,318	49,541
신생아 돌보기 보조	4인	2,194천원	63,724	63,488
신생아 건강 관리	5인	2,351천원	68,530	71,124
감염예방관리	6인	2,508천원	73,352	78,281
산모 정신적 안정	7인	2,665천원	77,814	84,176

- 산모신생아도우미 파견기관을 4개소로 확대 실시 예정

한국 여성 능력개발센터

---

02 책갈피를 삽입하기 위해 제목 앞에 커서를 두고 ❶[입력] 탭의 ❷[책갈피]를 클릭합니다. [책갈
피] 대화상자에서 책갈피 이름에 ❸'지원제도'라고 입력한 다음 ❹[넣기]를 클릭합니다.

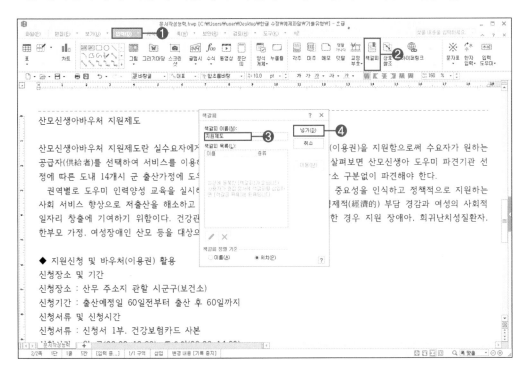

03 2페이지에서 하이퍼링크가 삽입될 ❶그림을 선택하고 마우스 오른쪽 버튼을 눌러 ❷[하이퍼링크]를 클릭합니다.

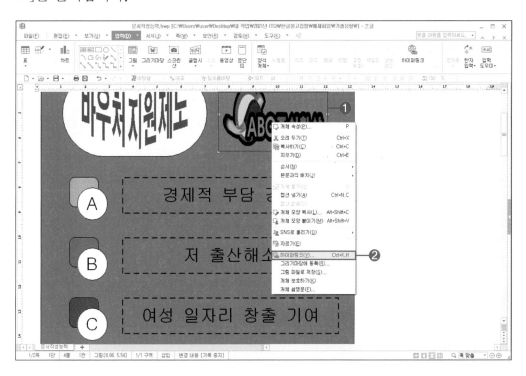

04 [하이퍼링크] 대화상자에서 책갈피에서 삽입한 ❶'지원제도'를 선택하고 ❷[넣기]를 클릭합니다.

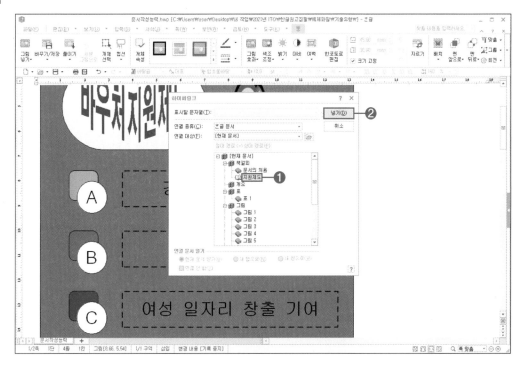

01 제목을 블록 설정한 다음 서식 도구 상자를 이용하여 ❶글꼴은 '굴림', 글자 크기는 '15pt', 속성은 '진하게', '가운데 정렬'으로 설정합니다.

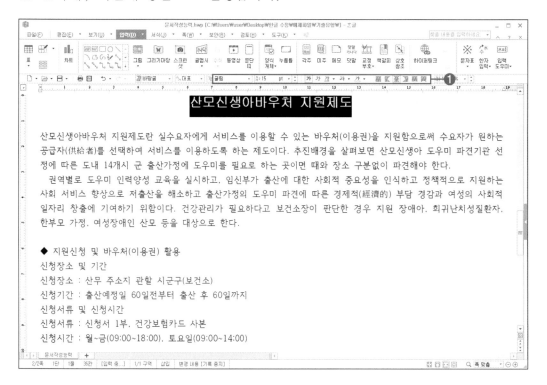

02 글자 모양이 지정된 상태에서 블록을 해제하지 않고 ❶[입력] 탭의 ❷[덧말]을 클릭합니다. [덧말 넣기] 대화상자에서 덧말에 ❸'바우처제도'라고 입력하고 덧말 위치를 ❹'위'로 선택한 다음 ❺[넣기]를 클릭합니다.

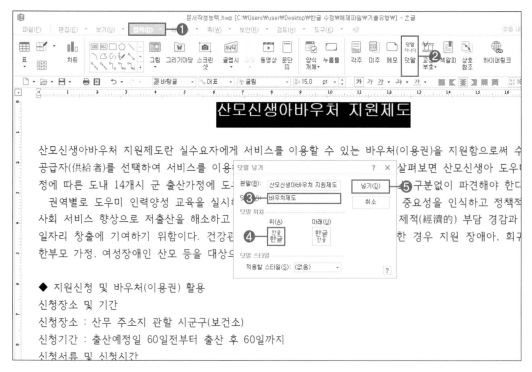

01 첫 번째 문단의 첫 글자 '산' 앞에 커서를 위치시키고 ❶[서식] 탭의 ❷[문단 첫 글자 장식]을 클릭합니다.

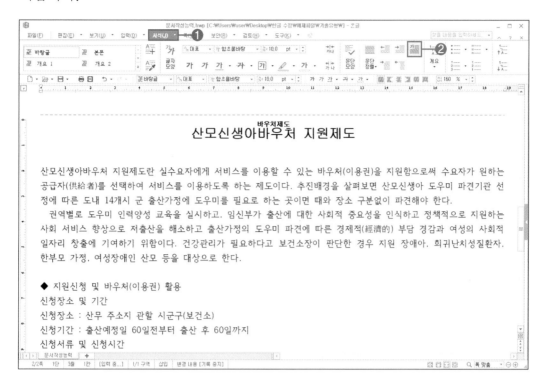

02 [문단 첫 글자 장식] 대화상자에서 ❶모양은 '2줄', ❷글꼴은 '궁서', ❸면 색은 '노랑'으로 지정하고 ❹[설정]을 클릭합니다.

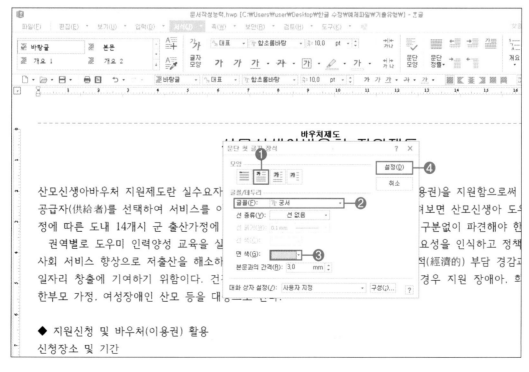

01 각주를 넣을 단어 ❶'도우미' 뒤에 커서를 놓고 [입력] 탭의 ❷[각주]를 클릭합니다.

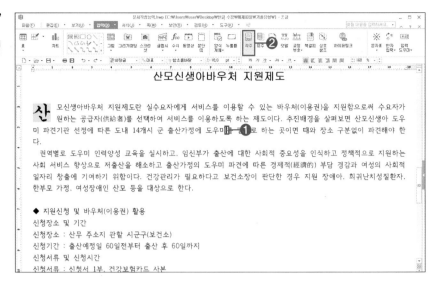

02 페이지 하단에 각주 영역이 자동으로 설정됩니다. 각주 영역에 ❶'행사를 맡아 안내를 하거나 남에게 봉사하는 사람'이라고 입력한 다음 각주 도구 모음에서 ❷'번호 모양'을 'Ⓐ,Ⓑ,Ⓒ'로 바꿉니다.

03 각주 내용에 블록을 설정한 후 ❶글꼴은 '함초롬바탕', 크기를 '10pt'로 변경한 후 ❷[닫기]를 클릭하거나 본문 영역을 클릭해도 됩니다.

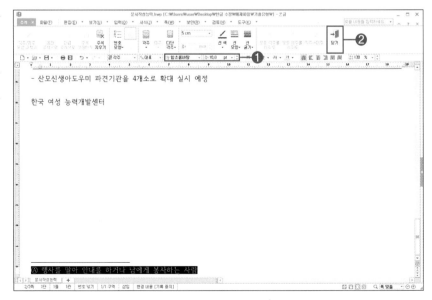

01 문서에 그림을 삽입하기 위해 ❶[입력] 탭의 ❷[그림]을 클릭합니다. [그림 넣기] 대화상자에서 [내 PC₩문서₩ITQ₩Picture] 폴더의 ❸'그림4.jpg' 파일을 선택한 다음 ❹'문서에 포함'과 ❺'마우스로 크기 지정'에 체크하고 ❻[넣기]를 클릭합니다.

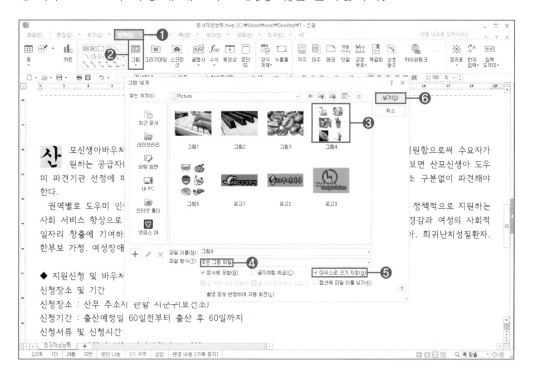

02 삽입된 그림을 선택하고 활성화된 [그림] 탭에서 ❶[자르기]를 클릭합니다. 테두리가 표시되면 마우스를 올려놓은 다음 ❷드래그하여 그림을 《출력형태》와 같이 자릅니다.

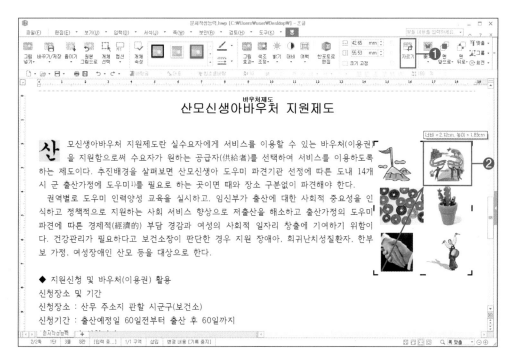

03 ❶그림을 더블 클릭하여 [개체 속성] 대화상자가 나타나면 ❷[기본] 탭의 크기에 ❸너비를 '35mm', 높이를 '35mm'로 입력하고 ❹'크기 고정'에 체크합니다. 본문과의 배치는 ❺'어울림'으로 선택합니다.

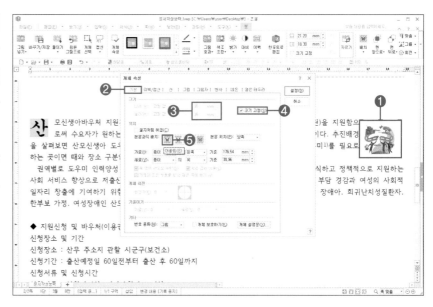

04 ❶[여백/캡션] 탭에서 바깥 여백 왼쪽에 ❷'2mm'로 입력한 다음 ❸[설정]을 클릭합니다.

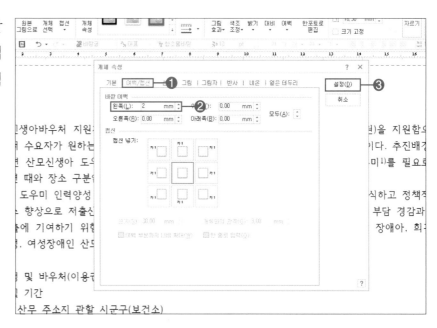

05 그림을 ≪출력형태≫와 동일한 위치에 배치합니다.

01 중간 제목을 블록 설정한 후 서식 도구 상자에서 ❶글꼴은 '돋움', 크기는 '18pt'로 지정합니다.

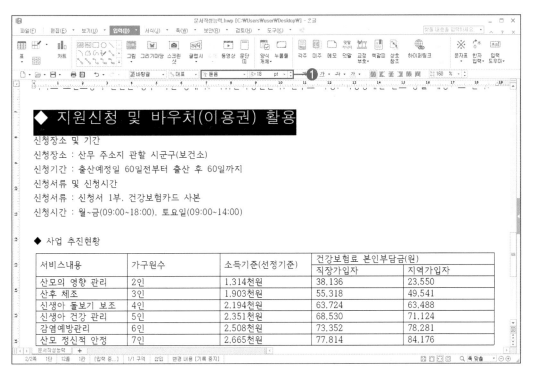

02 특수 문자를 제외한 중간 제목을 블록으로 지정한 다음 마우스 오른쪽 버튼을 눌러 [글자 모양] 을 클릭합니다. [글자 모양] 대화상자에서 [기본] 탭의 ❶글자 색은 '흰색', ❷음영 색은 '파랑'으 로 지정하고 ❸[설정]을 클릭합니다.

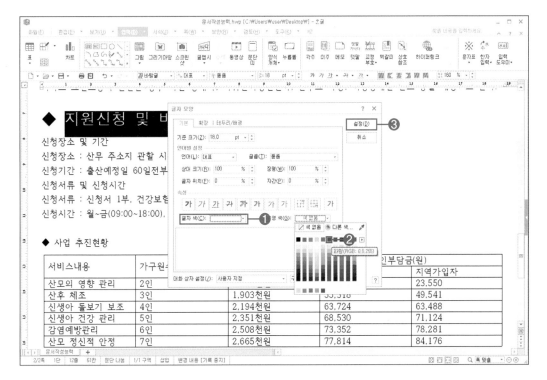

03 문단 번호를 지정할 범위를 블록 설정한 다음 ❶[서식] 탭의 ❷[문단 번호]의 목록 단추를 클릭하여 ❸[문단 번호 모양]을 클릭합니다.

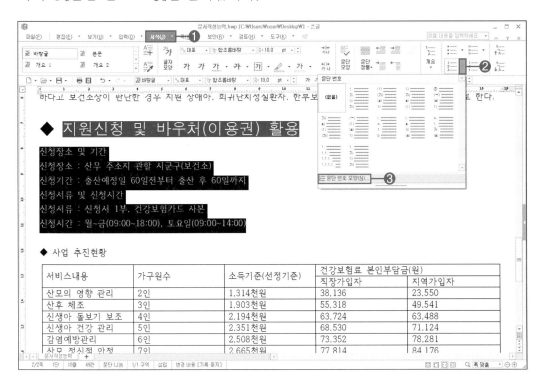

04 [문단 번호/글머리표] 대화상자에서 [문단 번호] 탭의 문단 번호 모양에서 ≪출력형태≫와 비슷한 ❶'1,가,1),가)..'를 선택하고 ❷[사용자 정의]를 클릭합니다.

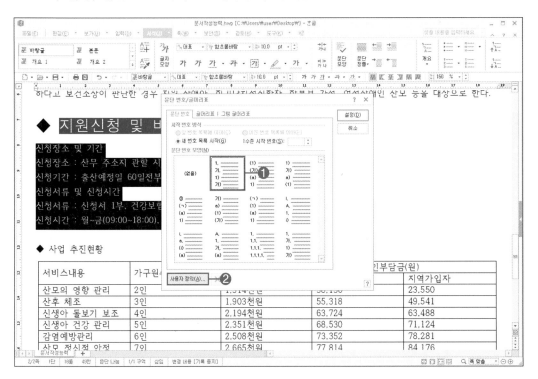

05 [문단 번호 사용자 정의 모양] 대화상자에서 1수준의 ❶너비를 '20'으로 지정하고 ❷정렬을 '오른쪽'으로 설정합니다.

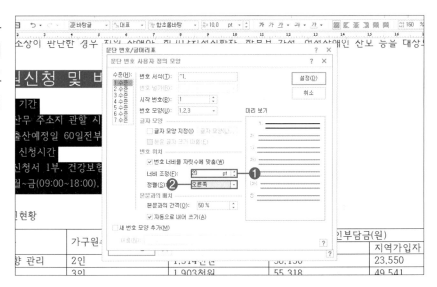

06 [문단 번호 사용자 정의 모양] 대화상자에서 수준을 ❶'2수준'으로 선택하고 현재 번호 모양을 클릭하여 ❷'ⓐ,ⓑ,ⓒ'로 선택합니다.

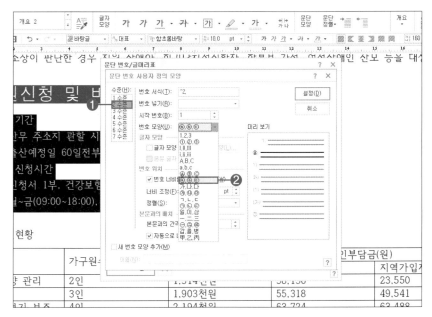

07 '2수준'의 너비를 ❶'30'으로 지정하고 ❷정렬을 '오른쪽'으로 설정하고 ❸[설정]을 클릭합니다.

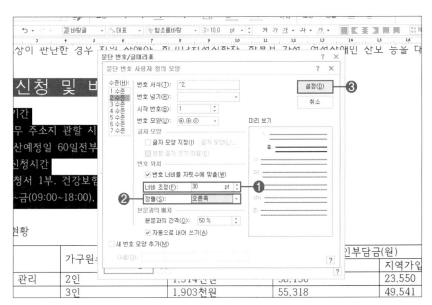

08 [문단 번호/글머리표] 대화상자에서 ❶[설정]을 클릭합니다.

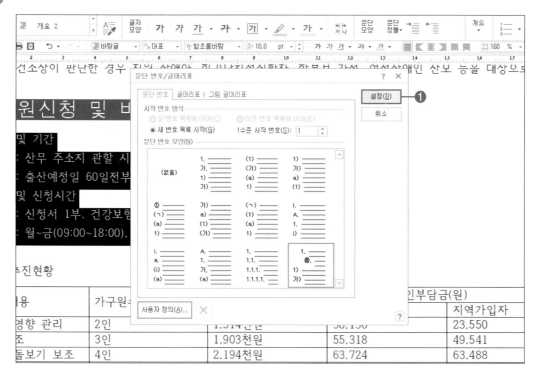

09 두 번째 단락의 2수준을 넣기 위해 다음과 같이 블록으로 범위를 지정한 후 ❶[서식] 탭의 ❷[한 수준 감소]를 클릭하여 문단 수준을 감소합니다.

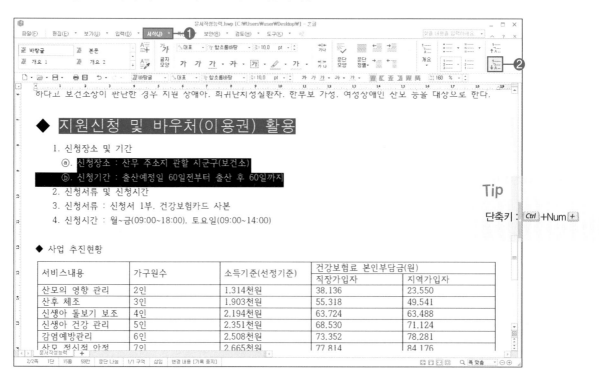

10 같은 방법으로 아래에도 블록으로 설정한 다음 ❶[서식] 탭의 ❷[한 수준 감소]를 클릭하여 문단 수준을 감소합니다.

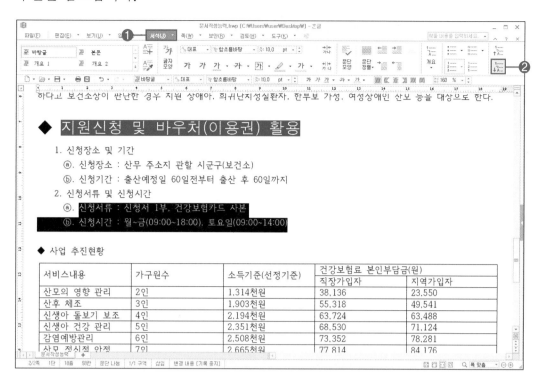

11 다음과 같이 블록을 설정하고 서식 도구 상자에 ❶줄 간격을 '180%'으로 설정합니다.

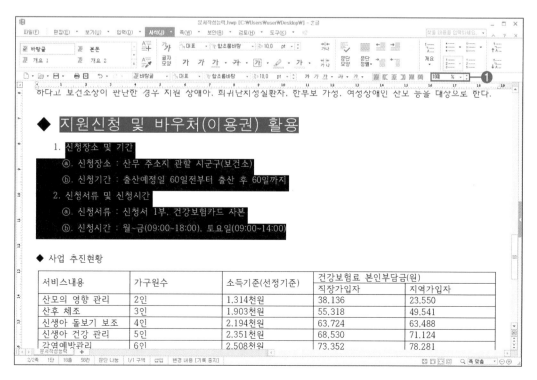

01 중간 제목을 블록 설정한 후 서식 도구 상자에서 ❶글꼴 은 '돋움', 크기는 '18pt'로 지 정합니다.

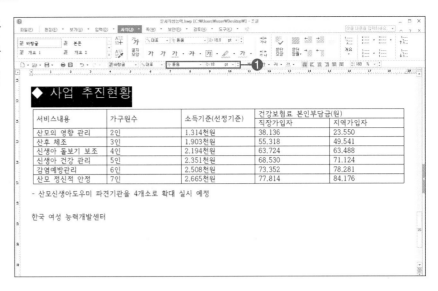

02 특수 문자를 제외한 중간 제목을 블록 설정한 다음 ❶[서식] 탭의 ❷[글자 모 양]을 클릭합니다. [글자 모 양] 대화상자에서 [기본] 탭 에서 ❸속성을 '기울임'으로 선택하고 ❹[설정]을 클릭 합니다.

03 강조점을 넣을 범위를 블록 설정한 다음 ❶[서식] 탭의 ❷[글자 모양]을 클릭합니 다. [글자 모양] 대화상자의 [확장] 탭에서 《출력형태》 와 같은 ❸강조점을 선택하 고 ❹[설정]을 클릭합니다.

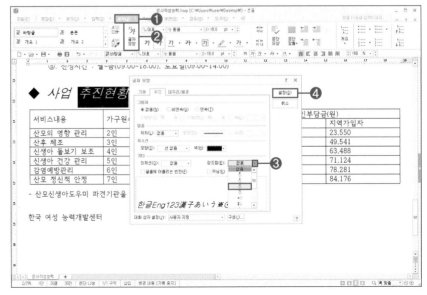

04 표 안을 전체 드래그하여 서식 도구 상자에서 ❶글꼴을 '굴림', 글자 크기를' 10pt', 정렬은 '가운데 정렬'로 설정합니다.

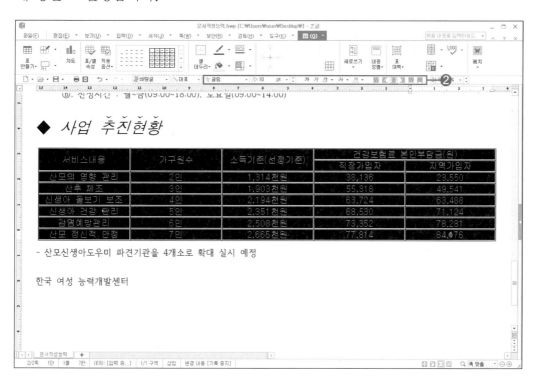

05 셀 높이를 적당히 조절한 다음, 셀을 블록 설정한 후 마우스 오른쪽 버튼을 눌러 ❶[셀 테두리/배경]의 ❷[각 셀마다 적용]을 클릭합니다.

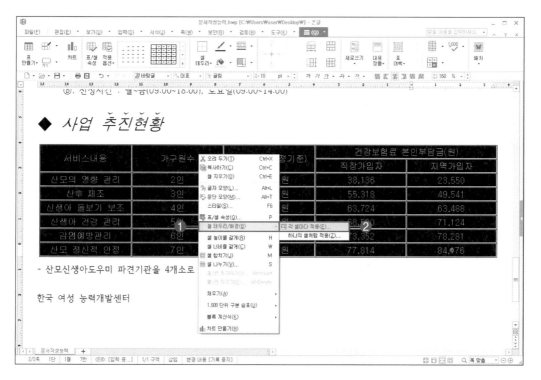

06 [셀 테두리/배경] 대화상자의 [테두리] 탭에서 테두리 종류를 ❶'이중 실선'으로 선택하고 적용 위치는 ❷'바깥쪽'을 선택하고 ❸[적용]을 클릭합니다.

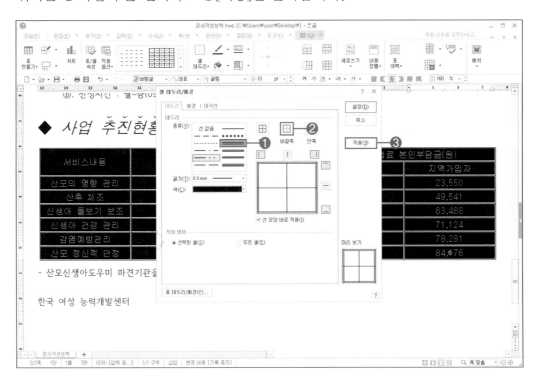

07 양쪽 옆 테두리를 투명으로 하기 위해 다시 테두리 종류에서 ❶'선 없음'을 선택하고 적용 위치를 ❷'바깥쪽'으로 선택한 다음 ❸'왼쪽'과 '오른쪽'을 클릭한 다음 ❹[설정]을 클릭합니다.

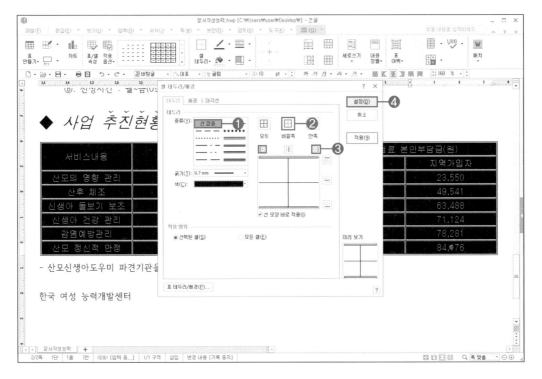

08 첫 행을 드래그하여 블록 설정한 다음 마우스 오른쪽 버튼을 눌러 ❶[셀 테두리/배경]의 ❷[각 셀마다 적용]을 클릭합니다.

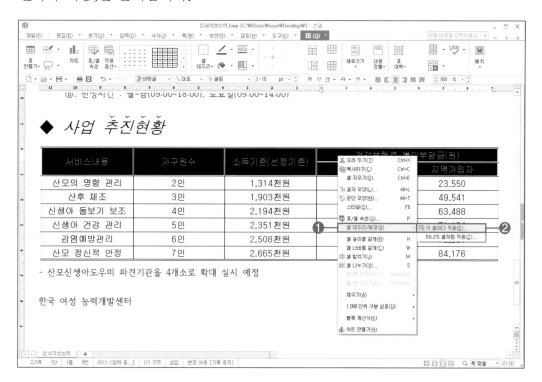

09 [셀 테두리/배경] 대화상자의 ❶[테두리] 탭에서 테두리 종류를 ❷'이중 실선'으로 선택하고 적용 위치는 ❸'아래쪽'을 선택합니다.

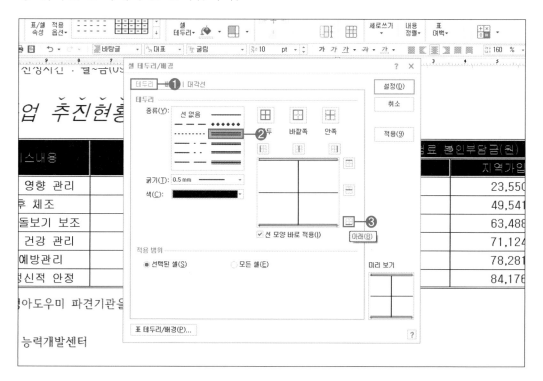

10 ❶[배경] 탭에서 ❷'그러데이션'에 체크하고 ❸시작 색을 '흰색', 끝 색을 '노랑', 유형을 ❹'수직'으로 설정하고 ❺[설정]을 클릭합니다.

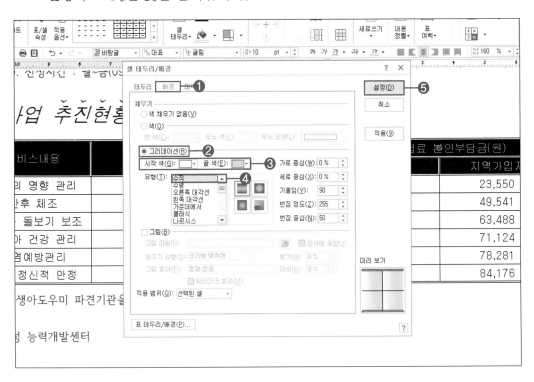

11 문서 마지막 '한국 여성 능력개발센터'에 블록 설정한 후 서식 도구 상자에서 정렬을 ❶'가운데 정렬'로 지정합니다. 문서의 마지막 기관명에 장평과 자간을 지정하기 위해 ❷[서식] 탭의 ❸[글자 모양]을 클릭합니다. [기본] 탭에서 ❹글꼴을 '궁서', 크기를 '20pt', 장평은 '120%', 속성은 '진하게'로 설정한 다음 ❺[설정]을 클릭합니다.

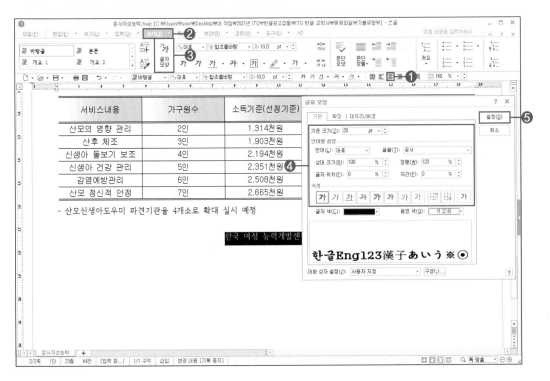

01 제목 앞에 커서를 위치시키고 ❶[쪽] 탭의 ❷[머리말]을 클릭한 후 ❸[머리말/꼬리말]을 선택합니다.

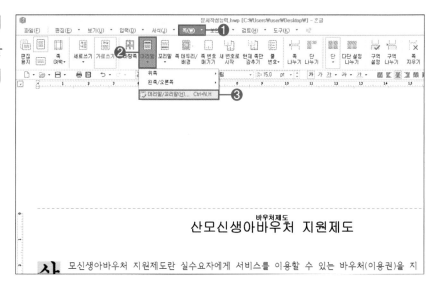

02 [머리말/꼬리말] 대화상자에서 ❶종류를 '머리말'로 선택하고 ❷[만들기]를 클릭합니다.

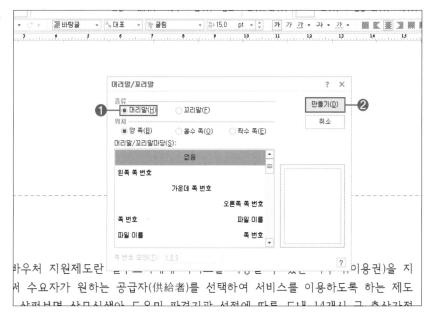

03 머리말 영역에 《출력형태》와 같이 '지원제도'라고 입력한 다음 블록 설정합니다. 서식 도구 상자에서 ❶글꼴은 '굴림', 크기는 '10pt', 정렬은 '오른쪽 정렬'로 지정한 다음 ❷[머리말/꼬리말 닫기]를 클릭합니다.

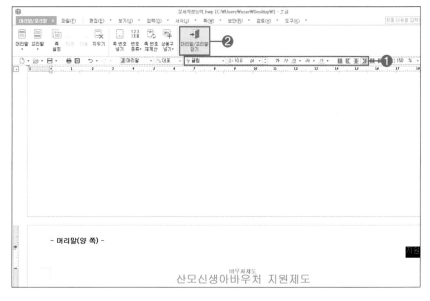

01 ❶[쪽] 탭의 ❷[쪽 번호 매기기]를 클릭합니다. [쪽 번호 매기기] 대화상자의 ❸번호 위치를 '가운데 아래'로, ❹번호 모양을 '가,나,다'로 선택하고 ❺[넣기]를 클릭합니다.

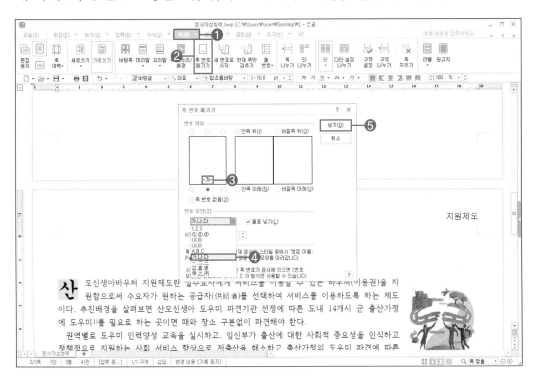

02 쪽 번호를 수정하기 위해 ❶[쪽] 탭의 ❷[새 번호로 시작]을 클릭합니다.

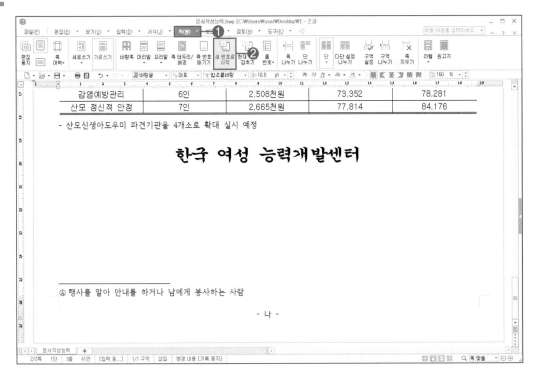

03 [새 번호로 시작] 대화상자에서 ❶시작 번호를 '3'으로 수정한 후 ❷[넣기]를 클릭합니다.

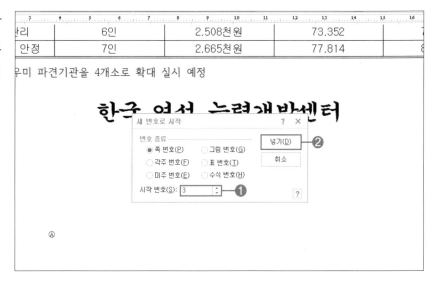

04 1페이지의 쪽 번호를 숨기기 위해 커서를 1페이지로 이동합니다. ❶[쪽] 탭의 ❷[현재 쪽만 감추기]를 클릭합니다. [감추기] 대화상자에서 ❸'쪽 번호'에 체크하고 ❹[설정]을 클릭합니다.

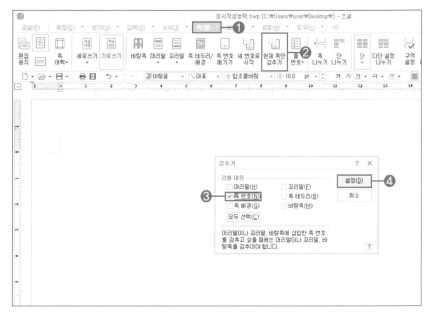

05 같은 방법으로 2페이지의 쪽 번호도 감추고 완성된 문서를 Alt + S 를 눌러 저장합니다.

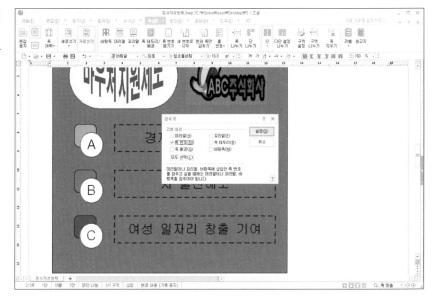

■ ■ 완성파일 : 기출유형₩문서작성1_완성.hwp

01 다음의 ≪조건≫에 따라 ≪출력형태≫와 같이 문서를 작성하시오. (110점)

조건 (1) 그리기 도구를 이용하여 작성하고, 모든 도형(글맵시, 지정된 그림 포함)을 ≪출력형태≫와 같이 작성하시오.
    (2) 도형의 면 색은 지시사항이 없으면, 색 없음을 제외하고 서로 다르게 임의로 지정하시오.

출력형태

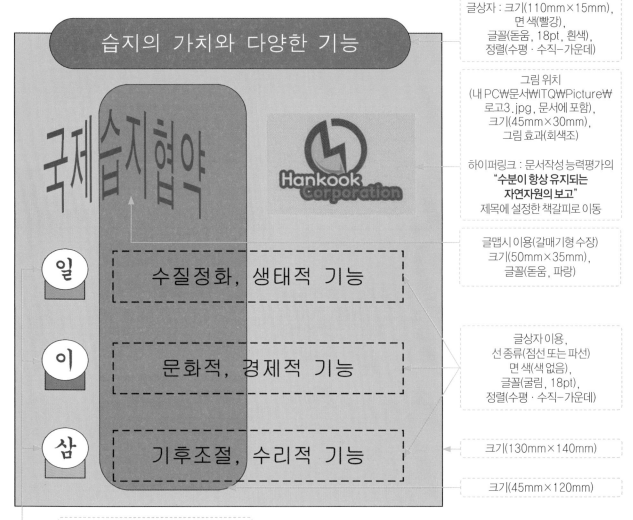

글상자 : 크기(110mm×15mm),
면 색(빨강),
글꼴(돋움, 18pt, 흰색),
정렬(수평·수직-가운데)

그림 위치
(내 PC₩문서₩ITQ₩Picture₩
로고3.jpg, 문서에 포함),
크기(45mm×30mm),
그림 효과(회색조)

하이퍼링크 : 문서작성 능력평가의
**"수분이 항상 유지되는
자연자원의 보고"**
제목에 설정한 책갈피로 이동

글맵시 이용(갈매기형 수장)
크기(50mm×35mm),
글꼴(돋움, 파랑)

글상자 이용,
선 종류(점선 또는 파선)
면 색(색 없음),
글꼴(굴림, 18pt),
정렬(수평·수직-가운데)

크기(130mm×140mm)

크기(45mm×120mm)

타원 그리기 : 크기(14mm×12mm),
면 색(흰색), 글꼴(궁서, 20pt),
정렬(수평·수직-가운데)

직사각형 그리기 : 크기(12mm×12mm),
면 색(흰색을 제외한 임의의 색)

출력형태

글꼴 : 돋움, 20pt, 진하게, 가운데 정렬
책갈피 이름 : 습지, 덧말 넣기

머리말 기능
궁서, 10pt, 오른쪽 정렬 ▶ 자연의 자원

습지의 기능
수분이 항상 유지되는 자연자원의 보고

문단 첫글자 장식 기능
글꼴 : 굴림, 면 색 : 노랑

그림위치(내 PC\문서\ITQ\Picture\그림4.jpg, 문서에 포함
자르기 기능 이용, 크기(45mm×40mm), 바깥 여백 왼쪽 : 2mm

습지는 물이 흐르다 불투수성 내지는 흐름이 정체되어 오랫동안 고이는 과정을 통하여 생성된 지역으로서 생산과 소비의 균형(均衡)을 갖추고 다양한 생명체를 키우는 완벽한 하나의 생태계이다. 많은 생명체에게 서식처를 제공하고 더불어 습지의 생명체들은 생태계를 안정된 수준으로 유지하는 역할을 한다. 습지는 자연적인 것도 인공적인 것도 포함하며, 또한 영속적인 것이나 일시적인 것이나, 물이 체류하고 있거나 흐르고 있거나, 혹은 담수이건 기수이건 염수이건 간에 습원이나 소택지, 이탄지, 혹은 하천이나 호소 등의 수역으로, 수심이 간조 시에 6m를 넘지 않는 해역을 포함한다.

이러한 습지⊙(濕地)는 지구의 수많은 물리, 화학, 유전인자의 원천이자 저장소이며 변화의 산실로서 인류에게 매우 중요한 환경이다. 습지는 자연현상 및 인간의 활동으로 발생한 유기질과 무기질을 변화시키고, 수문, 수리, 화학적 순환 과정에서 자연적으로 수질을 정화한다. 습지는 홍수와 해안 침식 방지, 지하수 충전을 통한 지하수량 조절의 역할을 담당하며, 다양한 종류의 동식물군이 아름답고도 특이한 심미적 경관을 만들어 낸다.

각주

글꼴 : 굴림, 18pt, 흰색
음영색 : 파랑

● 습지에 관한 람사협약

가) 람사협약(Ramsar Convention) 가입 필요성

　a) 물새 서식지 및 야생조수 보호를 위한 국제적 노력에 동참

　b) 자료수집, 정보교류, 공동연구 등의 사무국 및 체약국 간 협조 용이

나) 람사협약 가입 당사국의 의무

　a) 가입국은 협약 가입 시 1개 이상의 국내 습지 지정

　b) 람사습지로 지정된 습지의 추가 또는 축소 시 사무국에 통보

문단 번호 기능 사용
1수준 : 15pt, 오른쪽 정렬,
2수준 : 25pt, 오른쪽 정렬,
줄 간격 : 180%

글꼴 : 굴림, 18pt, 밑줄, 강조점

표 전체 글꼴 : 돋움, 10pt, 가운데 정렬,
셀 배경(그러데이션) : 유형(가운데에서),
시작 색(노랑), 끝 색(흰색)

● 습지의 분류

분류	아계	장소	분류	아계	장소
연안습지	연안	도서지방 조간대	내륙습지	하천	하구를 제외한 강의 주변
	하구	바다로 흐르는 강의 하구		호소	저수지
	호소/소택	석호		소택	배후습지 및 고산습지
	만조 때 물에 잠기고 간조 때 드러나는 지역			육지 또는 섬 안에 있는 호소와 하구	

- 출처 : 국립환경연구원. 습지의 이해. 2001

글꼴 : 돋움, 20pt, 진하게,
장평 : 120%, 가운데 정렬

세계 습지의 날

각주 구분선 : 5cm

쪽번호 매기기
6으로 시작

⊙ 하천, 연못, 늪으로 둘러싸인 습한 땅으로 자연적인 환경에 의해 항상 수분이 유지되는 곳

- ⑥ -

■ ■ 완성파일 : 기출유형₩문서작성2_완성.hwp

02 다음의 ≪조건≫에 따라 ≪출력형태≫와 같이 문서를 작성하시오. (110점)

조건 (1) 그리기 도구를 이용하여 작성하고, 모든 도형(글맵시, 지정된 그림 포함)을 ≪출력형태≫와 같이 작성하시오.
　　　(2) 도형의 면 색은 지시사항이 없으면, 색 없음을 제외하고 서로 다르게 임의로 지정하시오.

출력형태

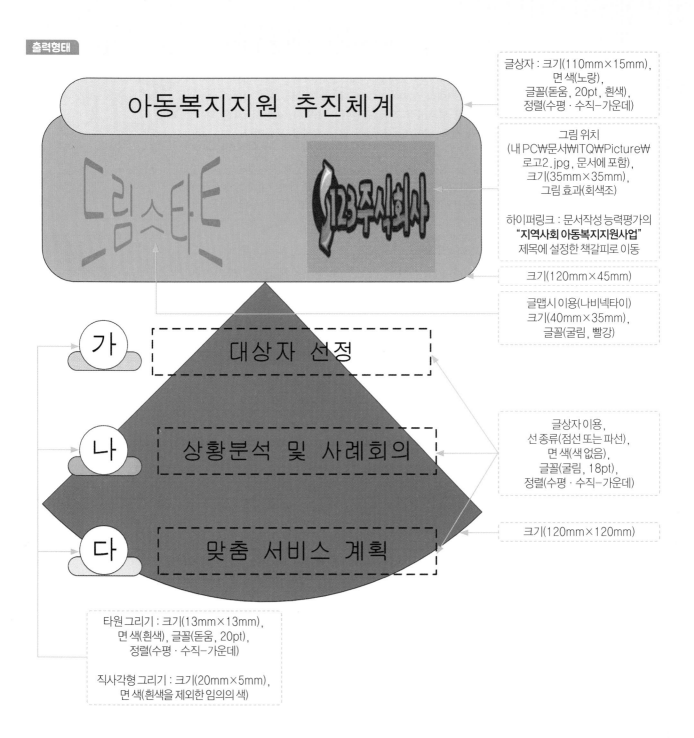

글꼴 : 궁서, 21pt, 진하게, 가운데 정렬
책갈피 이름 : 아동복지, 덧말 넣기

머리말 기능
돋움, 10pt, 오른쪽 정렬 → 우주센터 건설

아동통합서비스
지역사회 아동복지지원사업

문단 첫글자 장식 기능
글꼴 : 돋움, 면색 : 노랑

그림위치(내 PC\문서\ITQ\Picture\그림5.jpg, 문서에 포함
자르기 기능 이용, 크기(40mm×30mm), 바깥여백 왼쪽 : 2mm

지역아동센터는 1985년부터 도시의 빈곤밀집 지역과 농산어촌을 중심으로 지역사회 안에서 안전한 보호를 받지 못하는 아동들을 위한 공부방 활동을 중심으로 생겨나기 시작하였다. 정부는 이러한 공부방을 공적(公的) 전달체계로 구축하기 위해 2004년 1월 29일 아동복지법을 개정하여 지역아동센터를 아동복지시설로 규정하고 지원을 시작하였다.

각주 기존의 사후치료적인 서비스를 대신 사전 예방적이고 능동적인 복지를 추구하고자 하는 드림스타트 사업㉮은 취약지역에 거주하는 만 12세 이하 저소득층 아동가구 및 임산부를 대상으로 집중적이고 예방적인 통합서비스를 통해 공평한 출발기회를 보장하고, 나아가 빈곤의 대물림을 방지하기 위한 종합적인 아동복지정책이다. 즉, 기초수급 또는 차상위계층 등 사회적 위기에 직면하고 있는 가구 및 아동에 대해 아이들에게는 건강, 복지, 보육 등 맞춤형 통합서비스를, 부모들에게는 부모 교육프로그램 실시 및 직업훈련과 고용촉진 서비스를 연계하여 아동의 전인적(全人的) 발달을 도모함과 동시에 가족기능을 회복시켜 안정적이고 공평한 양육여건을 보장하는 프로그램들로 구성되어 있다.

◆ **아동복지시설 인프라 확충**

글꼴 : 굴림, 18pt, 흰색
음영색 : 파랑

   A. 아동복지시설 보호
     ① 시설종사자 처우개선 및 종사자의 2교대 근무 실시
     ② 지역특성에 맞는 효율적 집행을 위해 운영자의 자율성 강화
   B. 아동공동생활가정(그룹홈)
     ① 2010년 그룹홈수는 416개소 계속 증가추세
     ② 그룹홈의 운영 활성화 및 내실화를 위해 컨설팅 실시

문단 번호 기능 사용
1수준 : 20pt, 오른쪽 정렬,
2수준 : 30pt, 오른쪽 정렬,
줄 간격 : 180%

◆ *복지시설 퇴소 아동자립지원*

글꼴 : 굴림, 18pt,
기울임, 강조점

표 전체글꼴 : 돋움, 10pt, 가운데 정렬,
셀 배경(그러데이션) : 유형(왼쪽 대각선),
시작 색(흰색), 끝 색(노랑)

자립서비스	세부지원내용	계획 수립 진행
정착금지원	퇴소 후 기초비용으로 월 100-500만원 제공	- 만 15세가 되면 퇴소 후
주거지원	전세자금 우선지원, 공동생활가정 입주 지원	대비책 수립
	영구임대 우선분양	- 직업훈련체험, 직업관련
	취업 후 일정기간 자립지원시설 거주 가능	정보제공 등이 퇴소전까지
취업지원	폴리텍대학 입학 우선기회 부여	이루어짐
	뉴스타트 프로젝트 지원	

- 이밖에도 아동 및 장애인의 실종 예방 및 실종가족의 지원마련대책을 모색하고 있다.

아동복지정책지원국

글꼴 : 돋움, 25pt, 진하게,
장평 : 110%, 가운데 정렬

각주 구분선 : 5cm

㉮ 2012년 현재 전국 232개 지역에서 사업진행 중으로 계속 확대해 나갈 예정

쪽 번호 매기기
2로 시작

- 2 -

■ ■ 완성파일 : 기출유형₩문서작성3_완성.hwp

03 다음의 ≪조건≫에 따라 ≪출력형태≫와 같이 문서를 작성하시오. (110점)

조건 (1) 그리기 도구를 이용하여 작성하고, 모든 도형(글맵시, 지정된 그림 포함)을 ≪출력형태≫와 같이 작성하시오.
(2) 도형의 면 색은 지시사항이 없으면, 색 없음을 제외하고 서로 다르게 임의로 지정하시오.

출력형태

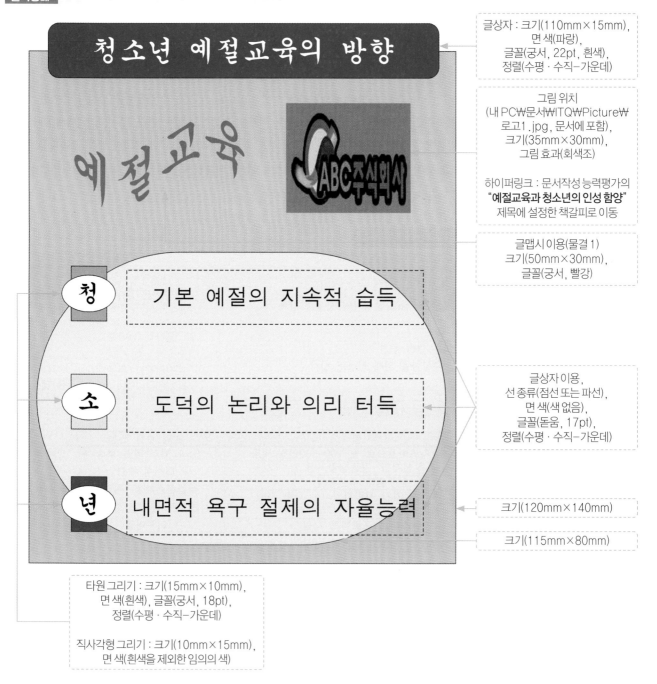

글상자 : 크기(110mm×15mm),
면 색(파랑),
글꼴(궁서, 22pt, 흰색),
정렬(수평 · 수직-가운데)

그림 위치
(내 PC₩문서₩ITQ₩Picture₩
로고1.jpg, 문서에 포함),
크기(35mm×30mm),
그림 효과(회색조)

하이퍼링크 : 문서작성 능력평가의
"예절교육과 청소년의 인성 함양"
제목에 설정한 책갈피로 이동

글맵시 이용(물결 1)
크기(50mm×30mm),
글꼴(궁서, 빨강)

글상자 이용,
선종류(점선 또는 파선),
면 색(색 없음),
글꼴(돋움, 17pt),
정렬(수평 · 수직-가운데)

크기(120mm×140mm)

크기(115mm×80mm)

타원 그리기 : 크기(15mm×10mm),
면 색(흰색), 글꼴(궁서, 18pt),
정렬(수평 · 수직-가운데)

직사각형 그리기 : 크기(10mm×15mm),
면 색(흰색을 제외한 임의의 색)

출력형태

글꼴 : 궁서, 20pt, 진하게, 가운데 정렬
책갈피 이름 : 예절교육, 덧말 넣기

예절캠페인
예절교육과 청소년의 인성 함양

문단 첫글자 장식 기능
글꼴 : 돋움, 면색 : 노랑

그림위치(내 PC₩문서₩ITQ₩Picture₩그림4.jpg, 문서에 포함
자르기 기능 이용, 크기(40mm×30mm), 바깥 여백 왼쪽 : 2mm

청소년은 미래의 주인공이라는 사실은 아무리 강조해도 지나치지 않을 것이다. 이렇듯 우리나라는 물론 세계를 이끌어 갈 바람직한 인재를 육성하기 위해 학교 교육과 더불어 바른 인성을 함양하고 건강한 정서를 형성할 수 있는 제도적 장치가 필요하다 하겠다. 요즘처럼 세계화의 흐름 속에서 청소년들이 외래문화(外來文化)의 무분별한 유입으로 발생하는 정서적인 불안정이나 문화적인 갈등을 극복하기 위해서는 가정과 학교 그리고 사회에서 반드시 필요한 예절과 규범 등의 체계적인 교육이 수반되어야 한다. 일례로 학교폭력을 예방하고 문제 청소년을 교화하는 등 인성 회복과 인간관계의 근본적인 이해에 역점을 두어야 한다. 아울러 다양한 예절교육 프로그램을 시행하여 올바른 사고와 가치관을 정립시켜 나눔을 실천하는 긍정적이고 미래지향적인 개체로 거듭나도록 지도해야 할 것이다.

각주

이와 함께 전통과 현대의 조화를 위한 예절교육 프로그램을 통해 소외된 결손가정Ⓐ의 아이들에게 예절과 공중도덕을 체계적으로 교육해야 한다. 산업화와 정보화 등으로 의사소통이 단절되어 가는 삭막한 사회에서 조상(祖上)의 예절문화를 청소년들에게 교육함으로써 인격과 예의 그리고 건전한 풍속의 기초를 다지고자 한다.

▶ 예절교육의 기본 내용

글꼴 : 돋움, 18pt, 흰색
음영색 : 빨강

가) 교육 내용

　a) 예절의 기원 : 동방예의지국, 한국의 예의 문화

　b) 가정예절, 학교예절, 전통예절, 사회예절, 질서와 환경

나) 예절 캠페인 실시

　a) 올바른 질서의식 함양을 위한 예절교육

　b) 교육 후 예절 실천운동의 필요성을 알리는 캠페인 실시

문단 번호 기능 사용
1수준 : 15pt, 오른쪽 정렬,
2수준 : 25pt, 오른쪽 정렬,
줄 간격 : 180%

▶ 청소년 예절교육 프로그램 개요

글꼴 : 돋움, 18pt,
밑줄, 강조점

표 전체 글꼴 : 굴림, 10pt, 가운데 정렬,
셀 배경(그러데이션) : 유형(수평),
시작 색(노랑), 끝 색(흰색)

과목	내용	시간	과목	내용	시간
가정예절	부모를 향한 효도	4시간	학교예절	스승을 향한 존경심	5시간
	형제자매 간의 예절			급우와 이성 간의 예절	
	뿌리 찾기			수업 중 예절	
전통예절	한복 바로 입기	7시간	질서와 환경	함께 사는 지구	2시간
	올바른 절하기			질서 준수	
	관혼상제 예절			자연과 환경 보호	

- 본 프로그램은 전국 초등학교와 중학교의 강당이나 별도의 시설에서 실시됩니다.

청소년예절문화원

글꼴 : 궁서, 24pt, 진하게,
장평 : 120%, 가운데 정렬

각주 구분선 : 5cm

Ⓐ 부모의 한쪽 또는 양쪽이 부재하여 미성년인 자녀를 제대로 돌보지 못하는 가정

쪽 번호 매기기
5로 시작

ITQ Hangul

기출 · 예상 문제 15회

Hangul 20

연도별 S/W 판매 현황(단위 : 천)

구분	2015년	2016년	2017년	2018년	2019년
오피스	2,600	4,400	6,900	8,200	4,900
그래픽	500	760	800	900	7,900
전산회계	1,400	2,200	3,500	5,700	3,900
합계	4,500	7,360	11,200	14,800	

The best and most beautiful things in the world cannot be seen of even touched. They
must be felt with the heart.

세상에서 가장 아름답고 소중한 것은 보이거나 만져지지 않는다. 단지 가슴으로만 느낄 수 있다.

국제발효식품전시회

ABC주식회사

발효식품축제

습지의 기능
수분이 항상 유지되는 자연자원의 보고

습 지는 물이 흐르다 불투수성 내지는 흐름이 정체되어 오랫동안 고이는 과정을 통하여 생성된 지역으로서 생산과 소비의 균형(均衡)을 갖추고 다양한 생명체를 기르고 있거나, 혹은 호소 등의 수역으로 수심이 강조 시에 6m를 넘지 않는 해역을 포함한다. 이러한 습지에(濕地)는 지구의 수많은 물리 약학, 유전인자의 원천이자 무기질과 유기질의 활동으로 발생한 침식 방지, 지하수 충전을 통한 지하수량 조질의 역할을 담당하며, 다양한 종류의 동식물군이 아름답고도 특이한 심미적 경관을 만들어 낸다.

작인 것도 포함하며, 많은 생명체에게 서식처를 제공하고 더불어 습지의 생명체들은 생태계를 안정된 영속적인 것이나 일시적인 것이건 담수이나 호르고 있거나, 혹은 담수이건 기수이건 염수이건 간에 넘지 않는 소택지, 이탄지, 혹은 하우는 완벽한 하나의 생태계이다. 또한 영속적인 것이나 물이 체류하고 있거나 흐른 환경이다. 습지는 자연현상을 정화한다. 습지는 홍수와 해안 침식 방지, 지하수 순중요한 위치에서 자연적으로 수질을 변화시키고, 수문, 수리, 화학적 순명체들은 생태계를 이여 생성된 하나의 생태계이며, 많은 생명체에게 서식처를 제공하고 더불어 습지의 생

습지에 관한 람사르협약

● 람사르협약(Ramsar Convention) 가입 필요성
국제적 노력에 동참

제1회 정보기술자격(ITQ) 시험

과 목	코 드	문제유형	시험시간	수험번호	성 명
아래한글	1111	A	60분		

수험자 유의사항

- 수험자는 문제지를 받는 즉시 문제지와 **수험표상의 시험과목(프로그램)이 동일한지 반드시 확인**하여야 합니다.
- 파일명은 본인의 "수험번호-성명"으로 입력하여 답안폴더(내 PC₩문서₩ITQ)에 하나의 파일로 저장해야 하며, 답안문서 파일명이 "수험번호-성명"과 일치하지 않거나, 답안파일을 전송하지 않아 미제출로 처리될 경우 실격 처리합니다 (예 : 12345678-홍길동.hwp).
- 답안 작성을 마치면 파일을 저장하고, '답안 전송' 버튼을 선택하여 감독위원 PC로 답안을 전송하십시오. 수험생 정보와 저장한 파일명이 다를 경우 전송되지 않으므로 주의하시기 바랍니다.
- 답안 작성 중에도 **주기적으로 저장하고, '답안 전송'**하여야 문제 발생을 줄일 수 있습니다. 작업한 내용을 저장하지 않고 전송할 경우 이전에 저장된 내용이 전송되오니 이점 유의하시기 바랍니다.
- 답안문서는 지정된 경로 외의 다른 보조기억장치에 저장하는 경우, 지정된 시험 시간 외에 작성된 파일을 활용할 경우, 기타 통신수단(이메일, 메신저, 네트워크 등)을 이용하여 타인에게 전달 또는 외부 반출하는 경우는 부정 처리합니다.
- 시험 중 부주의 또는 고의로 시스템을 파손한 경우는 수험자가 변상해야 하며, 〈수험자 유의사항〉에 기재된 방법대로 이행하지 않아 생기는 불이익은 수험생 당사자의 책임임을 알려 드립니다.
- 문제의 조건은 한컴오피스 NEO(2016)버전으로 설정되어 있으니 유의하시기 바랍니다.
- 시험을 완료한 수험자는 답안파일이 전송되었는지 확인한 후 감독위원의 지시에 따라 문제지를 제출하고 퇴실합니다.

답안 작성요령

온라인 답안 작성 절차

수험자 등록 ⇒ 시험 시작 ⇒ 답안파일 저장 ⇒ 답안 전송 ⇒ 시험 종료

공통 부문

- 글꼴에 대한 기본설정은 함초롬바탕, 10포인트, 검정, 줄간격 160%, 양쪽정렬로 합니다.
- 색상은 조건의 색을 적용하고 색의 구분이 안 될 경우에는 RGB 값을 적용하십시오(빨강 255, 0, 0 / 파랑 0, 0, 255 / 노랑 255, 255, 0).
- 각 문항에 주어진 ≪조건≫에 따라 작성하고 언급하지 않은 조건은 ≪출력형태≫와 같이 작성합니다.
- 용지여백은 왼쪽·오른쪽 11mm, 위쪽·아래쪽·머리말·꼬리말 10mm, 제본 0mm로 합니다.
- 그림 삽입 문제의 경우 「내 PC₩문서₩ITQ₩Picture」 폴더에서 지정된 파일을 선택하여 삽입하십시오.
- 삽입한 그림은 반드시 문서에 포함하여 저장해야 합니다(미포함 시 감점 처리).
- 각 항목은 지정된 페이지에 출력형태와 같이 정확히 작성하시기 바라며, 그렇지 않을 경우에 해당 항목은 0점 처리됩니다.
  ※ 페이지구분 : 1 페이지 – 기능평가Ⅰ(문제번호 표시 : 1. 2.),
  2페이지 – 기능평가Ⅱ(문제번호 표시 : 3. 4.),
  3페이지 – 문서작성 능력평가

기능평가

- 문제와 ≪조건≫은 입력하지 않으며 문제번호와 답(≪출력형태≫)만 작성합니다.
- 4번 문제는 묶기를 했을 경우 0점 처리됩니다.

문서작성 능력평가

- A4 용지(210mm×297mm) 1매 크기, 세로 서식 문서로 작성합니다.
- ⬜ 표시는 문서작성에 대한 지시사항이므로 작성하지 않습니다.

The Insight KPC
kpc 한국생산성본부

1. 다음의 ≪조건≫에 따라 스타일 기능을 적용하여 ≪출력형태≫와 같이 작성하시오. (50점)

≪조건≫
(1) 스타일 이름 – expo
(2) 문단 모양 – 왼쪽 여백 : 15pt, 문단 아래 간격 : 10pt
(3) 글자 모양 – 글꼴 : 한글(돋움)/영문(굴림), 크기 : 10pt, 장평 : 95%, 자간 : 5%

≪출력형태≫

K-SAFETY EXPO 2019 is the largest market place of safety industry in Korea to introduce advanced technologies in safety industry of Korea to public.

대한민국 안전산업박람회는 우리나라의 선진안전산업을 선보이고 국내외 공공 바이어와 민간 바이어가 한자리에 모이는 국내 최대의 안전산업 마켓 플레이스이다 .

2. 다음의 ≪조건≫에 따라 ≪출력형태≫와 같이 표와 차트를 작성하시오. (100점)

≪표 조건≫
(1) 표 전체(표, 캡션) – 굴림, 10pt
(2) 정렬 – 문자 : 가운데 정렬, 숫자 : 오른쪽 정렬
(3) 셀 배경(면 색) : 노랑
(4) 한글의 계산 기능을 이용하여 빈칸에 평균(소수점 두 자리)을 구하고, 캡션 기능 사용할 것
(5) 선 모양은 ≪출력형태≫와 동일하게 처리할 것

≪출력형태≫

연도별 대한민국 안전산업박람회 참관객(단위 : 명)

구분	2015년	2016년	2017년	2018년	평균
20대	5,346	7,745	8,934	11,264	
30대	7,329	10,436	11,252	14,708	
40대	10,485	12,340	13,046	16,934	
50대 이상	6,722	7,694	9,102	11,867	

≪차트 조건≫
(1) 차트 데이터는 표 내용에서 연도별 20대, 30대, 40대의 값만 이용할 것
(2) 종류 – 〈묶은 가로 막대형〉으로 작업할 것
(3) 제목 – 돋움, 진하게, 12pt, 배경 – 선 모양(한 줄로), 그림자(2pt)
(4) 제목 이외의 전체 글꼴 – 돋움, 보통, 10pt
(5) 축제목과 범례는 ≪출력형태≫와 동일하게 처리할 것

≪출력형태≫

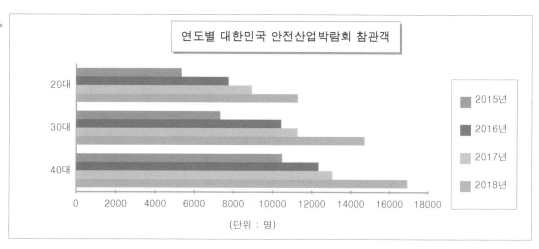

3. 다음 (1), (2)의 수식을 수식 편집기로 각각 입력하시오. (40점)

≪출력형태≫

(1) $\int_{a}^{b} A(x-a)(x-b)dx = -\frac{A}{6}(b-a)^3$ (2) $A^3 + \sqrt{\frac{gL}{2\pi}} = \frac{gT}{2\pi}$

4. 다음의 ≪조건≫에 따라 ≪출력형태≫와 같이 문서를 작성하시오. (110점)

≪조건≫ (1) 그리기 도구를 이용하여 작성을 하고, 모든 도형(글맵시, 지정된 그림 포함)을 ≪출력형태≫와 같이 작성하시오.

(2) 도형의 면 색은 지시사항이 없으면 색 없음을 제외하고 서로 다르게 임의로 지정하시오.

≪출력형태≫

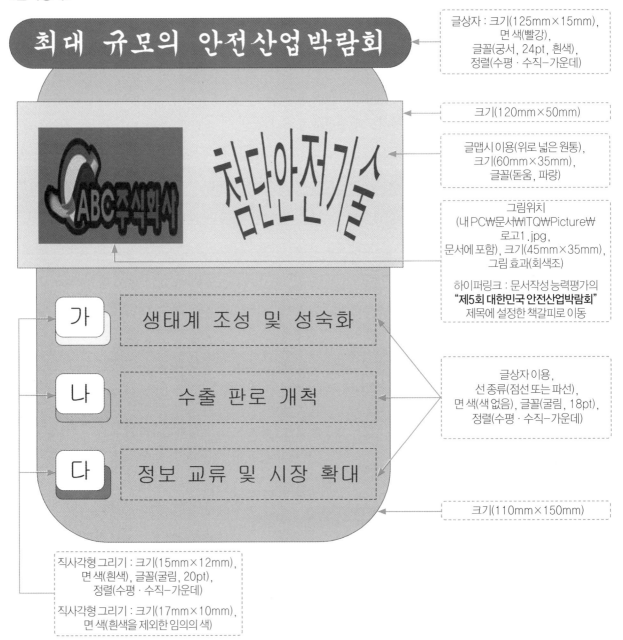

글상자 : 크기(125mm×15mm),
면 색(빨강),
글꼴(궁서, 24pt, 흰색),
정렬(수평·수직-가운데)

크기(120mm×50mm)

글맵시 이용(위로 넓은 원통),
크기(60mm×35mm),
글꼴(돋움, 파랑)

그림위치
(내 PC\문서\ITQ\Picture\
로고1.jpg,
문서에 포함), 크기(45mm×35mm),
그림 효과(회색조)

하이퍼링크 : 문서작성능력평가의
"제5회 대한민국 안전산업박람회"
제목에 설정한 책갈피로 이동

글상자 이용,
선 종류(점선 또는 파선),
면 색(색 없음), 글꼴(굴림, 18pt),
정렬(수평·수직-가운데)

크기(110mm×150mm)

직사각형 그리기 : 크기(15mm×12mm),
면 색(흰색), 글꼴(굴림, 20pt),
정렬(수평·수직-가운데)

직사각형 그리기 : 크기(17mm×10mm),
면 색(흰색을 제외한 임의의 색)

글꼴 : 돋움, 18pt, 진하게, 가운데 정렬
책갈피 이름 : 안전체험
덧말 넣기

머리말 기능
굴림, 10pt, 오른쪽 정렬 ──▶ 비즈니스 플랫폼

최신 기술 및 트렌드 공유

제5회 대한민국 안전산업박람회

문단 첫글자 장식 기능
글꼴 : 궁서, 면색 : 노랑

그림위치(내PC₩문서₩ITQ₩Picture₩그림4.jpg, 문서에 포함)
자르기 기능 이용, 크기(40mm×40mm), 바깥 여백 왼쪽 : 2mm

4차 산업혁명이 세계적인 흐름으로 이어지면서 안전산업 분야에도 태풍, 지진 등의 자연재해 예측부터 화재, 추락 등의 산업 안전사고 대비(對備)까지 이전에는 없었던 새로운 방향의 기술이 등장해 접목되고 있다. 4차 산업혁명 기술을 접목한 첨단 안전제품들을 한자리에서 볼 수 있는 대한민국 안전산업박람회는 안전관련 정부부처, 지자체, 공공기관이 참여하여 범정부적으로 추진되는 국내 최대 규모의 안전산업 종합박람회로 부처별 안전관련 사업 정책, R&D, 컨퍼런스 등을 연계하여 전시회를 개최한다.

첨단기술을 활용한 혁신 안전제품을 선보이며 사회 전반에 안전에 대한 경각심을 고취하고 안전관련 기업의 판로를 지원하는 대한민국 안전산업박람회는 로봇, 무인기, 생체인식, 인공지능, 사물인터넷 등의 다양한 신기술이 접목된 제품이 선보여지는 혁신성장관과 방재(防災), 산업, 생활, 교통, 치안 등 분야별 안전제품을 볼 수 있는 안전제품관으로 나뉘어 진행된다. 또한 안선산업 관련 기관 및 기업들의 수출상담회를 통해 양질의 해외 바이어를 만날 수 있는 비즈니스존과 VR@, AR 등을 활용한 지진체험, 항공기 안전체험 등을 할 수 있는 안전체험마을 등을 부대행사로 운영한다.

각주

◆ **대한민국 안전산업박람회 개요**

글꼴 : 굴림, 18pt, 흰색
음영색 : 파랑

가. 기간 및 장소

　㉠ 기간 : 2019. 9. 25(수) - 2019. 9. 27(금)

　㉡ 장소 : 킨텍스 제1전시장 1-5홀

문단 번호 기능 사용
1수준 : 20pt, 오른쪽 정렬,
2수준 : 30pt, 오른쪽 정렬,
줄 간격 : 180%

나. 주최 및 프로그램

　㉠ 주최 : 행정안전부, 산업통상자원부, 경기도

　㉡ 프로그램 : 전시, 컨퍼런스, 비즈니스 프로그램, 안전체험마을 등

표 전체 글꼴 : 돋움, 10pt, 가운데 정렬
셀 배경(그러데이션) : 유형(가운데에서),
시작색(흰색), 끝색(노랑)

◆ **주요 컨퍼런스 프로그램**

글꼴 : 굴림, 18pt, 강조점

구분	시간	장소	내용	주관기관
1일차	10:00-18:00	204호-206호	2019 한국재난안전학회	한국방재학회
	14:00-18:00	304호	공공재산의 재난 및 안전 통제 세미나	지방재정협회
2일차	09:00-12:00	205호	지능형 비디오 분석 및 경보 모니터링 세미나	한국디지털CCTV연구회
	13:00-18:00		공공안전 로봇 프로젝트 워크숍	한국로봇종합학회
3일차	09:30-17:00	209호-210호	2019 한국건설안전학회 학술대회	한국건설안전연구원

글꼴 : 궁서, 24pt, 진하게
장평 95%, 오른쪽 정렬

안전산업박람회사무국

각주 구분선 : 5cm

ⓐ Virtual Reality의 약자로 현실이 아닌데도 실제처럼 생각하고 보이게 하는 현실

쪽 번호 매기기
5로 시작 ──▶ E

제2회 정보기술자격(ITQ) 시험

과 목	코 드	문제유형	시험시간	수험번호	성 명
아래한글	1111	B	60분		

수험자 유의사항

◦ 수험자는 문제지를 받는 즉시 문제지와 **수험표상의 시험과목(프로그램)이 동일한지 반드시 확인**하여야 합니다.

◦ 파일명은 본인의 "수험번호–성명"으로 입력하여 답안폴더(내 PC₩문서₩ITQ)에 하나의 파일로 저장해야 하며, 답안문서 파일명이 "수험번호–성명"과 일치하지 않거나, 답안파일을 전송하지 않아 미제출로 처리될 경우 실격 처리합니다 (예 : 12345678–홍길동.hwp).

◦ 답안 작성을 마치면 파일을 저장하고, '답안 전송' 버튼을 선택하여 감독위원 PC로 답안을 전송하십시오. 수험생 정보와 저장한 파일명이 다를 경우 전송되지 않으므로 주의하시기 바랍니다.

◦ 답안 작성 중에도 **주기적으로 저장하고, '답안 전송'**하여야 문제 발생을 줄일 수 있습니다. 작업한 내용을 저장하지 않고 전송할 경우 이전에 저장된 내용이 전송되오니 이점 유의하시기 바랍니다.

◦ 답안문서는 지정된 경로 외의 다른 보조기억장치에 저장하는 경우, 지정된 시험 시간 외에 작성된 파일을 활용할 경우, 기타 통신수단(이메일, 메신저, 네트워크 등)을 이용하여 타인에게 전달 또는 외부 반출하는 경우는 부정 처리합니다.

◦ 시험 중 부주의 또는 고의로 시스템을 파손한 경우는 수험자가 변상해야 하며, 〈수험자 유의사항〉에 기재된 방법대로 이행하지 않아 생기는 불이익은 수험생 당사자의 책임임을 알려 드립니다.

◦ 문제의 조건은 한컴오피스 NEO(2016)버전으로 설정되어 있으니 유의하시기 바랍니다.

◦ 시험을 완료한 수험자는 답안파일이 전송되었는지 확인한 후 감독위원의 지시에 따라 문제지를 제출하고 퇴실합니다.

답안 작성요령

온라인 답안 작성 절차

수험자 등록 ⇒ 시험 시작 ⇒ 답안파일 저장 ⇒ 답안 전송 ⇒ 시험 종료

공통 부문

○ 글꼴에 대한 기본설정은 함초롬바탕, 10포인트, 검정, 줄간격 160%, 양쪽정렬로 합니다.

○ 색상은 조건의 색을 적용하고 색의 구분이 안 될 경우에는 RGB 값을 적용하십시오(빨강 255, 0, 0 / 파랑 0, 0, 255 / 노랑 255, 255, 0).

○ 각 문항에 주어진 ≪조건≫에 따라 작성하고 언급하지 않은 조건은 ≪출력형태≫와 같이 작성합니다.

○ 용지여백은 왼쪽 · 오른쪽 11mm, 위쪽 · 아래쪽 · 머리말 · 꼬리말 10mm, 제본 0mm로 합니다.

○ 그림 삽입 문제의 경우 「내 PC₩문서₩ITQ₩Picture」 폴더에서 지정된 파일을 선택하여 삽입하십시오.

○ 삽입한 그림은 반드시 문서에 포함하여 저장해야 합니다(미포함 시 감점 처리).

○ 각 항목은 지정된 페이지에 출력형태와 같이 정확히 작성하시기 바라며, 그렇지 않을 경우에 해당 항목은 0점 처리됩니다.

　　※ 페이지구분 : 1 페이지 – 기능평가 l (문제번호 표시 : 1. 2.),

　　　　　　　　　 2페이지 – 기능평가 ll (문제번호 표시 : 3. 4.),

　　　　　　　　　 3페이지 – 문서작성 능력평가

기능평가

○ 문제와 ≪조건≫은 입력하지 않으며 문제번호와 답(≪출력형태≫)만 작성합니다.

○ 4번 문제는 묶기를 했을 경우 0점 처리됩니다.

문서작성 능력평가

○ A4 용지(210mm×297mm) 1매 크기, 세로 서식 문서로 작성합니다.

○ ⬭ 표시는 문서작성에 대한 지시사항이므로 작성하지 않습니다.

1. 다음의 ≪조건≫에 따라 스타일 기능을 적용하여 ≪출력형태≫와 같이 작성하시오.　　(50점)

　≪조건≫　(1) 스타일 이름 – kosme
　　　　　(2) 문단 모양 – 왼쪽 여백 : 15pt, 문단 아래 간격 : 10pt
　　　　　(3) 글자 모양 – 글꼴 : 한글(돋움)/영문(굴림), 크기 : 10pt, 장평 : 95%, 자간 : 5%

≪출력형태≫

The Korea SMEs and Startups Agency has dedicated its energy to support the stable management and growth of small and medium enterprises.

기업 스스로 단계별 점검을 통해 중소벤처기업진흥공단에서 지원하는 자금 융자 사업의 이용 가능성을 확인하여 적합한 자금을 신청하는 시스템을 정책자금 융자 도우미라고 한다.

2. 다음의 ≪조건≫에 따라 ≪출력형태≫와 같이 표와 차트를 작성하시오.　　(100점)

　≪표 조건≫　(1) 표 전체(표, 캡션) – 굴림, 10pt
　　　　　　(2) 정렬 – 문자 : 가운데 정렬, 숫자 : 오른쪽 정렬
　　　　　　(3) 셀 배경(면 색) : 노랑
　　　　　　(4) 한글의 계산 기능을 이용하여 빈칸에 합계를 구하고, 캡션 기능 사용할 것
　　　　　　(5) 선 모양은 ≪출력형태≫와 동일하게 처리할 것

≪출력형태≫

과학 및 기술서비스업 사업체 현황(단위 : 십억 원, 개)

구분	소상공인	소기업	중기업	중소기업	합계
매출액	7,618	34,295	15,184	49,479	
사업비용	6,534	30,712	13,658	44,371	
인건비	2,294	12,551	5,536	18,087	
사업체	58,289	85,997	1,089	87,086	

　≪차트 조건≫(1) 차트 데이터는 표 내용에서 구분별 매출액, 사업비용, 인건비의 값만 이용할 것
　　　　　　(2) 종류 – 〈묶은 가로 막대형〉으로 작업할 것
　　　　　　(3) 제목 – 돋움, 진하게, 12pt, 배경 – 선 모양(한 줄로), 그림자(2pt)
　　　　　　(4) 제목 이외의 전체 글꼴 – 돋움, 보통, 10pt
　　　　　　(5) 축제목과 범례는 ≪출력형태≫와 동일하게 처리할 것

≪출력형태≫

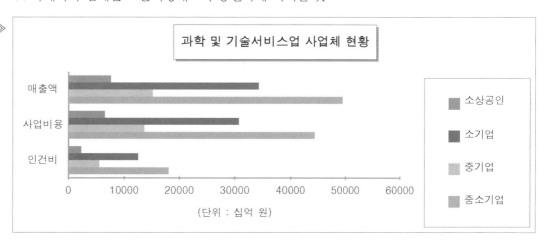

3. 다음 (1), (2)의 수식을 수식 편집기로 각각 입력하시오. (40점)

≪출력형태≫

(1) $AB = \sqrt{(x_2 - x_1)^2 + (y_2 - y_1)^2}$

(2) $E = mc^2 = \dfrac{bc^2}{\sqrt{1 - \dfrac{k^2}{c^2}}}$

4. 다음의 ≪조건≫에 따라 ≪출력형태≫와 같이 문서를 작성하시오. (110점)

≪조건≫
(1) 그리기 도구를 이용하여 작성하고, 모든 도형(글맵시, 지정된 그림)을 포함 ≪출력형태≫와 같이 작성하시오.
(2) 도형의 면 색은 지시사항이 없으면 색 없음을 제외하고 서로 다르게 임의로 지정하시오.

≪출력형태≫

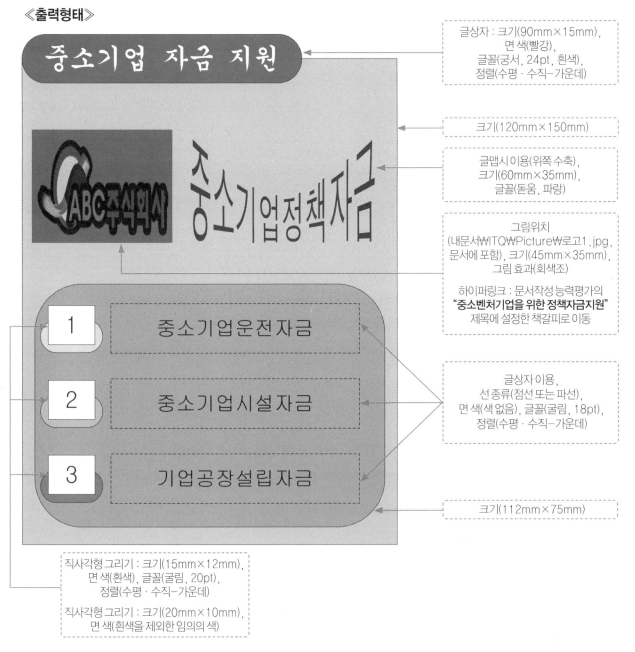

글상자 : 크기(90mm×15mm),
면 색(빨강),
글꼴(궁서, 24pt, 흰색),
정렬(수평 · 수직-가운데)

크기(120mm×150mm)

글맵시 이용(위쪽 수축),
크기(60mm×35mm),
글꼴(돋움, 파랑)

그림위치
(내문서₩ITQ₩Picture₩로고1.jpg,
문서에 포함), 크기(45mm×35mm),
그림 효과(회색조)

하이퍼링크 : 문서작성 능력평가의
"중소벤처기업을 위한 정책자금지원"
제목에 설정한 책갈피로 이동

글상자 이용,
선종류(점선 또는 파선),
면 색(색 없음), 글꼴(굴림, 18pt),
정렬(수평 · 수직-가운데)

크기(112mm×75mm)

직사각형 그리기 : 크기(15mm×12mm),
면 색(흰색), 글꼴(굴림, 20pt),
정렬(수평 · 수직-가운데)

직사각형 그리기 : 크기(20mm×10mm),
면 색(흰색을 제외한 임의의 색)

글꼴 : 돋움, 18pt, 진하게, 가운데 정렬
책갈피 이름 : 중소기업, 덧말 넣기

머리말 기능
굴림, 10pt, 오른쪽 정렬　→　중소기업 지원

정책자금융자
중소벤처기업을 위한 정책자금 지원

문단 첫글자 장식 기능
글꼴 : 궁서, 면색 : 노랑

각주

그림위치(내PC₩문서₩ITQ₩Picture₩그림4.jpg, 문서에 포함)
자르기 기능 이용, 크기(40mm×40mm), 바깥 여백 왼쪽 : 2mm

대 한민국 경제의 뿌리 역할을 하고 있는 산업 역군®으로서 그 기반을 이루어 핵심 과제를 수행하게 될 중소기업의 체질을 개선하고 국제 경쟁력을 향상시키고자 정책자금을 지원하는 사업이 추진 중에 있다. 이 지원 사업은 기업 스스로 단계별 점검을 통해 중소벤처기업진흥공단(KOSME)에서 지원하는 자금 융자 사업의 이용 가능성을 확인하고 가장 적합한 자금을 안내 받는 시스템이다.

총 3조 6,700억 원을 지원하는 본 사업의 주요 규모(規模)를 살펴보면, 융자 한도가 중소기업 창업 및 진흥기금의 융자 잔액 기준으로 60억 원까지이며(수도권을 제외한 지방 소재 기업은 70억 원), 매출액의 150% 이내에서 지원된다(최대 100억 원). 대출금리는 공공자금 관리기금의 대출금리에 분기별로 연동하는 변동금리를 적용(適用)한다. 단, 청년 전용 창업자금, 투융자 복합 금융자금, 재해 중소기업은 세부 사업에서 정하는 고정금리를 적용한다. 중소기업진흥공단에 융자를 신청 및 접수한 사업체 가운데 지원 대상이 결정되면 중소기업진흥공단이 직접 대출을 시행하거나 금융회사에서 신용, 담보부(보증서 포함) 대출을 시행한다.

♠

글꼴 : 굴림, 18pt, 흰색
음영색 : 파랑

　i. 시기
　　a. 융자 시기 : 월별 구분 접수
　　b. 사업별로 접수 기간 차별화 : 자금 소진 시까지
　ii. 절차
　　a. 신청 및 접수 : 중소기업, 중소벤처기업진흥공단 지역 본부 및 지부
　　b. 서류 및 현장 실사 : 보증기관 등

문단 번호 기능 사용
1수준 : 20pt, 오른쪽 정렬,
2수준 : 30pt, 오른쪽 정렬,
줄 간격 : 180%

♠ <u>기업성장 단계별 지원</u>

글꼴 : 굴림, 18pt,
밑줄, 강조점

표 전체글꼴 : 돋움, 10pt, 가운데 정렬
셀 배경(그러데이션) : 유형(가운데에서),
시작색(흰색), 끝색(노랑)

구분	창업기	성장기	재도약기
지원 방향	창업 및 시장진입 성장단계 디딤돌	성장단계진입 및 지속성장	재무구조개선 정상화/퇴출/재창업
지원 사업	혁신창업지원, 일자리창출촉진, 투융자복합금융(이익공유형)	제조현장 스마트화, 내수기업의 수출기업화, 수출기업의 글로벌기업화	재도약지원 (사업전환, 재창업)
	긴급경영안정자금-일시적 애로 및 재해/일반경영안전지원		

글꼴 : 궁서, 24pt, 진하게,
장평 95%, 오른쪽 정렬　→　**중소벤처기업진흥공단**

각주 구분선 : 5cm

® 일정한 부문에서 중요한 역할을 하는 일꾼

쪽 번호 매기기
2로 시작　→　②

제3회 정보기술자격(ITQ) 시험

과 목	코 드	문제유형	시험시간	수험번호	성 명
아래한글	1111	C	60분		

수험자 유의사항

○ 수험자는 문제지를 받는 즉시 문제지와 **수험표상의 시험과목(프로그램)이 동일한지 반드시 확인**하여야 합니다.

○ 파일명은 본인의 "수험번호-성명"으로 입력하여 답안폴더(내 PC₩문서₩ITQ)에 하나의 파일로 저장해야 하며, 답안문서 파일명이 "수험번호-성명"과 일치하지 않거나, 답안파일을 전송하지 않아 미제출로 처리될 경우 실격 처리합니다 (예 : 12345678-홍길동.hwp).

○ 답안 작성을 마치면 파일을 저장하고, '답안 전송' 버튼을 선택하여 감독위원 PC로 답안을 전송하십시오. 수험생 정보와 저장한 파일명이 다를 경우 전송되지 않으므로 주의하시기 바랍니다.

○ 답안 작성 중에도 **주기적으로 저장하고, '답안 전송'**하여야 문제 발생을 줄일 수 있습니다. 작업한 내용을 저장하지 않고 전송할 경우 이전에 저장된 내용이 전송되오니 이점 유의하시기 바랍니다.

○ 답안문서는 지정된 경로 외의 다른 보조기억장치에 저장하는 경우, 지정된 시험 시간 외에 작성된 파일을 활용할 경우, 기타 통신수단(이메일, 메신저, 네트워크 등)을 이용하여 타인에게 전달 또는 외부 반출하는 경우는 부정 처리합니다.

○ 시험 중 부주의 또는 고의로 시스템을 파손한 경우는 수험자가 변상해야 하며, 〈수험자 유의사항〉에 기재된 방법대로 이행하지 않아 생기는 불이익은 수험생 당사자의 책임임을 알려 드립니다.

○ 문제의 조건은 한컴오피스 NEO(2016)버전으로 설정되어 있으니 유의하시기 바랍니다.

○ 시험을 완료한 수험자는 답안파일이 전송되었는지 확인한 후 감독위원의 지시에 따라 문제지를 제출하고 퇴실합니다.

답안 작성요령

○ 온라인 답안 작성 절차

수험자 등록 ⇒ 시험 시작 ⇒ 답안파일 저장 ⇒ 답안 전송 ⇒ 시험 종료

○ 공통 부문

○ 글꼴에 대한 기본설정은 함초롬바탕, 10포인트, 검정, 줄간격 160%, 양쪽정렬로 합니다.

○ 색상은 조건의 색을 적용하고 색의 구분이 안 될 경우에는 RGB 값을 적용하십시오(빨강 255, 0, 0 / 파랑 0, 0, 255 / 노랑 255, 255, 0).

○ 각 문항에 주어진 ≪조건≫에 따라 작성하고 언급하지 않은 조건은 ≪출력형태≫와 같이 작성합니다.

○ 용지여백은 왼쪽·오른쪽 11mm, 위쪽·아래쪽·머리말·꼬리말 10mm, 제본 0mm로 합니다.

○ 그림 삽입 문제의 경우 「내 PC₩문서₩ITQ₩Picture」 폴더에서 지정된 파일을 선택하여 삽입하십시오.

○ 삽입한 그림은 반드시 문서에 포함하여 저장해야 합니다(미포함 시 감점 처리).

○ 각 항목은 지정된 페이지에 출력형태와 같이 정확히 작성하시기 바라며, 그렇지 않을 경우에 해당 항목은 0점 처리됩니다.

　　※ 페이지구분 : 1 페이지 – 기능평가 I (문제번호 표시 : 1, 2.),

　　　　　　　　　2페이지 – 기능평가 II (문제번호 표시 : 3, 4.),

　　　　　　　　　3페이지 – 문서작성 능력평가

○ 기능평가

○ 문제와 ≪조건≫은 입력하지 않으며 문제번호와 답(≪출력형태≫)만 작성합니다.

○ 4번 문제는 묶기를 했을 경우 0점 처리됩니다.

○ 문서작성 능력평가

○ A4 용지(210mm×297mm) 1매 크기, 세로 서식 문서로 작성합니다.

○ ▭ 표시는 문서작성에 대한 지시사항이므로 작성하지 않습니다.

The Insight KPC
kpc 한국생산성본부

1. 다음의 《조건》에 따라 스타일 기능을 적용하여 《출력형태》와 같이 작성하시오. (50점)

《조건》 (1) 스타일 이름 – invention
(2) 문단 모양 – 왼쪽 여백 : 15pt, 문단 아래 간격 : 10pt
(3) 글자 모양 – 글꼴 : 한글(돋움)/영문(굴림), 크기 : 10pt, 장평 : 95%, 자간 : 5%

《출력형태》

Thanks to invention, many people live better lives. Inventors have to be willing to learn from failures. The more often ideas come together, the more frequently invention occurs.

발명은 과학과 기술을 발전시키는 한 요소로서 인류에게 매우 중요한 사명이기에 미래를 짊어질 청소년들의 발명품을 발굴하여 창의력 계발에 기여하고자 대한민국학생발명전시회가 개최된다.

2. 다음의 《조건》에 따라 《출력형태》와 같이 표와 차트를 작성하시오. (100점)

《표 조건》 (1) 표 전체(표, 캡션) – 굴림, 10pt
(2) 정렬 – 문자 : 가운데 정렬, 숫자 : 오른쪽 정렬
(3) 셀 배경(면 색) : 노랑
(4) 한글의 계산 기능을 이용하여 빈칸에 합계를 구하고, 캡션 기능 사용할 것
(5) 선 모양은 《출력형태》와 동일하게 처리할 것

《출력형태》

국가별 미국 특허 출원 건수(단위 : 건)

연도	한국	중국	영국	프랑스	합계
2018년	38,205	21,386	13,296	12,327	
2017년	36,744	18,040	13,157	11,947	
2016년	33,499	15,093	12,807	11,462	
2015년	29,481	13,273	12,457	11,047	

《차트 조건》 (1) 차트 데이터는 표 내용에서 국가별 2018년, 2017년, 2016년의 값만 이용할 것
(2) 종류 – 〈묶은 가로 막대형〉으로 작업할 것
(3) 제목 – 돋움, 진하게, 12pt, 배경 – 선 모양(한 줄로), 그림자(2pt)
(4) 제목 이외의 전체 글꼴 – 돋움, 보통, 10pt
(5) 축제목과 범례는 《출력형태》와 동일하게 처리할 것

《출력형태》

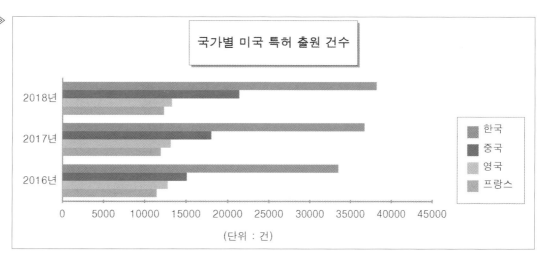

3. 다음 (1), (2)의 수식을 수식 편집기로 각각 입력하시오. (40점)

≪**출력형태**≫

(1) $Q = \dfrac{F}{h^2} = \dfrac{1}{3}\dfrac{N}{h^3}m\overline{g^2}$

(2) $L = \dfrac{m+M}{m}V = \dfrac{m+M}{m}\sqrt{2gh}$

4. 다음의 ≪조건≫에 따라 ≪출력형태≫와 같이 문서를 작성하시오. (110점)

≪**조건**≫ (1) 그리기 도구를 이용하여 작성하고, 모든 도형(글맵시, 지정된 그림)을 포함 ≪출력형태≫와 같이 작성하시오.

(2) 도형의 면 색은 지시사항이 없으면 색 없음을 제외하고 서로 다르게 임의로 지정하시오.

≪**출력형태**≫

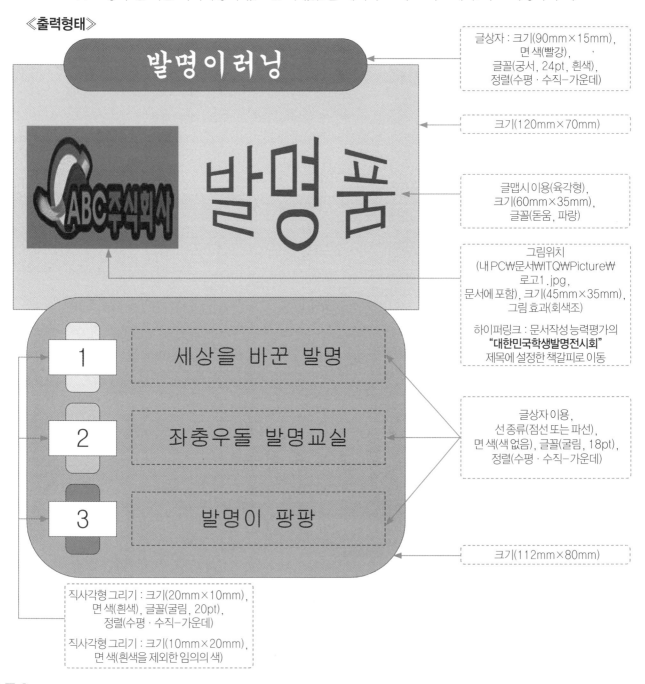

글상자 : 크기(90mm×15mm),
면 색(빨강),
글꼴(궁서, 24pt, 흰색),
정렬(수평·수직-가운데)

크기(120mm×70mm)

글맵시 이용(육각형),
크기(60mm×35mm),
글꼴(돋움, 파랑)

그림위치
(내 PC\문서\ITQ\Picture\
로고1.jpg,
문서에 포함), 크기(45mm×35mm),
그림 효과(회색조)

하이퍼링크 : 문서작성 능력평가의
"대한민국학생발명전시회"
제목에 설정한 책갈피로 이동

글상자 이용,
선종류(점선 또는 파선),
면 색(색 없음), 글꼴(굴림, 18pt),
정렬(수평·수직-가운데)

크기(112mm×80mm)

직사각형 그리기 : 크기(20mm×10mm),
면 색(흰색), 글꼴(굴림, 20pt),
정렬(수평·수직-가운데)

직사각형 그리기 : 크기(10mm×20mm),
면 색(흰색을 제외한 임의의 색)

글꼴 : 돋움, 18pt, 진하게, 가운데 정렬
책갈피 이름 : 발명, 덧말 넣기

머리말 기능
굴림, 10pt, 오른쪽 정렬 → 학생 발명품

창의발명인재양성
대한민국학생발명전시회

문단 첫 글자 장식 기능
글꼴 : 궁서, 면색 : 노랑

그림위치(내 PC₩문서₩ITQ₩Picture₩그림4.jpg, 문서에 포함)
자르기 기능 이용, 크기(40mm×40mm), 바깥 여백 왼쪽 : 2mm

발명은 신규성의 요소를 보여주는 물체, 과정, 기술을 말하는 것으로 발견과 함께 쓰이는 말이지만 물질적 창조(創造)라는 점에서 인식과 관련되는 발견과는 구별된다. 오늘날 발명은 특허제도라는 법체계 속에서 그 소유자의 권리가 사회적으로 인정되고 있다. 특허권을 얻을 수 있는 발명의 기본 요건은 다음과 같다. 첫째, 자연법칙을 이용한 것이어야 한다. 둘째, 기술적 사상이 반영(反映)된 것이어야 한다. 셋째, 창작적인 것이어야 한다. 넷째, 고도성이 인정되는 것이어야 한다. 이외에도 산업상의 이용 가능성과 신규성을 그 요건으로 들 수 있다. 이러한 발명에는 물건의 발명, 방법의 발명, 물건을 생산하는 방법의 발명 등이 있다.

각주

미래를 짊어질 어린이와 청소년 가운데 우수한 학생의 발명품을 발굴 및 시상하고 전시하여 학생들의 발명 의식을 고취하고 창의력 계발에 기여하고자 대한민국학생발명전시회가 개최된다. 특허청㉮과 한국발명진흥회가 주최하고 미래창조과학부와 교육부 등이 후원하는 본 행사는 전국의 초, 중, 고교 재학생과 청소년(만 13-18세)이라면 누구나 참여할 수 있으며 자유발명 및 주제발명 분야에 1인당 3작품 이내로 출품 가능하다.

♠ 전시회 개요
글꼴 : 굴림, 18pt, 흰색
음영색 : 파랑

① 일시 및 목적

　(ㄱ) 일시 : 9월 23일부터 26일까지

　(ㄴ) 목적 : 발명의식 고취 및 창의력 계발에 기여

문단 번호 기능 사용
1수준 : 20pt, 오른쪽 정렬,
2수준 : 30pt, 오른쪽 정렬,
줄 간격 : 180%

② 추진 기관

　(ㄱ) 주최, 주관 : 특허청, 한국발명진흥회

　(ㄴ) 후원 : 교육부, 과학기술정보통신부, 산업통상자원부 등

표 전체 글꼴 : 돋움, 10pt, 가운데 정렬
셀 배경(그러데이션) : 유형(가운데에서),
시작색(흰색), 끝색(노랑)

♠ 학생발명전시회 심사기준
글꼴 : 굴림, 18pt, 밑줄, 강조점

항목	평가지표	가점 부여기준
창의성	아이디어의 참신성, 창의성, 아이디어의 계발, 발전 정도	발명탐구일지(2점) 작품설명서 결과물(1점)
필요성	발명자에 의해 중요한 문제가 해결, 일상생활의 개선	
경제성	발명품의 산업상 이용 가능성, 생산비 절감 및 대체효과	
실용성	일상생활에서의 실제적인 쓰임, 재료선택 및 안전한 사용	
완성도	작품의 완성도, 계획했던 과정 속에서의 문제해결	

글꼴 : 궁서, 24pt, 진하게,
장평 95%, 오른쪽 정렬 → **청소년발명페스티벌**

각주 구분선 : 5cm

㉮ 특허, 상표 등에 관한 심판 사무를 맡아보는 중앙 행정 기관

쪽 번호 매기기
4로 시작 → 라

제4회 정보기술자격(ITQ) 시험

과 목	코 드	문제유형	시험시간	수험번호	성 명
아래한글	1111	A	60분		

수험자 유의사항

- 수험자는 문제지를 받는 즉시 문제지와 **수험표상의 시험과목(프로그램)이 동일한지 반드시 확인**하여야 합니다.

- 파일명은 본인의 "수험번호-성명"으로 입력하여 답안폴더(내 PC₩문서₩ITQ)에 하나의 파일로 저장해야 하며, 답안문서 파일명이 "수험번호-성명"과 일치하지 않거나, 답안파일을 전송하지 않아 미제출로 처리될 경우 실격 처리합니다 (예 : 12345678-홍길동.hwp).

- 답안 작성을 마치면 파일을 저장하고, '답안 전송' 버튼을 선택하여 감독위원 PC로 답안을 전송하십시오. 수험생 정보와 저장한 파일명이 다를 경우 전송되지 않으므로 주의하시기 바랍니다.

- 답안 작성 중에도 **주기적으로 저장하고, '답안 전송'**하여야 문제 발생을 줄일 수 있습니다. 작업한 내용을 저장하지 않고 전송할 경우 이전에 저장된 내용이 전송되오니 이점 유의하시기 바랍니다.

- 답안문서는 지정된 경로 외의 다른 보조기억장치에 저장하는 경우, 지정된 시험 시간 외에 작성된 파일을 활용할 경우, 기타 통신수단(이메일, 메신저, 네트워크 등)을 이용하여 타인에게 전달 또는 외부 반출하는 경우는 부정 처리합니다.

- 시험 중 부주의 또는 고의로 시스템을 파손한 경우는 수험자가 변상해야 하며, 〈수험자 유의사항〉에 기재된 방법대로 이행하지 않아 생기는 불이익은 수험생 당사자의 책임임을 알려 드립니다.

- 문제의 조건은 한컴오피스 NEO(2016)버전으로 설정되어 있으니 유의하시기 바랍니다.

- 시험을 완료한 수험자는 답안파일이 전송되었는지 확인한 후 감독위원의 지시에 따라 문제지를 제출하고 퇴실합니다.

답안 작성요령

온라인 답안 작성 절차

수험자 등록 ⇒ 시험 시작 ⇒ 답안파일 저장 ⇒ 답안 전송 ⇒ 시험 종료

공통 부문

- ○ 글꼴에 대한 기본설정은 함초롬바탕, 10포인트, 검정, 줄간격 160%, 양쪽정렬로 합니다.
- ○ 색상은 조건의 색을 적용하고 색의 구분이 안 될 경우에는 RGB 값을 적용하십시오(빨강 255, 0, 0 / 파랑 0, 0, 255 / 노랑 255, 255, 0).
- ○ 각 문항에 주어진 ≪조건≫에 따라 작성하고 언급하지 않은 조건은 ≪출력형태≫와 같이 작성합니다.
- ○ 용지여백은 왼쪽·오른쪽 11mm, 위쪽·아래쪽·머리말·꼬리말 10mm, 제본 0mm로 합니다.
- ○ 그림 삽입 문제의 경우 「내 PC₩문서₩ITQ₩Picture」 폴더에서 지정된 파일을 선택하여 삽입하십시오.
- ○ 삽입한 그림은 반드시 문서에 포함하여 저장해야 합니다(미포함 시 감점 처리).
- ○ 각 항목은 지정된 페이지에 출력형태와 같이 정확히 작성하시기 바라며, 그렇지 않을 경우에 해당 항목은 0점 처리됩니다.
  - ※ 페이지구분 : 1 페이지 – 기능평가 I (문제번호 표시 : 1. 2.),
  - 2페이지 – 기능평가 II (문제번호 표시 : 3. 4.),
  - 3페이지 – 문서작성 능력평가

기능평가

- ○ 문제와 ≪조건≫은 입력하지 않으며 문제번호와 답(≪출력형태≫)만 작성합니다.
- ○ 4번 문제는 묶기를 했을 경우 0점 처리됩니다.

문서작성 능력평가

- ○ A4 용지(210mm×297mm) 1매 크기, 세로 서식 문서로 작성합니다.
- ○ ▭ 표시는 문서작성에 대한 지시사항이므로 작성하지 않습니다.

1. 다음의 ≪조건≫에 따라 스타일 기능을 적용하여 ≪출력형태≫와 같이 작성하시오. (50점)

　≪조건≫　(1) 스타일 이름 – student
　　　　　　(2) 문단 모양 – 왼쪽 여백 : 15pt, 문단 아래 간격 : 10pt
　　　　　　(3) 글자 모양 – 글꼴 : 한글(굴림)/영문(돋움), 크기 : 10pt, 장평 : 95%, 자간 : 5%

≪출력형태≫

International students are those students who chose to undertake all or part of their tertiary education in a country other than their own and move to that country for the purpose of studying.

유학생은 고등 교육 기관의 전부 또는 일부를 자국 이외의 국가에서 선택하여 공부 목적으로 해당 국가로 이주한 학생이다.

2. 다음의 ≪조건≫에 따라 ≪출력형태≫와 같이 표와 차트를 작성하시오. (100점)

　≪표 조건≫　(1) 표 전체(표, 캡션) – 굴림, 10pt
　　　　　　　(2) 정렬 – 문자 : 가운데 정렬, 숫자 : 오른쪽 정렬
　　　　　　　(3) 셀 배경(면 색) : 노랑
　　　　　　　(4) 한글의 계산 기능을 이용하여 빈칸에 합계를 구하고, 캡션 기능 사용할 것
　　　　　　　(5) 선 모양은 ≪출력형태≫와 같이 동일하게 처리할 것

≪출력형태≫

연도별 유학생 현황(단위 : 명)

연도	2012년	2014년	2016년	2018년	평균
일본	2,871	2,696	2,803	3,953	
베트남	3,057	3,181	7,459	9,367	
미국	4,338	4,366	3,699	3,489	
중국	57,399	50,336	60,136	64,252	

　≪차트 조건≫　(1) 차트 데이터는 표 내용에서 연도별 일본, 베트남, 미국의 값만 이용할 것
　　　　　　　　(2) 종류 – 〈묶은 세로 막대형〉으로 작업할 것
　　　　　　　　(3) 제목 – 돋움, 진하게, 12pt, 배경 – 선 모양(한 줄로), 그림자(2pt)
　　　　　　　　(4) 제목 이외의 전체 글꼴 – 돋움, 보통, 10pt
　　　　　　　　(5) 축제목과 범례는 ≪출력형태≫와 같이 동일하게 처리할 것

≪출력형태≫

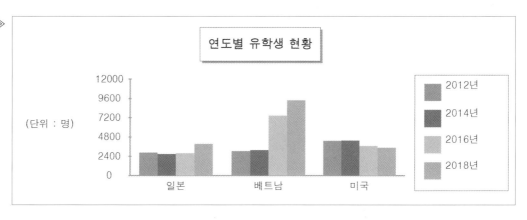

3. 다음 (1), (2)의 수식을 수식 편집기로 각각 입력하시오. (40점)

　　≪출력형태≫

(1) $V = \dfrac{1}{R} \displaystyle\int_0^q q\,dq = \dfrac{1}{2}\dfrac{q^2}{R}$ 　　　　(2) $E = \sqrt{\dfrac{GM}{R}}, \dfrac{R^3}{T^2} = \dfrac{GM}{4\pi^2}$

4. 다음의 ≪조건≫에 따라 ≪출력형태≫와 같이 문서를 작성하시오. (110점)

　　≪조건≫　　(1) 그리기 도구를 이용하여 작성하고, 모든 도형(글맵시, 지정된 그림)을 포함 ≪출력형태≫와 같이 작성하시오.

　　　　　　　(2) 도형의 면 색은 지시사항이 없으면 색 없음을 제외하고 서로 다르게 임의로 지정하시오.

≪출력형태≫

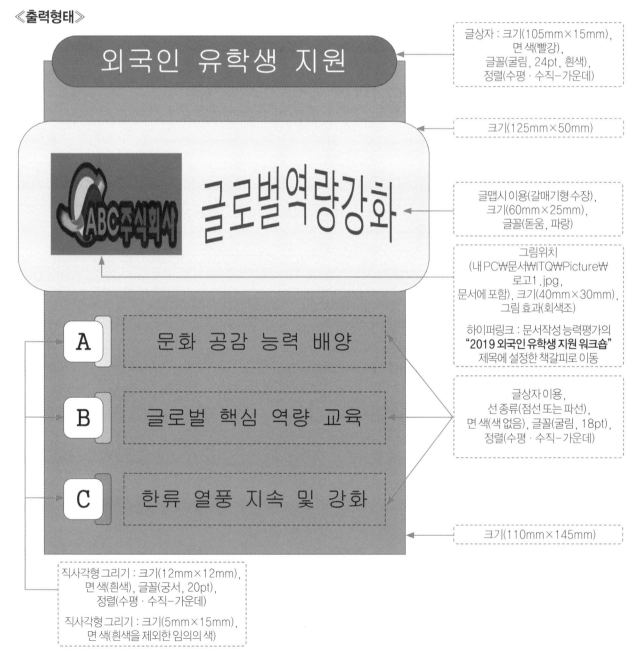

글꼴 : 돋움, 18pt, 진하게, 가운데 정렬
책갈피이름 : 유학, 덧말 넣기

머리말 기능
굴림, 10pt, 오른쪽 정렬 ──→ 외국인 유학 지원

지원과 성장
2019 외국인 유학생 지원 워크숍

문단 첫글자 장식 기능
글꼴 : 궁서, 면색 : 노랑

각주

그림위치(내PC₩문서₩ITQ₩Picture₩그림4.jpg, 문서에 포함)
자르기기능 이용, 크기(40mm×35mm), 바깥여백 왼쪽 : 2mm

교 육부와 국립국제교육원은 저출산 고령화사회①, 학령인구 감소에 대응하고 국내 대학생들의 글로벌 역량을 강화하기 위하여 외국인 유학생 지원 강화 워크숍을 개최하기로 하였다. 특히, 국내에 체류(滯留)하는 외국인 유학생이 14만 명 수준으로 급증함과 동시에 불법 체류 유학생도 1만 명이 초과됨에 따라 체계적인 지원 강화 부문과 더불어 취업 목적, 불법 체류 등 부작용에 대한 정책적 검토를 함께 진행하기로 했다. 그동안 외국인 유학생은 지속적으로 증가하였지만, 외국인 유학생의 한국어 능력 부족으로 대학 수업이 파행 운영되고 있으며 불법 체류와 불법 취업 등 부정적 효과도 심각하게 나타나고 있다.

특히 교육부는 국립국제교육원과 공동 주최를 통해 외국인 유학생이 불법적인 방법으로 체류하지 않고 본래의 목적인 학업(學業)에 전념할 수 있도록 적극적인 지원 방안을 함께 모색하기로 하였다. 이번 워크숍은 외국인 유학생의 현황 고찰, 외국 유학생에 대한 국가별 정책 비교, 외국인 유학생 확대의 긍정 및 부정 효과 분석, 외국인 유학생 지원 강화 방안 등을 주요 주제로 선정하여 다양한 이해관계의 의견을 공유하여 세계시민교육에 대한 가치를 향유하는 뜻 깊은 행사로 진행할 계획이다.

글꼴 : 굴림, 18pt, 흰색
음영색 : 빨강

■ 외국인 유학 지원 워크숍 개요

A. 주제 및 기간

1. 주제 : 저출산시대 외국인 유학생 지원 및 확대

2. 기간 : 2019. 10. 17(목) - 10. 20(일)

B. 주최 및 장소

1. 주최 : 교육부, 국립국제교육원

2. 장소 : 세종 컨벤션홀

문단 번호 기능 사용
1수준 : 20pt, 오른쪽 정렬,
2수준 : 30pt, 오른쪽 정렬,
줄 간격 : 180%

글꼴 : 굴림, 18pt,
기울임, 강조점

표 전체글꼴 : 돋움, 10pt, 가운데 정렬
셀 배경(그러데이션) : 유형(왼쪽 대각선),
시작색(흰색), 끝색(노랑)

■ *외국인 유학 지원 워크숍 주제*

일자	주제	비고
10월 17일(목)	외국인 유학생 현황	기타 자세한 사항은 교육부 및 국립국제교육원 홈페이지를 참고하기 바랍니다.
10월 18일(금)	외국인 유학생에 대한 국가별 정책 검토	
10월 19일(토)	외국인 유학생 확대에 따른 긍정적 효과 분석	
	외국인 유학생 확대에 따른 부작용 분석	
10월 20일(일)	외국인 유학생 지원 및 확대 방안 논의	

글꼴 : 궁서, 24pt, 진하게,
장평 95%, 오른쪽 정렬 ──→ **국립국제교육원**

각주 구분선 : 5cm
─────────────────
① 총인구 중에 65세 이상의 인구가 차지하는 비율이 7% 이상인 사회를 말함

쪽 번호 매기기
4로 시작 ──→ iv

제5회 정보기술자격(ITQ) 시험

과 목	코 드	문제유형	시험시간	수험번호	성 명
아래한글	1111	B	60분		

수험자 유의사항

- 수험자는 문제지를 받는 즉시 문제지와 **수험표상의 시험과목(프로그램)이 동일한지 반드시 확인**하여야 합니다.
- 파일명은 본인의 "수험번호-성명"으로 입력하여 답안폴더(내 PC₩문서₩ITQ)에 하나의 파일로 저장해야 하며, 답안문서 파일명이 "수험번호-성명"과 일치하지 않거나, 답안파일을 전송하지 않아 미제출로 처리될 경우 실격 처리합니다 (예 : 12345678-홍길동.hwp).
- 답안 작성을 마치면 파일을 저장하고, '답안 전송' 버튼을 선택하여 감독위원 PC로 답안을 전송하십시오. 수험생 정보와 저장한 파일명이 다를 경우 전송되지 않으므로 주의하시기 바랍니다.
- 답안 작성 중에도 **주기적으로 저장하고, '답안 전송'**하여야 문제 발생을 줄일 수 있습니다. 작업한 내용을 저장하지 않고 전송할 경우 이전에 저장된 내용이 전송되오니 이점 유의하시기 바랍니다.
- 답안문서는 지정된 경로 외의 다른 보조기억장치에 저장하는 경우, 지정된 시험 시간 외에 작성된 파일을 활용할 경우, 기타 통신수단(이메일, 메신저, 네트워크 등)을 이용하여 타인에게 전달 또는 외부 반출하는 경우는 부정 처리합니다.
- 시험 중 부주의 또는 고의로 시스템을 파손한 경우는 수험자가 변상해야 하며, 〈수험자 유의사항〉에 기재된 방법대로 이행하지 않아 생기는 불이익은 수험생 당사자의 책임임을 알려 드립니다.
- 문제의 조건은 한컴오피스 NEO(2016)버전으로 설정되어 있으니 유의하시기 바랍니다.
- 시험을 완료한 수험자는 답안파일이 전송되었는지 확인한 후 감독위원의 지시에 따라 문제지를 제출하고 퇴실합니다.

답안 작성요령

온라인 답안 작성 절차

수험자 등록 ⇒ 시험 시작 ⇒ 답안파일 저장 ⇒ 답안 전송 ⇒ 시험 종료

공통 부문

- 글꼴에 대한 기본설정은 함초롬바탕, 10포인트, 검정, 줄간격 160%, 양쪽정렬로 합니다.
- 색상은 조건의 색을 적용하고 색의 구분이 안 될 경우에는 RGB 값을 적용하십시오(빨강 255, 0, 0 / 파랑 0, 0, 255 / 노랑 255, 255, 0).
- 각 문항에 주어진 ≪조건≫에 따라 작성하고 언급하지 않은 조건은 ≪출력형태≫와 같이 작성합니다.
- 용지여백은 왼쪽 · 오른쪽 11mm, 위쪽 · 아래쪽 · 머리말 · 꼬리말 10mm, 제본 0mm로 합니다.
- 그림 삽입 문제의 경우「내 PC₩문서₩ITQ₩Picture」폴더에서 지정된 파일을 선택하여 삽입하십시오.
- 삽입한 그림은 반드시 문서에 포함하여 저장해야 합니다(미포함 시 감점 처리).
- 각 항목은 지정된 페이지에 출력형태와 같이 정확히 작성하시기 바라며, 그렇지 않을 경우에 해당 항목은 0점 처리됩니다.
  - ※ 페이지구분 : 1 페이지 – 기능평가 I (문제번호 표시 : 1. 2.),
    - 2페이지 – 기능평가 II (문제번호 표시 : 3. 4.),
    - 3페이지 – 문서작성 능력평가

기능평가

- 문제와 ≪조건≫은 입력하지 않으며 문제번호와 답(≪출력형태≫)만 작성합니다.
- 4번 문제는 묶기를 했을 경우 0점 처리됩니다.

문서작성 능력평가

- A4 용지(210mm×297mm) 1매 크기, 세로 서식 문서로 작성합니다.
- ▢ 표시는 문서작성에 대한 지시사항이므로 작성하지 않습니다.

kpc The Insight KPC 한국생산성본부

1. 다음의 ≪조건≫에 따라 스타일 기능을 적용하여 ≪출력형태≫와 같이 작성하시오.　　　(50점)

　　≪조건≫　(1) 스타일 이름 – naqs
　　　　　　(2) 문단 모양 – 왼쪽 여백 : 15pt, 문단 아래 간격 : 10pt
　　　　　　(3) 글자 모양 – 글꼴 : 한글(굴림)/영문(돋움), 크기 : 10pt, 장평 : 95%, 자간 : 5%

　≪출력형태≫

NAQS, a specialized agency in agricultural quality management, did its best to provide safe and good agricultural products to consumers.

농산물우수관리인증제도는 안전하고 위생적인 농산물의 생산 이력 관리 체계를 구축하여 유통 및 가공과 판매에 이르기까지 일관된 관리가 가능하다.

2. 다음의 ≪조건≫에 따라 ≪출력형태≫와 같이 표와 차트를 작성하시오.　　　(100점)

　　≪표 조건≫　(1) 표 전체(표, 캡션) – 굴림, 10pt
　　　　　　　(2) 정렬 – 문자 : 가운데 정렬, 숫자 : 오른쪽 정렬
　　　　　　　(3) 셀 배경(면 색) : 노랑
　　　　　　　(4) 한글의 계산 기능을 이용하여 빈칸에 평균(소수점 두 자리)을 구하고, 캡션 기능 사용할 것
　　　　　　　(5) 선 모양은 ≪출력형태≫와 동일하게 처리할 것

　≪출력형태≫

친환경 농산물 인증 면적 및 출하량(단위 : ha, 톤)

구분	강원	경기	경남	경북	평균
유기 농산물 면적	1,357	1,760	1,679	1,092	
무농약 농산물 면적	2,704	4,280	3,473	3,504	
유기 농산물 출하량	7,605	10,631	9,269	7,860	
무농약 농산물 출하량	15,505	72,862	32,141	62,154	✕

　≪차트 조건≫(1) 차트 데이터는 표 내용에서 지역별 유기 농산물 면적, 무농약 농산물 면적, 유기 농산물 출하량의 값만 이용할 것
　　　　　　　(2) 종류 – 〈묶은 세로 막대형〉으로 작업할 것
　　　　　　　(3) 제목 – 돋움, 진하게, 12pt, 배경 – 선 모양(한 줄로), 그림자(2pt)
　　　　　　　(4) 제목 이외의 전체 글꼴 – 돋움, 보통, 10pt
　　　　　　　(5) 축제목과 범례는 ≪출력형태≫와 동일하게 처리할 것

　≪출력형태≫

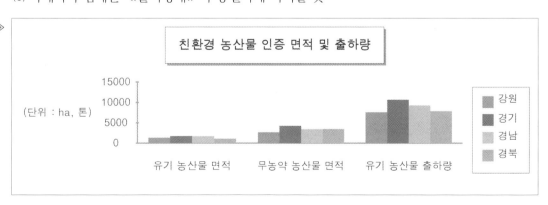

3. 다음 (1), (2)의 수식을 수식 편집기로 각각 입력하시오.　　　　　　　　　　　　　　　　(40점)

≪출력형태≫

(1) $Q = \lim\limits_{\triangle t \to 0} \dfrac{\triangle s}{\triangle t} = \dfrac{d^2 s}{dt^2}$

(2) $G = 2 \displaystyle\int_{\frac{a}{2}}^{a} \dfrac{b \sqrt{a^2 - x^2}}{a} dx$

4. 다음의 ≪조건≫에 따라 ≪출력형태≫와 같이 문서를 작성하시오.　　　　　　　　　　(110점)

　　≪조건≫ (1) 그리기 도구를 이용하여 작성하고, 모든 도형(글맵시, 지정된 그림)을 포함 ≪출력형태≫와 같이
　　　　　　　작성하시오.
　　　　　(2) 도형의 면 색은 지시사항이 없으면 색 없음을 제외하고 서로 다르게 임의로 지정하시오.

≪출력형태≫

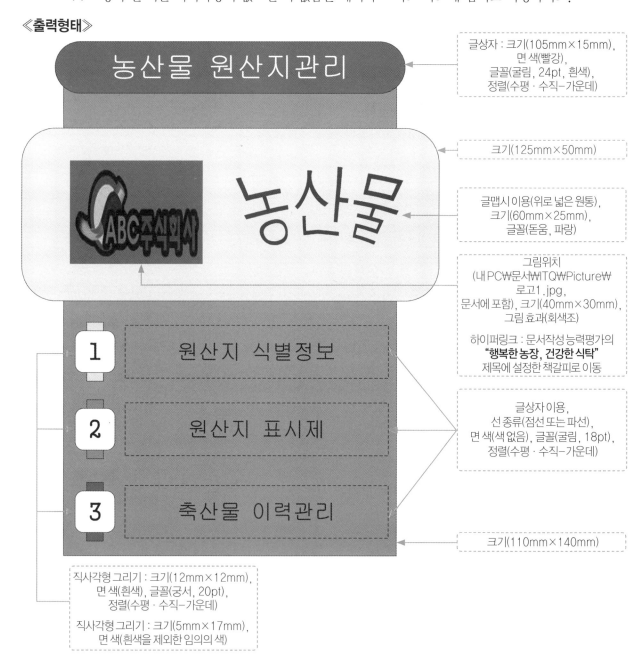

글꼴 : 돋움, 18pt, 진하게, 가운데 정렬
책갈피 이름 : 농산물, 덧말 넣기

머리말 기능
굴림, 10pt, 오른쪽 정렬 ▶ 농산물 관리 체계

국립농산물품질관리원
행복한 농장, 건강한 식탁

문단 첫글자 장식 기능
글꼴 : 궁서, 면색 : 노랑

그림위치(내 PC₩문서₩ITQ₩Picture₩그림4.jpg, 문서에 포함)
자르기 기능 이용, 크기(40mm×40mm), 바깥여백 왼쪽 : 2mm

지속 가능한 농식품 산업기반 조성과 안전(安全)하고 위생적인 농산물에 대한 소비자의 관심과 요구가 점차 높아지면서 이를 충족시키기 위해 국립농산물품질관리원은 여러 제도를 실시하고 있다. 농식품 안전성 조사, 친환경/우수농산물 인증제, 원산지 표시, 농산물 검사, 농업경영체 등록 사업 등의 업무를 수행하고 있는 본 기관은 생생한 현장의 목소리를 반영하여 소비자와 농업인에게 세계 일류의 식품 안전과 품질 관리 기관으로 자리매김할 수 있도록 노력하고 있다.

관리원의 주요 업무를 살펴보면 농식품인증제도, 안정성 및 원산지 관리, 품질 검사, 농업인확인서 발급 등이 있다. 농산물우수관리 인증은 이들 가운데 하나로 농산물의 안전성을 확보하고 농업 환경을 보존(保存)하기 위해 농산물의 생산, 수확 후 관리 및 유통의 각 단계에서 재배 포장 및 농업용수 등의 환경과 농산물에 잔류할 수 있는 농약, 중금속 등의 위해 요소를 적절하게 관리하여 소비자로 하여금 그 관리 사항을 알 수 있게 하는 제도이다. 생산 단계에서부터 시작되는 농산물 안전 관리 체계로서 농산물우수관리인증①과 생산 이력 관리 체계를 구축하여 유통 및 가공과 판매에 이르기까지 일관된 관리가 가능하다.

각주

♥ 농산물품질관리사
글꼴 : 굴림, 18pt, 흰색
음영색 : 빨강

　1) 도입배경
　　가) 농산물의 시장경쟁 심화, 고품질 안전 농산물 수요 증가
　　나) 농산물의 판매 및 유통과정에서 부가가치를 적극 창출
　2) 역할
　　가) 농산물의 품질관리, 상품개발, 판촉 및 바이어 관리
　　나) 농산물의 등급 판정, 규격출하 지도

문단 번호 기능 사용
1수준 : 20pt, 오른쪽 정렬,
2수준 : 30pt, 오른쪽 정렬,
줄 간격 : 180%

♥ *관리원의 주요 업무*
글꼴 : 굴림, 18pt, 기울임, 강조점

표 전체 글꼴 : 돋움, 10pt, 가운데 정렬
셀 배경(그러데이션) : 유형(왼쪽 대각선),
시작색(흰색), 끝색(노랑)

구분	주요 업무
농식품인증제도	친환경농산물인증제도, 농산물우수관리인증제도, 농산물이력추적관리제도
	가공식품산업표준KS인증제도, 전통식품질인증제도, 유기가공식품인증제도
	우수식품인증기관지정제도, 지리적표시제도, 술품질인증제도
원산지 관리	농식품 원산지 표시, 음식점 원산지 표시, 쇠고기이력제, GMO 표시 관리
	LMO 수입 승인 및 안전 관리, 인삼류 사후 관리
품질 검사	농산물 검사, 양곡표시제, 표준 규격화

글꼴 : 궁서, 24pt, 진하게,
장평 95%, 오른쪽 정렬 ▶ **국립농산물품질관리원**

각주 구분선 : 5cm

① 우수 농산물에 대한 체계적 관리와 안정성 인증을 위해 시행되는 제도

쪽 번호 매기기
2로 시작 ▶ ii

제6회 정보기술자격(ITQ) 시험

과 목	코 드	문제유형	시험시간	수험번호	성 명
아래한글	1111	C	60분		

수험자 유의사항

- 수험자는 문제지를 받는 즉시 문제지와 **수험표상의 시험과목(프로그램)이 동일한지 반드시 확인**하여야 합니다.
- 파일명은 본인의 "수험번호-성명"으로 입력하여 답안폴더(내 PC₩문서₩ITQ)에 하나의 파일로 저장해야 하며, 답안문서 파일명이 "수험번호-성명"과 일치하지 않거나, 답안파일을 전송하지 않아 미제출로 처리될 경우 실격 처리합니다 (예 : 12345678-홍길동.hwp).
- 답안 작성을 마치면 파일을 저장하고, '답안 전송' 버튼을 선택하여 감독위원 PC로 답안을 전송하십시오. 수험생 정보와 저장한 파일명이 다를 경우 전송되지 않으므로 주의하시기 바랍니다.
- 답안 작성 중에도 **주기적으로 저장하고, '답안 전송'**하여야 문제 발생을 줄일 수 있습니다. 작업한 내용을 저장하지 않고 전송할 경우 이전에 저장된 내용이 전송되오니 이점 유의하시기 바랍니다.
- 답안문서는 지정된 경로 외의 다른 보조기억장치에 저장하는 경우, 지정된 시험 시간 외에 작성된 파일을 활용할 경우, 기타 통신수단(이메일, 메신저, 네트워크 등)을 이용하여 타인에게 전달 또는 외부 반출하는 경우는 부정 처리합니다.
- 시험 중 부주의 또는 고의로 시스템을 파손한 경우는 수험자가 변상해야 하며, 〈수험자 유의사항〉에 기재된 방법대로 이행하지 않아 생기는 불이익은 수험생 당사자의 책임임을 알려 드립니다.
- 문제의 조건은 한컴오피스 NEO(2016)버전으로 설정되어 있으니 유의하시기 바랍니다.
- 시험을 완료한 수험자는 답안파일이 전송되었는지 확인한 후 감독위원의 지시에 따라 문제지를 제출하고 퇴실합니다.

답안 작성요령

온라인 답안 작성 절차

수험자 등록 ⇒ 시험 시작 ⇒ 답안파일 저장 ⇒ 답안 전송 ⇒ 시험 종료

공통 부문

- 글꼴에 대한 기본설정은 함초롬바탕, 10포인트, 검정, 줄간격 160%, 양쪽정렬로 합니다.
- 색상은 조건의 색을 적용하고 색의 구분이 안 될 경우에는 RGB 값을 적용하십시오(빨강 255, 0, 0 / 파랑 0, 0, 255 / 노랑 255, 255, 0).
- 각 문항에 주어진 《조건》에 따라 작성하고 언급하지 않은 조건은 《출력형태》와 같이 작성합니다.
- 용지여백은 왼쪽 · 오른쪽 11mm, 위쪽 · 아래쪽 · 머리말 · 꼬리말 10mm, 제본 0mm로 합니다.
- 그림 삽입 문제의 경우 「내 PC₩문서₩ITQ₩Picture」 폴더에서 지정된 파일을 선택하여 삽입하십시오.
- 삽입한 그림은 반드시 문서에 포함하여 저장해야 합니다(미포함 시 감점 처리).
- 각 항목은 지정된 페이지에 출력형태와 같이 정확히 작성하시기 바라며, 그렇지 않을 경우에 해당 항목은 0점 처리됩니다.
    ※ 페이지구분 : 1 페이지 – 기능평가 I (문제번호 표시 : 1. 2.).
                    2페이지 – 기능평가 II (문제번호 표시 : 3. 4.).
                    3페이지 – 문서작성 능력평가

기능평가

- 문제와 《조건》은 입력하지 않으며 문제번호와 답(《출력형태》)만 작성합니다.
- 4번 문제는 묶기를 했을 경우 0점 처리됩니다.

문서작성 능력평가

- A4 용지(210mm×297mm) 1매 크기, 세로 서식 문서로 작성합니다.
- ▢ 표시는 문서작성에 대한 지시사항이므로 작성하지 않습니다.

1. 다음의 ≪조건≫에 따라 스타일 기능을 적용하여 ≪출력형태≫와 같이 작성하시오. (50점)

≪조건≫
(1) 스타일 이름 - creature
(2) 문단 모양 - 왼쪽 여백 : 15pt, 문단 아래 간격 : 10pt
(3) 글자 모양 - 글꼴 : 한글(굴림)/영문(돋움), 크기 : 10pt, 장평 : 95%, 자간 : 5%

≪출력형태≫

An organism may either be unicellular or be composed of, as in humans, many billions of cells grouped into specialized tissues and organs.

국립생물자원관은 국가 생물자원의 총체적 관리 시스템을 확립하고 이로부터 생물주권 확립의 기반을 다져 국가 경쟁력 제고에 기여하기 위해 설립되었다 .

2. 다음의 ≪조건≫에 따라 ≪출력형태≫와 같이 표와 차트를 작성하시오. (100점)

≪표 조건≫
(1) 표 전체(표, 캡션) - 굴림, 10pt
(2) 정렬 - 문자 : 가운데 정렬, 숫자 : 오른쪽 정렬
(3) 셀 배경(면 색) : 노랑
(4) 한글의 계산 기능을 이용하여 빈칸에 평균(소수점 두 자리)을 구하고, 캡션 기능 사용할 것
(5) 선 모양은 ≪출력형태≫와 같이 동일하게 처리할 것

≪출력형태≫

생물다양성 교실 참여 신청 현황(단위 : 백 명)

구분	2015년	2016년	2017년	2018년	평균
어린이	624	706	720	924	
청소년	754	798	831	932	
가족	405	453	406	827	
단체	426	578	796	891	

≪차트 조건≫
(1) 차트 데이터는 표 내용에서 연도별 어린이, 청소년, 가족의 값만 이용할 것
(2) 종류 - 〈묶은 세로 막대형〉으로 작업할 것
(3) 제목 - 돋움, 진하게, 12pt, 배경 - 선 모양(한 줄로), 그림자(2pt)
(4) 제목 이외의 전체 글꼴 - 돋움, 보통, 10pt
(5) 축제목과 범례는 ≪출력형태≫와 같이 동일하게 처리할 것

≪출력형태≫

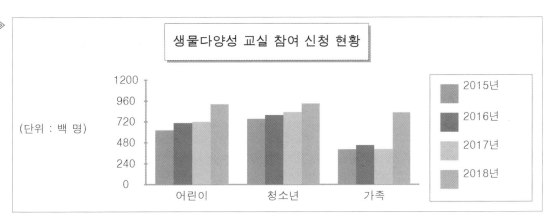

3. 다음 (1), (2)의 수식을 수식 편집기로 각각 입력하시오. (40점)

≪출력형태≫

(1) $F = 1 - \dfrac{9(9n-1)(9n-2)}{10(10n-1)(10n-2)}$

(2) $\triangle W = \dfrac{1}{2}m(f_x)^2 + \dfrac{1}{2}m(f_y)^2$

4. 다음의 ≪조건≫에 따라 ≪출력형태≫와 같이 문서를 작성하시오. (110점)

≪조건≫ (1) 그리기 도구를 이용하여 작성하고, 모든 도형(글맵시, 지정된 그림)을 포함 ≪출력형태≫와 같이 작성하시오.

(2) 도형의 면 색은 지시사항이 없으면 색 없음을 제외하고 서로 다르게 임의로 지정하시오.

≪출력형태≫

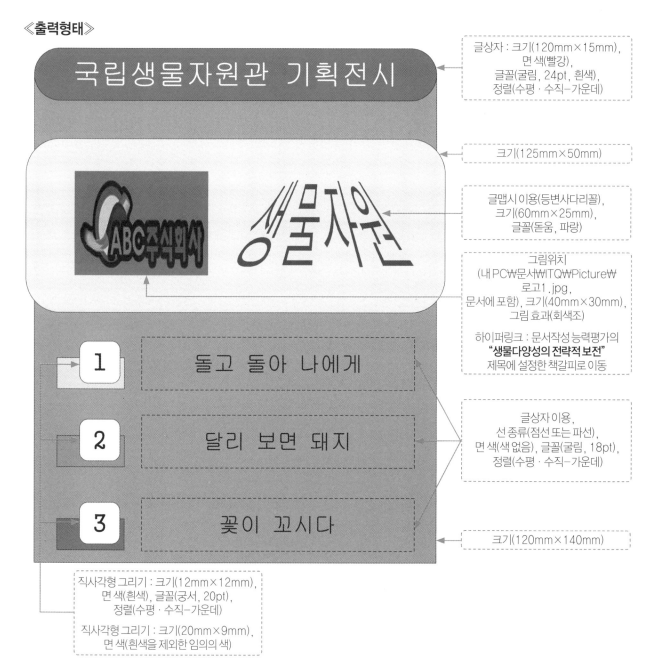

글꼴 : 돋움, 18pt, 진하게, 가운데 정렬
책갈피 이름 : 생물자원, 덧말 넣기

머리말 기능
굴림, 10pt, 오른쪽 정렬 → 생물산업의 원천

생물자원은 우리의 힘
생물다양성의 전략적 보전

문단 첫글자 장식 기능
글꼴 : 궁서, 면색 : 노랑

그림위치(내 PCW문서WITQWPictureW그림4.jpg, 문서에 포함)
자르기 기능 이용, 크기(40mm×40mm), 바깥 여백 왼쪽 : 2mm

국 립생물자원관은 지속적인 우리나라 자생생물 연구를 통해 1,800종의 생물자원을 발굴하여 50,827종의 국사생물종목록을 구축하였다. 우리 국내외 생물자원을 보전(保存)하고 이들을 지속 가능하고 현명하게 이용하는 데 솔선수범하여 21세기 생물자원의 주권 확립의 중심이 되고자 노력하고 있다.

우리나라에 서식하는 다양한 자생생물은 생명공동체를 구현하는 핵심 요소인 동시에 21세기를 주도하는 중요한 성장 동력 중의 하나인 생물산업의 원천(源泉) 소재가 되고 있다. 국립생물자원관은 이러한 미래의 소중한 국가적 자산인 자생생물자원의 총체적 관리와 생물 주권 확립의 기반 마련을 통해 국가 경쟁력 제고에 기여하고자 2007년 3월 설립되었다. 지난 7년간 국립생물자원관은 국가 생물자원의 발굴, 확보, 소장 및 연구를 체계적으로 수행하여 우리나라 생물자원의 인프라를 구축하고 UN①에 의해 생물다양성 보전 선도 기관으로 지정되는 등 많은 성과를 거두었다. 앞으로도 전시 교육관의 다양한 전시물과 교육 프로그램을 통해 생물자원의 중요성과 지속적인 보전의 필요성을 널리 알리는 살아 있는 교육의 장이 될 수 있도록 노력할 것이다.

각주

★ 자원관의 주요 기능

글꼴 : 굴림, 18pt, 흰색
음영색 : 빨강

① 생물자원 주권 확립
  (ㄱ) 한반도 고유 자생생물 표본 및 기타 생물재료 확보, 소장
  (ㄴ) 국가차원의 생물자원 발굴 및 기반연구 수행
② 생물자원 유용성 분석 및 이용 연구
  (ㄱ) 생물자원의 특성 및 유용성 정보 확보
  (ㄴ) 국가 생물자원 이용기반 구축 및 활성화 지원

문단 번호 기능 사용
1수준 : 20pt, 오른쪽 정렬,
2수준 : 30pt, 오른쪽 정렬,
줄 간격 : 180%

표 전체글꼴 : 돋움, 10pt, 가운데 정렬
셀 배경(그러데이션) : 유형(왼쪽 대각선),
시작색(흰색), 끝색(노랑)

★ *야생 동식물 관리 현황*

글꼴 : 굴림, 18pt,
기울임, 강조점

구분	한국명	과명	한국명	과명
멸종 위기 야생 동식물 1급	대륙사슴	사슴과	광릉요강꽃	난초과
	노랑부리저어새	저어새과	두드럭조개	석패과
	얼룩새코미꾸리	미꾸리과	상제나비	흰나비과
멸종 위기 야생 동식물 2급	무산쇠족제비	족제비과	가시오갈피나무	두릅나무과
	자색수지맨드라미	곤봉바다맨드라미과	장수삿갓조개	구멍삿갓조개과

글꼴 : 궁서, 24pt, 진하게
장평 95%, 오른쪽 정렬 → **국립생물자원관**

각주 구분선 : 5cm

① 제2차 세계 대전 이후 국제 협력을 달성하기 위하여 창설된 국제 협력 기구

쪽 번호 매기기
7로 시작 → vii

제7회 정보기술자격(ITQ) 시험

과 목	코 드	문제유형	시험시간	수험번호	성 명
아래한글	1111	A	60분		

수험자 유의사항

○ 수험자는 문제지를 받는 즉시 문제지와 **수험표상의 시험과목(프로그램)이 동일한지 반드시 확인**하여야 합니다.

○ 파일명은 본인의 "수험번호-성명"으로 입력하여 답안폴더(내 PC₩문서₩ITQ)에 하나의 파일로 저장해야 하며, 답안문서 파일명이 "수험번호-성명"과 일치하지 않거나, 답안파일을 전송하지 않아 미제출로 처리될 경우 실격 처리합니다 (예 : 12345678-홍길동.hwp).

○ 답안 작성을 마치면 파일을 저장하고, '답안 전송' 버튼을 선택하여 감독위원 PC로 답안을 전송하십시오. 수험생 정보와 저장한 파일명이 다를 경우 전송되지 않으므로 주의하시기 바랍니다.

○ 답안 작성 중에도 **주기적으로 저장하고, '답안 전송'**하여야 문제 발생을 줄일 수 있습니다. 작업한 내용을 저장하지 않고 전송할 경우 이전에 저장된 내용이 전송되오니 이점 유의하시기 바랍니다.

○ 답안문서는 지정된 경로 외의 다른 보조기억장치에 저장하는 경우, 지정된 시험 시간 외에 작성된 파일을 활용할 경우, 기타 통신수단(이메일, 메신저, 네트워크 등)을 이용하여 타인에게 전달 또는 외부 반출하는 경우는 부정 처리합니다.

○ 시험 중 부주의 또는 고의로 시스템을 파손한 경우는 수험자가 변상해야 하며, 〈수험자 유의사항〉에 기재된 방법대로 이행하지 않아 생기는 불이익은 수험생 당사자의 책임임을 알려 드립니다.

○ 문제의 조건은 한컴오피스 NEO(2016)버전으로 설정되어 있으니 유의하시기 바랍니다.

○ 시험을 완료한 수험자는 답안파일이 전송되었는지 확인한 후 감독위원의 지시에 따라 문제지를 제출하고 퇴실합니다.

답안 작성요령

○ **온라인 답안 작성 절차**

수험자 등록 ⇒ 시험 시작 ⇒ 답안파일 저장 ⇒ 답안 전송 ⇒ 시험 종료

○ **공통 부문**

○ 글꼴에 대한 기본설정은 함초롬바탕, 10포인트, 검정, 줄간격 160%, 양쪽정렬로 합니다.

○ 색상은 조건의 색을 적용하고 색의 구분이 안 될 경우에는 RGB 값을 적용하십시오(빨강 255, 0, 0 / 파랑 0, 0, 255 / 노랑 255, 255, 0).

○ 각 문항에 주어진 ≪조건≫에 따라 작성하고 언급하지 않은 조건은 ≪출력형태≫와 같이 작성합니다.

○ 용지여백은 왼쪽·오른쪽 11mm, 위쪽·아래쪽·머리말·꼬리말 10mm, 제본 0mm로 합니다.

○ 그림 삽입 문제의 경우 「내 PC₩문서₩ITQ₩Picture」 폴더에서 지정된 파일을 선택하여 삽입하십시오.

○ 삽입한 그림은 반드시 문서에 포함하여 저장해야 합니다(미포함 시 감점 처리).

○ 각 항목은 지정된 페이지에 출력형태와 같이 정확히 작성하시기 바라며, 그렇지 않을 경우에 해당 항목은 0점 처리됩니다.

　　※ 페이지구분 : 1 페이지 – 기능평가 I (문제번호 표시 : 1. 2.),

　　　　　　　　　2페이지 – 기능평가 II (문제번호 표시 : 3. 4.),

　　　　　　　　　3페이지 – 문서작성 능력평가

○ **기능평가**

○ 문제와 ≪조건≫은 입력하지 않으며 문제번호와 답(≪출력형태≫)만 작성합니다.

○ 4번 문제는 묶기를 했을 경우 0점 처리됩니다.

○ **문서작성 능력평가**

○ A4 용지(210mm×297mm) 1매 크기, 세로 서식 문서로 작성합니다.

○ ▢ 표시는 문서작성에 대한 지시사항이므로 작성하지 않습니다.

1. 다음의 ≪조건≫에 따라 스타일 기능을 적용하여 ≪출력형태≫와 같이 작성하시오. (50점)

≪조건≫ (1) 스타일 이름 – bigdata
(2) 문단 모양 – 첫 줄 들여쓰기 : 10pt, 문단 아래 간격 : 10pt
(3) 글자 모양 – 글꼴 : 한글(돋움)/영문(굴림), 크기 : 10pt, 장평 : 95%, 자간 : –5%

≪출력형태≫

　　Big data is a field that treats of ways to analyze, or otherwise deal with data sets that are too large or complex to be dealt with by traditional data-processing application software.

　　빅데이터란 기존 데이터베이스 관리도구의 능력을 넘어서는 수십 테라바이트의 정형 또는 비정형의 데이터 집합조차 포함한 데이터로부터 가치를 추출하고 결과를 분석하는 기술이다.

2. 다음의 ≪조건≫에 따라 ≪출력형태≫와 같이 표와 차트를 작성하시오. (100점)

≪표 조건≫ (1) 표 전체(표, 캡션) – 궁서, 10pt
(2) 정렬 – 문자 : 가운데 정렬, 숫자 : 오른쪽 정렬
(3) 셀 배경(면 색) : 노랑
(4) 한글의 계산 기능을 이용하여 빈칸에 합계를 구하고, 캡션 기능 사용할 것
(5) 선 모양은 ≪출력형태≫와 동일하게 처리할 것

≪출력형태≫

데이터산업 부문별 시장 규모(단위 : 억 원)

구분	2013년	2014년	2015년	2016년	2017년
데이터 솔루션	10,789	13,619	14,124	15,720	16,536
데이터 구축 및 컨설팅	49,985	53,730	55,280	55,850	58,565
데이터 서비스	52,258	57,329	64,151	65,977	67,946
합계					

≪차트 조건≫ (1) 차트 데이터는 표 내용에서 구분별 2013년, 2014년, 2015년, 2016년의 값만 이용할 것
(2) 종류 – 〈묶은 세로 막대형〉으로 작업할 것
(3) 제목 – 굴림, 진하게, 12pt, 배경 – 선 모양(한 줄로), 그림자(2pt)
(4) 제목 이외의 전체 글꼴 – 굴림, 보통, 10pt
(5) 축제목과 범례는 ≪출력형태≫와 동일하게 처리할 것

≪출력형태≫

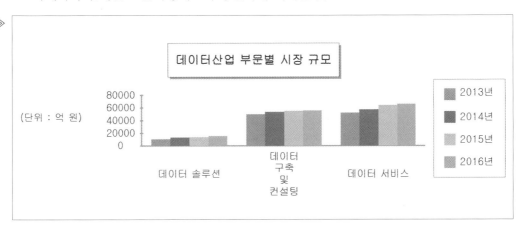

3. 다음 (1), (2)의 수식을 수식 편집기로 각각 입력하시오. (40점)

≪출력형태≫

(1) $\dfrac{h_1}{h_2} = (\sqrt{a})^{M_2 - M_1} \fallingdotseq 2.5^{M_2 - M_1}$

(2) $R_H = \dfrac{1}{hc} \times \dfrac{2\pi^2 K^2 m e^4}{h^2}$

4. 다음의 ≪조건≫에 따라 ≪출력형태≫와 같이 문서를 작성하시오. (110점)

≪조건≫ (1) 그리기 도구를 이용하여 작성하고, 모든 도형(글맵시, 지정된 그림)을 포함 ≪출력형태≫와 같이 작성하시오.

(2) 도형의 면 색은 지시사항이 없으면 색 없음을 제외하고 서로 다르게 임의로 지정하시오.

≪출력형태≫

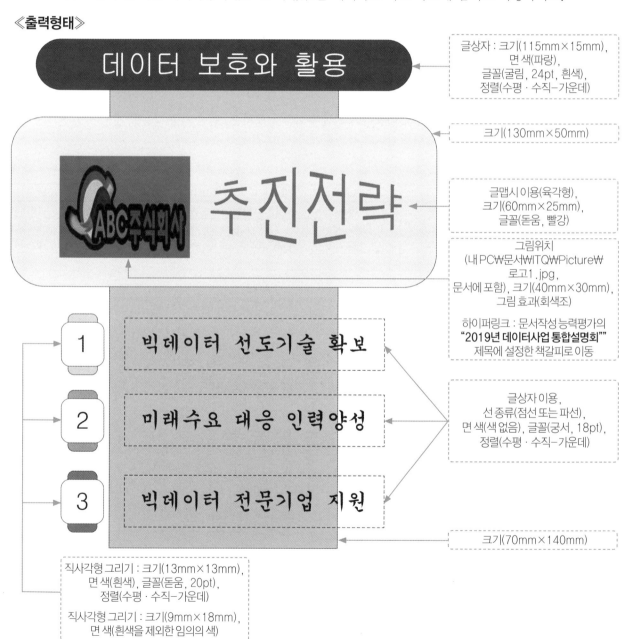

글꼴 : 돋움, 18pt, 진하게, 가운데 정렬
책갈피 이름 : 빅데이터, 덧말 넣기

머리말 기능
굴림, 10pt, 오른쪽 정렬 → 빅데이터센터

문단 첫글자장식 기능
글꼴 : 궁서, 면색 : 노랑

과학기술정보통신부
2019년 데이터사업 통합설명회

그림위치(내PC₩문서₩ITQ₩Picture₩그림4.jpg, 문서에 포함)
자르기 기능 이용, 크기(40mm×30mm), 바깥 여백 왼쪽 : 2mm

각주

4차 산업혁명의 핵심 자원인 데이터가 양과 질적인 측면에서 선진국보다 뒤처진 상황①에서 이를 타개하기 위해 데이터 가치 사슬에 대한 전체 주기의 혁신이 필요하다. 이를 위해 공공기관과 민간이 협업하여 데이터의 생산, 수집, 분석, 유통을 지원하는 '빅데이터 플랫폼 및 네트워크 구축 사업'을 추진(推進)한다. '플랫폼'은 주요 분야별로 각종 데이터의 수집, 분석, 유통의 지원을 의미하며 '센터'는 중소기업, 대학 등 주요 기관별로 데이터를 체계적으로 생산하고 관리하는 것을 의미한다.

 세부 추진과제로는 첫째, 수요 기반의 활용 가치가 높은 양질의 데이터를 기관별로 생산 및 구축하고 플랫폼을 통해 개방과 공유(共有)를 할 수 있는 체계를 마련할 수 있는 빅데이터 센터를 육성하고 둘째, 데이터 생태계를 조성하고 추진할 수 있는 빅데이터 플랫폼을 구축 및 운영하며 셋째, 민관 협력을 통해 데이터 유통 활용 기반을 조성하고 플랫폼 간 연계와 이용활성화를 지원하는 빅데이터 네트워크 조성이다. 데이터의 공유와 활용을 촉진하는 민간 협력 거버넌스인 빅데이터 얼라이언스를 구성 운영하고 이종 플랫폼 간에도 효과적으로 유통, 활용할 수 있도록 플랫폼간 상호 연계 기준을 마련하고 데이터 상황판을 구축 운영한다.

♣ 데이터사업 통합설명회 개요

글꼴 : 돋움, 18pt, 흰색
음영색 : 파랑

 가. 일시 및 장소
  ㉠ 일시 : 2019. 11. 14(목), 15:00 - 18:00
  ㉡ 장소 : 코엑스 컨퍼런스룸 E5, 6홀
 나. 주요 설명 사업
  ㉠ 빅데이터 플랫폼 및 네트워크 구축 사업(743억)
  ㉡ 본인정보 활용지원(My data) 사업(97억)

문단 번호 기능 사용
1수준 : 20pt, 오른쪽 정렬,
2수준 : 30pt, 오른쪽 정렬,
줄 간격 : 180%

♣ 사업 추진 절차 및 향후 일정

글꼴 : 돋움, 18pt,
밑줄, 강조점

표 전체 글꼴 : 굴림, 10pt, 가운데 정렬
셀 배경(그러데이션) : 유형(수평),
시작색(흰색), 끝색(노랑)

구분	내용	일정	비고
과제 공모	NIA 홈페이지 등을 통한 과제 공모 공고	2월	NIA
수행기관 선정평가	평가위원회(2단계)를 통해 수행기관 선정	4월	
과제 심의조정	과제 수행 내용 및 예산 조정 확정, 결과 통보	5월	
결과 보고	사업 최종 결과보고서 제출	12월	NIA와 수행기관
최종 평가	2차년도 과제수행 여부 판단을 위한 결과 평가		

글꼴 : 궁서, 24pt, 진하게
장평 95%, 오른쪽 정렬 → **한국데이터산업진흥원**

각주 구분선 : 5cm

① 2018년 기준 국내 기업의 빅데이터 이용률 : 9.5%

쪽 번호 매기기
4로 시작 → iv

제8회 정보기술자격(ITQ) 시험

과 목	코 드	문제유형	시험시간	수험번호	성 명
아래한글	1111	B	60분		

수험자 유의사항

- 수험자는 문제지를 받는 즉시 문제지와 **수험표상의 시험과목(프로그램)이 동일한지 반드시 확인**하여야 합니다.
- 파일명은 본인의 "수험번호-성명"으로 입력하여 답안폴더(내 PC₩문서₩ITQ)에 하나의 파일로 저장해야 하며, 답안문서 파일명이 "수험번호-성명"과 일치하지 않거나, 답안파일을 전송하지 않아 미제출로 처리될 경우 실격 처리합니다 (예 : 12345678-홍길동.hwp).
- 답안 작성을 마치면 파일을 저장하고, '답안 전송' 버튼을 선택하여 감독위원 PC로 답안을 전송하십시오. 수험생 정보와 저장한 파일명이 다를 경우 전송되지 않으므로 주의하시기 바랍니다.
- 답안 작성 중에도 **주기적으로 저장하고, '답안 전송'**하여야 문제 발생을 줄일 수 있습니다. 작업한 내용을 저장하지 않고 전송할 경우 이전에 저장된 내용이 전송되오니 이점 유의하시기 바랍니다.
- 답안문서는 지정된 경로 외의 다른 보조기억장치에 저장하는 경우, 지정된 시험 시간 외에 작성된 파일을 활용할 경우, 기타 통신수단(이메일, 메신저, 네트워크 등)을 이용하여 타인에게 전달 또는 외부 반출하는 경우는 부정 처리합니다.
- 시험 중 부주의 또는 고의로 시스템을 파손한 경우는 수험자가 변상해야 하며, 〈수험자 유의사항〉에 기재된 방법대로 이행하지 않아 생기는 불이익은 수험생 당사자의 책임임을 알려 드립니다.
- 문제의 조건은 한컴오피스 NEO(2016)버전으로 설정되어 있으니 유의하시기 바랍니다.
- 시험을 완료한 수험자는 답안파일이 전송되었는지 확인한 후 감독위원의 지시에 따라 문제지를 제출하고 퇴실합니다.

답안 작성요령

온라인 답안 작성 절차

수험자 등록 ⇒ 시험 시작 ⇒ 답안파일 저장 ⇒ 답안 전송 ⇒ 시험 종료

공통 부문

○ 글꼴에 대한 기본설정은 함초롬바탕, 10포인트, 검정, 줄간격 160%, 양쪽정렬로 합니다.
○ 색상은 조건의 색을 적용하고 색의 구분이 안 될 경우에는 RGB 값을 적용하십시오(빨강 255, 0, 0 / 파랑 0, 0, 255 / 노랑 255, 255, 0).
○ 각 문항에 주어진 ≪조건≫에 따라 작성하고 언급하지 않은 조건은 ≪출력형태≫와 같이 작성합니다.
○ 용지여백은 왼쪽·오른쪽 11mm, 위쪽·아래쪽·머리말·꼬리말 10mm, 제본 0mm로 합니다.
○ 그림 삽입 문제의 경우 「내 PC₩문서₩ITQ₩Picture」 폴더에서 지정된 파일을 선택하여 삽입하십시오.
○ 삽입한 그림은 반드시 문서에 포함하여 저장해야 합니다(미포함 시 감점 처리).
○ 각 항목은 지정된 페이지에 출력형태와 같이 정확히 작성하시기 바라며, 그렇지 않을 경우에 해당 항목은 0점 처리됩니다.
　※ 페이지구분 : 1 페이지 – 기능평가 I (문제번호 표시 : 1. 2.),
　　　　　　　 2페이지 – 기능평가 II (문제번호 표시 : 3. 4.),
　　　　　　　 3페이지 – 문서작성 능력평가

기능평가

○ 문제와 ≪조건≫은 입력하지 않으며 문제번호와 답(≪출력형태≫)만 작성합니다.
○ 4번 문제는 묶기를 했을 경우 0점 처리됩니다.

문서작성 능력평가

○ A4 용지(210mm×297mm) 1매 크기, 세로 서식 문서로 작성합니다.
○ ▢ 표시는 문서작성에 대한 지시사항이므로 작성하지 않습니다.

The Insight KPC
kpc 한국생산성본부

1. 다음의 ≪조건≫에 따라 스타일 기능을 적용하여 ≪출력형태≫와 같이 작성하시오. (50점)

≪조건≫　　(1) 스타일 이름 – taegeukgi
　　　　　　(2) 문단 모양 – 첫 줄 들여쓰기 : 10pt, 문단 아래 간격 : 10pt
　　　　　　(3) 글자 모양 – 글꼴 : 한글(돋움)/영문(굴림), 크기 : 10pt, 장평 : 95%, 자간 : −5%

≪출력형태≫

　One thing that cannot be overlooked in understanding Koreans is the national flag, Taegeukgi, which has always been flown at the most turbulent times in the country's history.

　예로부터 우리 선조들이 생활 속에서 즐겨 사용하던 태극 문양은 동양사상의 근본적인 내용인 음양의 조화를 상징하며 태극기는 우주와 더불어 끝없이 창조와 번영을 희구하는 한민족의 이상을 담고 있다.

2. 다음의 ≪조건≫에 따라 ≪출력형태≫와 같이 표와 차트를 작성하시오. (100점)

≪표 조건≫　(1) 표 전체(표, 캡션) – 궁서, 10pt
　　　　　　(2) 정렬 – 문자 : 가운데 정렬, 숫자 : 오른쪽 정렬
　　　　　　(3) 셀 배경(면 색) : 노랑
　　　　　　(4) 한글의 계산 기능을 이용하여 빈칸에 합계를 구하고, 캡션 기능 사용할 것
　　　　　　(5) 선 모양은 ≪출력형태≫와 같이 동일하게 처리할 것

≪출력형태≫

국경일 태극기 게양 현황(단위 : %)

구분	2015년	2016년	2017년	2018년	합계
경기도	83.7	84.6	64.9	67.9	
경상도	82.9	85.7	72.9	71.8	
충청도	83.3	75.2	80.6	72.5	
전라도	74.9	70.5	69.7	74.1	

≪차트 조건≫　(1) 차트 데이터는 표 내용에서 연도별 경기도, 경상도, 충청도의 값만 이용할 것
　　　　　　　(2) 종류 – 〈묶은 세로 막대형〉으로 작업할 것
　　　　　　　(3) 제목 – 굴림, 진하게, 12pt, 배경 – 선 모양(한 줄로), 그림자(2pt)
　　　　　　　(4) 제목 이외의 전체 글꼴 – 굴림, 보통, 10pt
　　　　　　　(5) 축제목과 범례는 ≪출력형태≫와 동일하게 처리할 것

≪출력형태≫

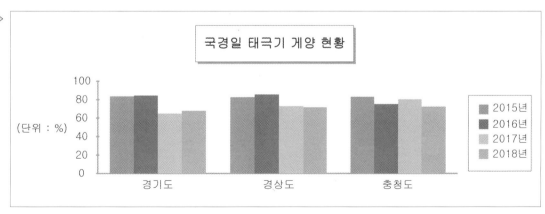

3. 다음 (1), (2)의 수식을 수식 편집기로 각각 입력하시오.　　　　　　　　　　　　　　　(40점)

≪**출력형태**≫

(1) $\lim_{n \to \infty} P_n = 1 - \dfrac{9^3}{10^3} = \dfrac{271}{1000}$　　　　　(2) $\dfrac{a^3}{T^2} = \dfrac{G}{4\pi^2}(M+m)$

4. 다음의 ≪조건≫에 따라 ≪출력형태≫와 같이 문서를 작성하시오.　　　　　　　　　　(110점)

≪**조건**≫　　(1) 그리기 도구를 이용하여 작성하고, 모든 도형(글맵시, 지정된 그림)을 포함 ≪출력형태≫와 같이 작성하시오.

　　　　　　(2) 도형의 면 색은 지시사항이 없으면 색 없음을 제외하고 서로 다르게 임의로 지정하시오.

≪**출력형태**≫

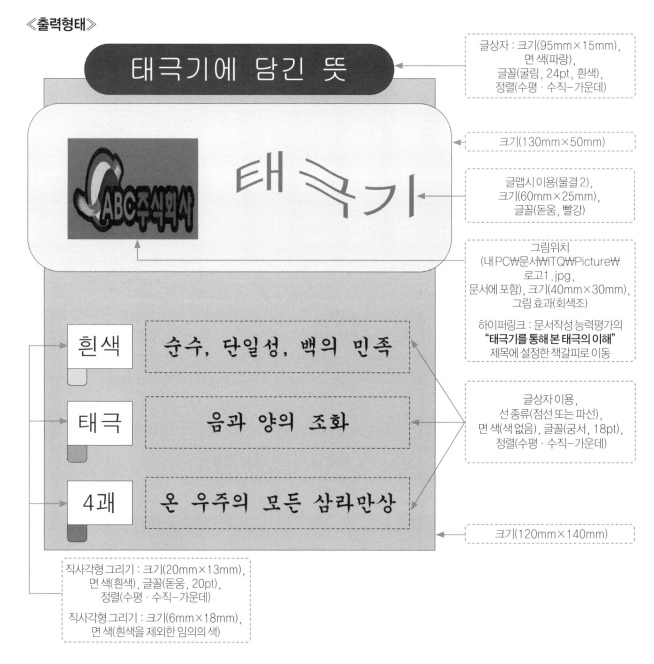

글상자 : 크기(95mm×15mm), 면 색(파랑), 글꼴(굴림, 24pt, 흰색), 정렬(수평·수직-가운데)

크기(130mm×50mm)

글맵시 이용(물결2), 크기(60mm×25mm), 글꼴(돋움, 빨강)

그림위치 (내 PC₩문서₩ITQ₩Picture₩ 로고1.jpg, 문서에 포함), 크기(40mm×30mm), 그림 효과(회색조)

하이퍼링크 : 문서작성능력평가의 **"태극기를 통해 본 태극의 이해"** 제목에 설정한 책갈피로 이동

글상자 이용, 선종류(점선 또는 파선), 면 색(색 없음), 글꼴(궁서, 18pt), 정렬(수평·수직-가운데)

크기(120mm×140mm)

직사각형 그리기 : 크기(20mm×13mm), 면 색(흰색), 글꼴(돋움, 20pt), 정렬(수평·수직-가운데)

직사각형 그리기 : 크기(6mm×18mm), 면 색(흰색을 제외한 임의의 색)

글꼴 : 돋움, 18pt, 진하게, 가운데 정렬
책갈피이름 : 태극기, 덧말 넣기

머리말 기능
굴림, 10pt, 오른쪽 정렬 → 국가의 상징

우리나라 국기
태극기를 통해 본 태극의 이해

문단 첫글자 장식 기능
글꼴 : 궁서, 면색 : 노랑

각주

그림위치(내 PC\문서\ITQ\Picture\그림4.jpg, 문서에 포함)
자르기 기능 이용, 크기(40mm×35mm), 바깥여백 왼쪽 : 2mm

근 대 국가가 발전하면서 세계 각국은 국기를 제정(制定)하여 사용하기 시작하였다. 우리나라의 국기 제정은 1882년(고종 19년) 5월 22일 조미수호통상조약 조인식이 직접적인 계기(契機)가 되었다. 이후 1882년 9월 수신사[①]로 일본으로 가던 박영효가 배 안에서 태극 문양과 그 둘레에 건곤감리 4괘를 그려 넣은 '태극4괘 도안'의 기를 만들어 그 달 25일부터 사용하였고, 이듬해인 1883년 3월 6일에 왕명으로 이것이 국기로 제정 및 공포되었다. 그러나 공포할 당시 구체적인 국기제작 방법을 명시하지 않은 탓에 이후 다양한 형태의 국기가 사용되었다.

태극기는 흰 바탕의 한가운데에 적색은 양, 청색은 음의 태극을 두고, 괘는 사방의 대각선상에 검은빛으로 기면을 향하여 건을 왼편 위, 곤을 오른편 아래, 감을 오른편 위, 이를 왼편 아래에 둔다. 기봉은 무궁화 봉오리로 하되 하반부에 꽃받침을 뚜렷이 표시하고 전체를 금색으로 한다. 태극기의 색은 태극기 표준색도에 근접하도록 표현하며 견본은 자연광 아래에서 확인한다. 처음 제작된 태극기는 도형의 통일성이 없어 사괘와 태극양의의 위치가 혼용되다가 1948년 대한민국 정부 수립을 계기로 도안과 규격이 통일되었다.

♥ 국기의 게양방법

글꼴 : 돋움, 18pt, 흰색
음영색 : 파랑

I. 게양국기의 높이

  A. 경축일 또는 평일 : 깃봉과 깃면의 사이를 떼지 않고 게양

  B. 조의를 표하는 날 : 깃봉과 깃면의 사이를 세로만큼 내려 조기로 게양

II. 국기를 전국적으로 게양하는 날

  A. 5대 국경일 및 국군의 날, 조의를 표하는 날 등

  B. 국기를 연중 게양하는 곳 : 국가, 지방자치단체 및 공공기관의 청사 등

문단 번호 기능 사용
1수준 : 20pt, 오른쪽 정렬,
2수준 : 30pt, 오른쪽 정렬,
줄 간격 : 180%

표 전체글꼴 : 굴림, 10pt, 가운데 정렬
셀 배경(그레이디언트) : 유형(수평),
시작색(흰색), 끝색(노랑)

♥ 태극기에 담긴 의미

글꼴 : 돋움, 18pt,
밑줄, 강조점

구분	내용
흰색 바탕	밝음과 순수, 전통적으로 평화를 사랑하는 민족성 상징
태극 문양	음과 양의 조화 상징
	우주 만물이 상호작용에 의해 생성 및 발전하는 자연의 진리 형상화
4괘(건곤감리)	음과 양이 서로 변화 및 발전하는 모습을 효(획)의 조합으로 구체화
	건은 우주 만물 중에서 하늘을, 곤은 땅을, 감은 물을, 이는 불을 상징

글꼴 : 궁서, 24pt, 진하게
장평 95%, 오른쪽 정렬 → **국가기록원**

각주 구분선 : 5cm

① 강화도 조약 이후 조선정부가 일본에 파견한 외교사절

쪽번호 매기기
6으로 시작 → vi

제9회 정보기술자격(ITQ) 시험

과 목	코 드	문제유형	시험시간	수험번호	성 명
아래한글	1111	C	60분		

수험자 유의사항

- 수험자는 문제지를 받는 즉시 문제지와 **수험표상의 시험과목(프로그램)이 동일한지 반드시 확인**하여야 합니다.
- 파일명은 본인의 "수험번호-성명"으로 입력하여 답안폴더(내 PC₩문서₩ITQ)에 하나의 파일로 저장해야 하며, 답안문서 파일명이 "수험번호-성명"과 일치하지 않거나, 답안파일을 전송하지 않아 미제출로 처리될 경우 실격 처리합니다 (예 : 12345678-홍길동.hwp).
- 답안 작성을 마치면 파일을 저장하고, '답안 전송' 버튼을 선택하여 감독위원 PC로 답안을 전송하십시오. 수험생 정보와 저장한 파일명이 다를 경우 전송되지 않으므로 주의하시기 바랍니다.
- 답안 작성 중에도 **주기적으로 저장하고, '답안 전송'**하여야 문제 발생을 줄일 수 있습니다. 작업한 내용을 저장하지 않고 전송할 경우 이전에 저장된 내용이 전송되오니 이점 유의하시기 바랍니다.
- 답안문서는 지정된 경로 외의 다른 보조기억장치에 저장하는 경우, 지정된 시험 시간 외에 작성된 파일을 활용할 경우, 기타 통신수단(이메일, 메신저, 네트워크 등)을 이용하여 타인에게 전달 또는 외부 반출하는 경우는 부정 처리합니다.
- 시험 중 부주의 또는 고의로 시스템을 파손한 경우는 수험자가 변상해야 하며, 〈수험자 유의사항〉에 기재된 방법대로 이행하지 않아 생기는 불이익은 수험생 당사자의 책임임을 알려 드립니다.
- 문제의 조건은 한컴오피스 NEO(2016)버전으로 설정되어 있으니 유의하시기 바랍니다.
- 시험을 완료한 수험자는 답안파일이 전송되었는지 확인한 후 감독위원의 지시에 따라 문제지를 제출하고 퇴실합니다.

답안 작성요령

온라인 답안 작성 절차

수험자 등록 ⇒ 시험 시작 ⇒ 답안파일 저장 ⇒ 답안 전송 ⇒ 시험 종료

공통 부문

- 글꼴에 대한 기본설정은 함초롬바탕, 10포인트, 검정, 줄간격 160%, 양쪽정렬로 합니다.
- 색상은 조건의 색을 적용하고 색의 구분이 안 될 경우에는 RGB 값을 적용하십시오(빨강 255, 0, 0 / 파랑 0, 0, 255 / 노랑 255, 255, 0).
- 각 문항에 주어진 ≪조건≫에 따라 작성하고 언급하지 않은 조건은 ≪출력형태≫와 같이 작성합니다.
- 용지여백은 왼쪽·오른쪽 11mm, 위쪽·아래쪽·머리말·꼬리말 10mm, 제본 0mm로 합니다.
- 그림 삽입 문제의 경우 「내 PC₩문서₩ITQ₩Picture」 폴더에서 지정된 파일을 선택하여 삽입하십시오.
- 삽입한 그림은 반드시 문서에 포함하여 저장해야 합니다(미포함 시 감점 처리).
- 각 항목은 지정된 페이지에 출력형태와 같이 정확히 작성하시기 바라며, 그렇지 않을 경우에 해당 항목은 0점 처리됩니다.
    ※ 페이지구분 : 1 페이지 - 기능평가 I (문제번호 표시 : 1. 2.).
        2페이지 - 기능평가 II (문제번호 표시 : 3. 4.).
        3페이지 - 문서작성 능력평가

기능평가

- 문제와 ≪조건≫은 입력하지 않으며 문제번호와 답(≪출력형태≫)만 작성합니다.
- 4번 문제는 묶기를 했을 경우 0점 처리됩니다.

문서작성 능력평가

- A4 용지(210mm×297mm) 1매 크기, 세로 서식 문서로 작성합니다.
- ▢ 표시는 문서작성에 대한 지시사항이므로 작성하지 않습니다.

The Insight KPC
kpc 한국생산성본부

1. 다음의 ≪조건≫에 따라 스타일 기능을 적용하여 ≪출력형태≫와 같이 작성하시오.　　　　(50점)

　　≪조건≫　　(1) 스타일 이름 – gcf
　　　　　　　　(2) 문단 모양 – 첫 줄 들여쓰기 : 10pt, 문단 아래 간격 : 10pt
　　　　　　　　(3) 글자 모양 – 글꼴 : 한글(돋움)/영문(굴림), 크기 : 10pt, 장평 : 95%, 자간 : −5%

≪출력형태≫

　GCF was established to limit or reduce greenhouse gas emissions in developing countries, and to help vulnerable societies adapt to the unavoidable impacts of climate change.

　녹색기후기금은 개도국의 기후변화 대응 사업에 필요한 재원을 지원하기 위한 국제기구로 우리나라는 녹색기후기금을 인천 송도에 잘 정착하여 발전해 나갈 수 있도록 하기 위하여 적극적으로 지원하고 있다.

2. 다음의 ≪조건≫에 따라 ≪출력형태≫와 같이 표와 차트를 작성하시오.　　　　(100점)

　　≪표 조건≫　(1) 표 전체(표, 캡션) – 궁서, 10pt
　　　　　　　　(2) 정렬 – 문자 : 가운데 정렬, 숫자 : 오른쪽 정렬
　　　　　　　　(3) 셀 배경(면 색) : 노랑
　　　　　　　　(4) 한글의 계산 기능을 이용하여 빈칸에 합계를 구하고, 캡션 기능 사용할 것
　　　　　　　　(5) 선 모양은 ≪출력형태≫와 동일하게 처리할 것

≪출력형태≫　　　　　　　　　　　　　　　　　에너지 유형별 온실가스 배출량 목표치(단위 : 톤)

구분	2014년	2015년	2016년	2017년	2018년
전기	3,100	3,700	3,200	3,600	3,900
지역난방	2,500	2,300	2,000	2,000	2,500
운송	1,800	2,100	2,500	1,900	2,600
합계					

≪차트 조건≫(1) 차트 데이터는 표 내용에서 구분별 2014년, 2015년, 2016년, 2017년의 값만 이용할 것
　　　　　　　(2) 종류 –〈묶은 세로 막대형〉으로 작업할 것
　　　　　　　(3) 제목 – 굴림, 진하게, 12pt, 배경 – 선 모양(한 줄로), 그림자(2pt)
　　　　　　　(4) 제목 이외의 전체 글꼴 – 굴림, 보통, 10pt
　　　　　　　(5) 축제목과 범례는 ≪출력형태≫와 동일하게 처리할 것

≪출력형태≫

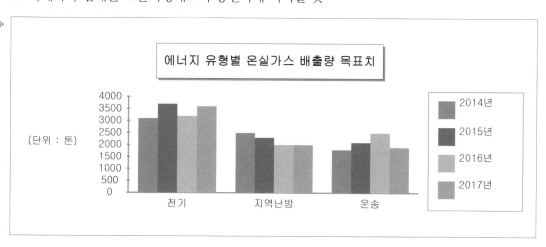

3. 다음 (1), (2)의 수식을 수식 편집기로 각각 입력하시오. (40점)

≪출력형태≫

(1) $\dfrac{k_x}{2h} \times (-2mk_x) = -\dfrac{m(k_x)^2}{h}$

(2) $a_n = n^2 \dfrac{h^2}{4\pi^2 Kme^2}$

4. 다음의 ≪조건≫에 따라 ≪출력형태≫와 같이 문서를 작성하시오. (110점)

≪조건≫ (1) 그리기 도구를 이용하여 작성하고, 모든 도형(글맵시, 지정된 그림)을 포함 ≪출력형태≫와 같이 작성하시오.

(2) 도형의 면 색은 지시사항이 없으면 색 없음을 제외하고 서로 다르게 임의로 지정하시오.

≪출력형태≫

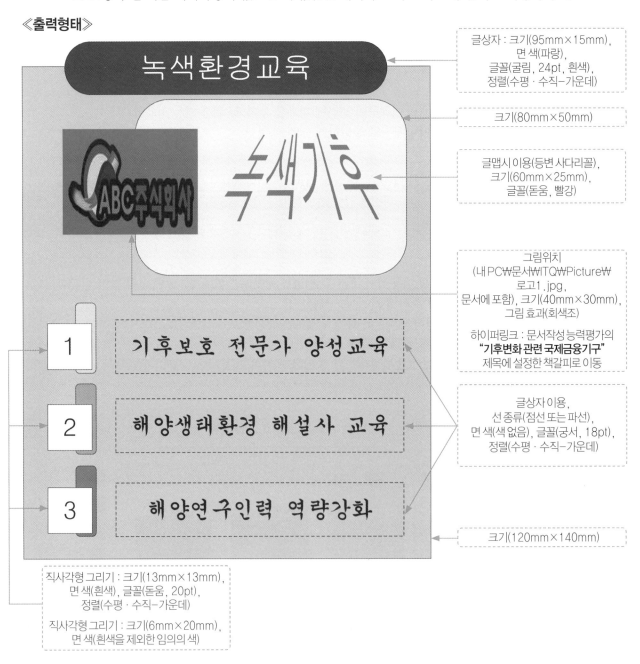

글상자 : 크기(95mm×15mm), 면 색(파랑), 글꼴(굴림, 24pt, 흰색), 정렬(수평 · 수직-가운데)

크기(80mm×50mm)

글맵시 이용(등변 사다리꼴), 크기(60mm×25mm), 글꼴(돋움, 빨강)

그림위치 (내 PC₩문서₩ITQ₩Picture₩ 로고1.jpg, 문서에 포함), 크기(40mm×30mm), 그림 효과(회색조)

하이퍼링크 : 문서작성능력평가의 **"기후변화 관련 국제금융기구"** 제목에 설정한 책갈피로 이동

글상자 이용, 선 종류(점선 또는 파선), 면 색(색 없음), 글꼴(궁서, 18pt), 정렬(수평 · 수직-가운데)

크기(120mm×140mm)

직사각형 그리기 : 크기(13mm×13mm), 면 색(흰색), 글꼴(돋움, 20pt), 정렬(수평 · 수직-가운데)

직사각형 그리기 : 크기(6mm×20mm), 면 색(흰색을 제외한 임의의 색)

글꼴 : 돋움, 18pt, 진하게, 가운데 정렬
책갈피 이름 : 녹색기후, 덧말 넣기

머리말 기능
굴림, 10pt, 오른쪽 정렬 → 녹색기후기금

문단 첫글자 장식 기능
글꼴 : 궁서, 면색 : 노랑

각주

GCF
기후변화 관련 국제금융기구

그림위치(내 PC\문서\ITQ\Picture\그림4.jpg, 문서에 포함)
자르기 기능 이용, 크기(40mm×40mm), 바깥 여백 왼쪽 : 2mm

녹색기후기금Ⓐ은 저탄소 배출과 기후 복원력 향상(向上)을 위한 투자 재원을 동원함으로써 기후변화에 대응하는 인류의 집학적인 행동을 확대하는 것을 궁극적인 목적으로 설정하였으며 동 목적 달성을 위한 투자 자원을 동원(動員)하는 것을 목표로 하고 있습니다. 기존의 지구환경기금이나 적응기금은 기후변화, 생물다양성, 사막화 방지 분야와 일부 특정 분야만 지원하는 한계성을 지니고 있었습니다. 이에 따라 2010년 12월 멕시코 칸쿤에서 열린 UN기후변화협약 제16차 당사국 총회에서 선진국은 개도국의 기후변화 대응을 지원하기 위한 녹색기후기금을 설립하기로 합의하고 2011년 12월 남아공 더반에서 기금 설계방안을 채택하게 됩니다.

2013년 공식출범한 녹색기후기금은 기후변화 장기재원 중 많은 부분의 예산 조달과 집행을 담당할 것이며, 장기재원은 공공재원 및 민간재원 등을 통해 2020년까지 매년 1,000억 달러 규모로 조성됩니다. 이로 인하여 매년 3,800억 원의 경제적 효과와 수백 명의 고용 창출 효과, 안보 및 국가의 브랜드 상승효과 등 많은 성과가 예상되며 향후 한국 기업 및 기관의 GCF 활용 기회 또한 증대될 것으로 예상됩니다.

■ **GCF 민간투자 컨퍼런스**

글꼴 : 돋움, 18pt, 흰색
음영색 : 파랑

1) 일시 및 장소

　가) 개최 일시 : 2019년 11월 11일(월) - 11월 13일(수)

　나) 개최 장소 : 인천 그랜드 하얏트 호텔

2) 주요 내용 및 언어

　가) 주요 내용 : 민간 부문의 기후변화대응사업 투자 촉진 방안 논의

　나) 공식 언어 : 영어(영한 동시통역)

문단 번호 기능 사용
1수준 : 20pt, 오른쪽 정렬,
2수준 : 30pt, 오른쪽 정렬,
줄 간격 : 180%

■ 위원회 및 자문그룹의 역할

글꼴 : 돋움, 18pt,
밑줄, 강조점

표 전체글꼴 : 굴림, 10pt, 가운데 정렬
셀 배경(그러데이션) : 유형(수평),
시작색(흰색), 끝색(노랑)

구분		역할
위원회	투자위원회	GCF 투자체계 구성 및 검토
	리스크관리위원회	기금 실행 관련 리스크 관리를 위한 관리체계 구성 및 리스크 요소 검증
	윤리감사위원회	기금 실행 관련 윤리 이슈 관리 및 내부 감사 문제 검토
패널 및 자문그룹	인증 패널	인증기구에 대한 2단계 인증 절차 수행
	민간부문 자문그룹	민간부문의 GCF 참여에 관해 자문 제공

글꼴 : 궁서, 24pt, 진하게
장평 95%, 오른쪽 정렬 → **녹색기후기금**

각주 구분선 : 5cm

Ⓐ GCF(Green Climate Fund) 사무국으로 인천 송도가 결정됨

쪽 번호 매기기
5로 시작 → ⑤

제10회 정보기술자격(ITQ) 시험

과 목	코 드	문제유형	시험시간	수험번호	성 명
아래한글	1111	C	60분		

수험자 유의사항

- 수험자는 문제지를 받는 즉시 문제지와 **수험표상의 시험과목(프로그램)이 동일한지 반드시 확인**하여야 합니다.

- 파일명은 본인의 "수험번호–성명"으로 입력하여 답안폴더(내 PC₩문서₩ITQ)에 하나의 파일로 저장해야 하며, 답안문서 파일명이 "수험번호–성명"과 일치하지 않거나, 답안파일을 전송하지 않아 미제출로 처리될 경우 실격 처리합니다 (예 : 12345678–홍길동.hwp).

- 답안 작성을 마치면 파일을 저장하고, '답안 전송' 버튼을 선택하여 감독위원 PC로 답안을 전송하십시오. 수험생 정보와 저장한 파일명이 다를 경우 전송되지 않으므로 주의하시기 바랍니다.

- 답안 작성 중에도 **주기적으로 저장하고, '답안 전송'**하여야 문제 발생을 줄일 수 있습니다. 작업한 내용을 저장하지 않고 전송할 경우 이전에 저장된 내용이 전송되오니 이점 유의하시기 바랍니다.

- 답안문서는 지정된 경로 외의 다른 보조기억장치에 저장하는 경우, 지정된 시험 시간 외에 작성된 파일을 활용할 경우, 기타 통신수단(이메일, 메신저, 네트워크 등)을 이용하여 타인에게 전달 또는 외부 반출하는 경우는 부정 처리합니다.

- 시험 중 부주의 또는 고의로 시스템을 파손한 경우는 수험자가 변상해야 하며, 〈수험자 유의사항〉에 기재된 방법대로 이행하지 않아 생기는 불이익은 수험생 당사자의 책임임을 알려 드립니다.

- 문제의 조건은 한컴오피스 NEO(2016)버전으로 설정되어 있으니 유의하시기 바랍니다.

- 시험을 완료한 수험자는 답안파일이 전송되었는지 확인한 후 감독위원의 지시에 따라 문제지를 제출하고 퇴실합니다.

답안 작성요령

온라인 답안 작성 절차

수험자 등록 ⇒ 시험 시작 ⇒ 답안파일 저장 ⇒ 답안 전송 ⇒ 시험 종료

공통 부문

- ○ 글꼴에 대한 기본설정은 함초롬바탕, 10포인트, 검정, 줄간격 160%, 양쪽정렬로 합니다.
- ○ 색상은 조건의 색을 적용하고 색의 구분이 안 될 경우에는 RGB 값을 적용하십시오(빨강 255, 0, 0 / 파랑 0, 0, 255 / 노랑 255, 255, 0).
- ○ 각 문항에 주어진 《조건》에 따라 작성하고 언급하지 않은 조건은 《출력형태》와 같이 작성합니다.
- ○ 용지여백은 왼쪽 · 오른쪽 11mm, 위쪽 · 아래쪽 · 머리말 · 꼬리말 10mm, 제본 0mm로 합니다.
- ○ 그림 삽입 문제의 경우 「내 PC₩문서₩ITQ₩Picture」 폴더에서 지정된 파일을 선택하여 삽입하십시오.
- ○ 삽입한 그림은 반드시 문서에 포함하여 저장해야 합니다(미포함 시 감점 처리).
- ○ 각 항목은 지정된 페이지에 출력형태와 같이 정확히 작성하시기 바라며, 그렇지 않을 경우에 해당 항목은 0점 처리됩니다.
    - ※ 페이지구분 : 1 페이지 – 기능평가 I (문제번호 표시 : 1. 2.).
              2페이지 – 기능평가 II (문제번호 표시 : 3. 4.).
              3페이지 – 문서작성 능력평가

기능평가

- ○ 문제와 《조건》은 입력하지 않으며 문제번호와 답(《출력형태》)만 작성합니다.
- ○ 4번 문제는 묶기를 했을 경우 0점 처리됩니다.

문서작성 능력평가

- ○ A4 용지(210mm×297mm) 1매 크기, 세로 서식 문서로 작성합니다.
- ○ ⬜ 표시는 문서작성에 대한 지시사항이므로 작성하지 않습니다.

1. 다음의 ≪조건≫에 따라 스타일 기능을 적용하여 ≪출력형태≫와 같이 작성하시오. (50점)

   ≪조건≫
   (1) 스타일 이름 – skiing
   (2) 문단 모양 – 왼쪽 여백 : 15pt, 문단 아래 간격 : 10pt
   (3) 글자 모양 – 글꼴 : 한글(돋움)/영문(궁서), 크기 : 10pt, 장평 : 95%, 자간 : 5%

   ≪출력형태≫

   New ski and binding designs, coupled with the introduction of ski lifts and snow cars to carry skiers up mountains, enabled the development of alpine skis.

   스키는 길고 평평한 활면에 신발을 붙인 도구를 신고 눈 위를 활주하는 스포츠로 스웨덴의 중부 호팅 지방에서 발견된 4,500년 전의 스키가 가장 오래된 것으로 알려져 있다.

2. 다음의 ≪조건≫에 따라 ≪출력형태≫와 같이 표와 차트를 작성하시오. (100점)

   ≪표 조건≫
   (1) 표 전체(표, 캡션) – 돋움, 10pt
   (2) 정렬 – 문자 : 가운데 정렬, 숫자 : 오른쪽 정렬
   (3) 셀 배경(면 색) : 노랑
   (4) 한글의 계산 기능을 이용하여 빈칸에 평균(소수점 두 자리)를 구하고, 캡션 기능 사용할 것
   (5) 선 모양은 ≪출력형태≫와 같이 동일하게 처리할 것

   ≪출력형태≫

   크로스컨트리 K-Point(단위 : 점)

구분	회장배	학생종별	전국체전	종별	평균
김그린	137.5	112.1	120.5	112.3	
박승현	135.4	131.8	154.4	114.7	
김민재	185.4	164.2	190.1	206.9	
박민아	162.7	157.2	153.4	168.4	╳

   ≪차트 조건≫
   (1) 차트 데이터는 표 내용에서 구분별 김그린, 박승현, 김민재의 값만 이용할 것
   (2) 종류 – 〈묶은 가로 막대형〉으로 작업할 것
   (3) 제목 – 굴림, 진하게, 12pt, 배경 – 선 모양(한 줄로), 그림자(2pt)
   (4) 제목 이외의 전체 글꼴 – 굴림, 보통, 10pt
   (5) 축제목과 범례는 ≪출력형태≫와 동일하게 처리할 것

   ≪출력형태≫

   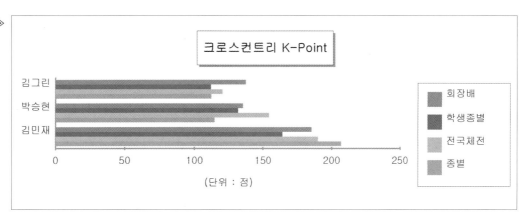

3. 다음 (1), (2)의 수식을 수식 편집기로 각각 입력하시오.　　　　　　　　　　　　　　(40점)

≪출력형태≫

(1) $\displaystyle\sum_{k=1}^{n} k^2 = \frac{1}{6}n(n+1)(2n+1)$　　　　(2) $F_n = \dfrac{a(r^n-1)}{r-1} = \dfrac{a(1+r^n)}{1-r}\,(r \neq 1)$

4. 다음의 ≪조건≫에 따라 ≪출력형태≫와 같이 문서를 작성하시오.　　　　　　　　(110점)

≪조건≫　　(1) 그리기 도구를 이용하여 작성하고, 모든 도형(글맵시, 지정된 그림)을 포함 ≪출력형태≫와 같이 작성하시오.

　　　　　　(2) 도형의 면 색은 지시사항이 없으면 색 없음을 제외하고 서로 다르게 임의로 지정하시오.

≪출력형태≫

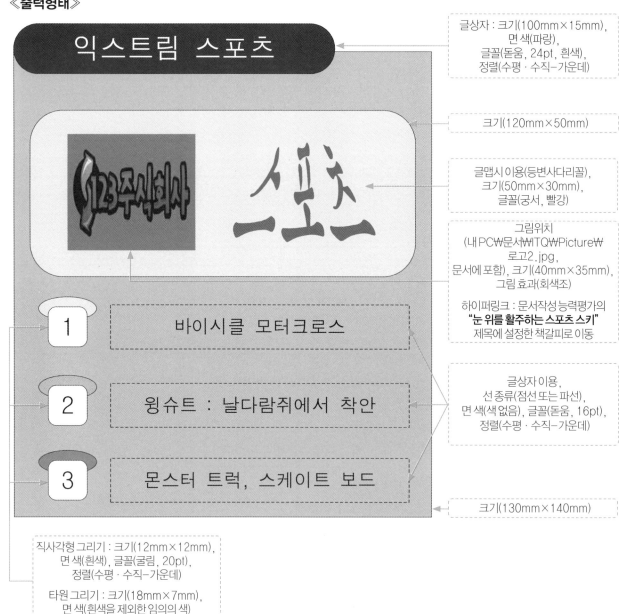

글꼴 : 궁서, 18pt, 진하게, 가운데 정렬
책갈피 이름 : 스포츠, 덧말 넣기

머리말 기능
굴림, 10pt, 오른쪽 정렬 → 겨울 레포츠

이동수단에서 스포츠로
눈 위를 활주하는 스포츠 스키

문단 첫글자장식 기능
글꼴 : 돋움, 면색 : 노랑

그림위치(내 PC₩문서₩ITQ₩Picture₩그림4.jpg, 문서에 포함)
자르기 기능 이용, 크기(40mm×40mm), 바깥여백 왼쪽 : 2mm

스 키는 오랜 옛날부터 이동수단으로서의 목적으로 이를 이용하여 사냥을 하고 전쟁을 수행하여 제2의 발이라고 칭해지며 자연스럽게 개발되었다. 스키의 유래는 기원전 3000년경으로 추측(推測)되며, 발생지는 러시아 동북부 알다이와 바이칼호 지방으로 알려져 있다. 우리나라 역시 정확한 기록은 없지만 2000-3000년 전부터 스키를 타 왔던 것으로 짐작(斟酌)된다. 함경도에서 발굴된 석기시대 유물에서 고대에 사용된 것으로 보이는 썰매가 나온 사례도 있다. 일제 강점기에는 제1회 조선스키대회가 열렸고, 1946년에는 조선스키협회가 창립되었다. 그리고 1948년 정부 수립과 함께 그 명칭이 대한스키협회로 바뀌어 오늘에 이르고 있다.

　스키는 완만한 구릉 지대인 북유럽에서는 거리 경기 위주의 노르딕 스키가 발달했고, 산세가 험한 알프스 지역에서는 경사면을 빠르게 활강하는 알파인 스키가 발달했다. 노르딕 스키에는 크로스컨트리와 스키 점프, 그리고 두 가지를 합한 노르딕 복합 종목이 있다. 알파인 스키에는 경사면을 활주해 내려오는 활강과 회전 종목이 있다. 최근에는 고난도 묘기를 선보이는 익스트림게임Ⓐ 형태의 프리스타일 스키가 큰 인기를 끌고 있다.

각주

※ 스키 플레이트

글꼴 : 돋움, 18pt, 흰색
음영색 : 파랑

① 스키 플레이트

　(ㄱ) 초심자는 스키가 짧을수록 안정성이 높다.

　(ㄴ) 상급자는 자신의 신장보다 20센티미터 정도 짧은 스키를 선택

② 플레이트 보관법

　(ㄱ) 스키를 맞물리지 않게 분리한다.

　(ㄴ) 두 개의 스키를 벽에 일직선으로 세워둔다.

문단 번호 기능 사용
1수준 : 20pt, 오른쪽 정렬,
2수준 : 30pt, 오른쪽 정렬,
줄 간격 : 180%

표 전체글꼴 : 돋움, 10pt, 가운데 정렬
셀 배경(그러데이션) : 유형(수평),
시작색(흰색), 끝색(노랑)

※ 스키 경기의 종류

글꼴 : 돋움, 18pt,
밑줄, 강조점

구분		내용
노르딕	크로스컨트리	스키 장비를 갖추고 장거리를 이동하는 경기
	스키 점프	2회의 점프를 실시하여 점프 거리에 점수와 자세를 합하여 가리는 경기
알파인	활강경기	출발선부터 골인 선까지 최대의 속도로 활주하는 속도 계통의 경기
	슈퍼대회전경기	활강경기의 속도 기술에 회전 기술을 복합하여 겨루는 경기
프리스타일	에어리얼	점프 경기장에서 곡예 점프, 착지 동작 등으로 승부를 가리는 경기

글꼴 : 돋움, 24pt, 진하게
장평 110%, 오른쪽 정렬

전국스키연합회

각주 구분선 : 5cm

Ⓐ 갖가지 고난도 묘기를 행하는 모험 레포츠로서 극한스포츠라고도 칭함

쪽 번호 매기기
5로 시작 → ⑤

제11회 정보기술자격(ITQ) 시험

과 목	코 드	문제유형	시험시간	수험번호	성 명
아래한글	1111	A	60분		

수험자 유의사항

- 수험자는 문제지를 받는 즉시 문제지와 **수험표상의 시험과목(프로그램)이 동일한지 반드시 확인**하여야 합니다.
- 파일명은 본인의 "수험번호–성명"으로 입력하여 답안폴더(내 PC\문서\ITQ)에 하나의 파일로 저장해야 하며, 답안문서 파일명이 "수험번호–성명"과 일치하지 않거나, 답안파일을 전송하지 않아 미제출로 처리될 경우 실격 처리합니다 (예 : 12345678–홍길동.hwp).
- 답안 작성을 마치면 파일을 저장하고, '답안 전송' 버튼을 선택하여 감독위원 PC로 답안을 전송하십시오. 수험생 정보와 저장한 파일명이 다를 경우 전송되지 않으므로 주의하시기 바랍니다.
- 답안 작성 중에도 **주기적으로 저장하고, '답안 전송'**하여야 문제 발생을 줄일 수 있습니다. 작업한 내용을 저장하지 않고 전송할 경우 이전에 저장된 내용이 전송되오니 이점 유의하시기 바랍니다.
- 답안문서는 지정된 경로 외의 다른 보조기억장치에 저장하는 경우, 지정된 시험 시간 외에 작성된 파일을 활용할 경우, 기타 통신수단(이메일, 메신저, 네트워크 등)을 이용하여 타인에게 전달 또는 외부 반출하는 경우는 부정 처리합니다.
- 시험 중 부주의 또는 고의로 시스템을 파손한 경우는 수험자가 변상해야 하며, 〈수험자 유의사항〉에 기재된 방법대로 이행하지 않아 생기는 불이익은 수험생 당사자의 책임임을 알려 드립니다.
- 문제의 조건은 한컴오피스 NEO(2016)버전으로 설정되어 있으니 유의하시기 바랍니다.
- 시험을 완료한 수험자는 답안파일이 전송되었는지 확인한 후 감독위원의 지시에 따라 문제지를 제출하고 퇴실합니다.

답안 작성요령

온라인 답안 작성 절차

수험자 등록 ⇒ 시험 시작 ⇒ 답안파일 저장 ⇒ 답안 전송 ⇒ 시험 종료

공통 부문

- 글꼴에 대한 기본설정은 함초롬바탕, 10포인트, 검정, 줄간격 160%, 양쪽정렬로 합니다.
- 색상은 조건의 색을 적용하고 색의 구분이 안 될 경우에는 RGB 값을 적용하십시오(빨강 255, 0, 0 / 파랑 0, 0, 255 / 노랑 255, 255, 0).
- 각 문항에 주어진 ≪조건≫에 따라 작성하고 언급하지 않은 조건은 ≪출력형태≫와 같이 작성합니다.
- 용지여백은 왼쪽 · 오른쪽 11mm, 위쪽 · 아래쪽 · 머리말 · 꼬리말 10mm, 제본 0mm로 합니다.
- 그림 삽입 문제의 경우 「내 PC\문서\ITQ\Picture」 폴더에서 지정된 파일을 선택하여 삽입하십시오.
- 삽입한 그림은 반드시 문서에 포함하여 저장해야 합니다(미포함 시 감점 처리).
- 각 항목은 지정된 페이지에 출력형태와 같이 정확히 작성하시기 바라며, 그렇지 않을 경우에 해당 항목은 0점 처리됩니다.
    - ※ 페이지구분 : 1 페이지 – 기능평가Ⅰ(문제번호 표시 : 1. 2.),
        - 2페이지 – 기능평가Ⅱ(문제번호 표시 : 3. 4.),
        - 3페이지 – 문서작성 능력평가

기능평가

- 문제와 ≪조건≫은 입력하지 않으며 문제번호와 답(≪출력형태≫)만 작성합니다.
- 4번 문제는 묶기를 했을 경우 0점 처리됩니다.

문서작성 능력평가

- A4 용지(210mm×297mm) 1매 크기, 세로 서식 문서로 작성합니다.
- ◯◯◯ 표시는 문서작성에 대한 지시사항이므로 작성하지 않습니다.

kpc The Insight KPC 한국생산성본부

1. 다음의 ≪조건≫에 따라 스타일 기능을 적용하여 ≪출력형태≫와 같이 작성하시오. (50점)

≪조건≫ (1) 스타일 이름 – evacuation
        (2) 문단 모양 – 왼쪽 여백 : 15pt, 문단 아래 간격 : 10pt
        (3) 글자 모양 – 글꼴 : 한글(돋움)/영문(궁서), 크기 : 10pt, 장평 : 95%, 자간 : 5%

≪출력형태≫

In the event of a fire, anyone becomes embarrassed and sometimes their judgment is less than usual, so they become choked by smoke, causing damage to their precious lives.

불특정 다수를 수용하거나 출입하는 사업장에서 가장 중요한 것은 화재 시 대피 유도인데 큰 소리로 외치는 대신 침착한 행동으로 대피를 유도해야 한다.

2. 다음의 ≪조건≫에 따라 ≪출력형태≫와 같이 표와 차트를 작성하시오. (100점)

≪표 조건≫ (1) 표 전체(표, 캡션) – 돋움, 10pt
          (2) 정렬 – 문자 : 가운데 정렬, 숫자 : 오른쪽 정렬
          (3) 셀 배경(면 색) : 노랑
          (4) 한글의 계산 기능을 이용하여 빈칸에 합계를 구하고, 캡션 기능 사용할 것
          (5) 선 모양은 ≪출력형태≫와 같이 동일하게 처리할 것

≪출력형태≫
                                                    주요시설 화재발생 현황(단위 : 건)

구분	2015년	2016년	2017년	2018년	합계
교육시설	312	328	355	340	
운송시설	117	116	80	116	
의료/복지시설	329	375	386	416	
주거시설	11,584	11,541	11,765	12,001	✕

≪차트 조건≫ (1) 차트 데이터는 표 내용에서 연도별 교육시설, 운송시설, 의료/복지시설의 값만 이용할 것
          (2) 종류 – 〈묶은 가로 막대형〉으로 작업할 것
          (3) 제목 – 굴림, 진하게, 12pt, 배경 – 선 모양(한 줄로), 그림자(2pt)
          (4) 제목 이외의 전체 글꼴 – 굴림, 보통, 10pt
          (5) 축제목과 범례는 ≪출력형태≫와 동일하게 처리할 것

≪출력형태≫

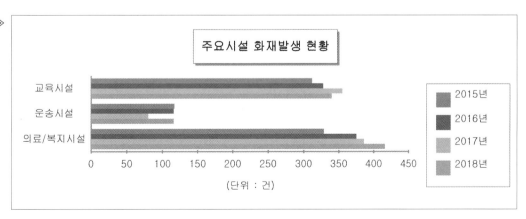

3. 다음 (1), (2)의 수식을 수식 편집기로 각각 입력하시오. (40점)

≪출력형태≫

(1) $\dfrac{PV}{T} = \dfrac{1 \times 22.4}{273} ≒ 0.082$

(2) $\displaystyle\int_0^3 \dfrac{\sqrt{6t^2 - 18t + 12}}{5}\,dt = 11$

4. 다음의 ≪조건≫에 따라 ≪출력형태≫와 같이 문서를 작성하시오. (110점)

≪조건≫ (1) 그리기 도구를 이용하여 작성하고, 모든 도형(글맵시, 지정된 그림)을 포함 ≪출력형태≫와 같이 작성하시오.

(2) 도형의 면 색은 지시사항이 없으면 색 없음을 제외하고 서로 다르게 임의로 지정하시오.

≪출력형태≫

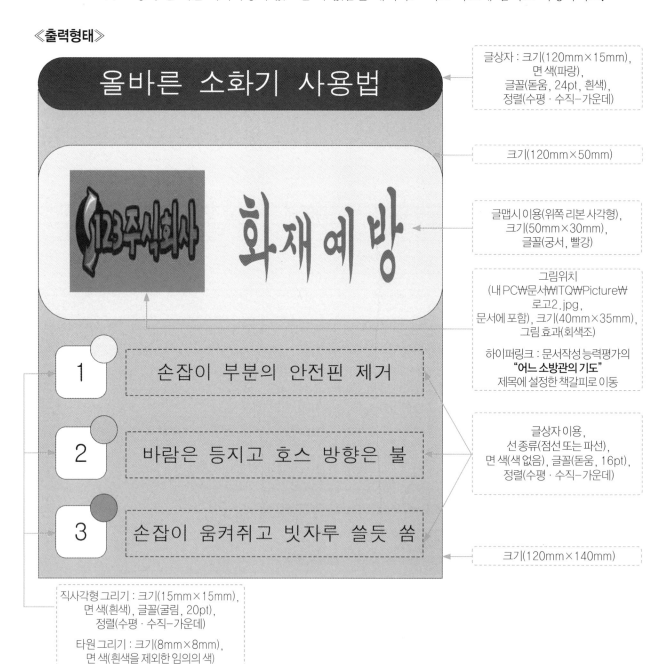

글상자 : 크기(120mm×15mm), 면 색(파랑), 글꼴(돋움, 24pt, 흰색), 정렬(수평·수직-가운데)

크기(120mm×50mm)

글맵시 이용(위쪽 리본 사각형), 크기(50mm×30mm), 글꼴(궁서, 빨강)

그림위치 (내 PC₩문서₩ITQ₩Picture₩ 로고2.jpg, 문서에 포함), 크기(40mm×35mm), 그림 효과(회색조)

하이퍼링크 : 문서작성능력평가의 **"어느 소방관의 기도"** 제목에 설정한 책갈피로 이동

글상자 이용, 선종류(점선 또는 파선), 면 색(색 없음), 글꼴(돋움, 16pt), 정렬(수평·수직-가운데)

크기(120mm×140mm)

직사각형 그리기 : 크기(15mm×15mm), 면 색(흰색), 글꼴(굴림, 20pt), 정렬(수평·수직-가운데)

타원 그리기 : 크기(8mm×8mm), 면 색(흰색을 제외한 임의의 색)

글꼴 : 궁서, 18pt, 진하게, 가운데 정렬
책갈피 이름 : 화재, 덧말 넣기

머리말 기능
굴림, 10pt, 오른쪽 정렬 → 소방안전 지킴이

뜨거운 사명
어느 소방관의 기도

문단 첫글자 장식 기능
글꼴 : 돋움, 면색 : 노랑

각주

그림위치(내 PC\문서\ITQ\Picture\그림4.jpg, 문서에 포함)
자르기 기능 이용, 크기(40mm×35mm), 바깥 여백 왼쪽 : 2mm

소 방관이 지은 기도문이 있다. 이 시⊙는 화재 진압 도중 어린아이를 구하지 못한 죄책감과 간절함으로 작성된 거라 한다. '제가 부름을 받을 때는 신이시여 아무리 강력한 화염 속에서도 한 생명을 구할 수 있는 힘을 저에게 주소서 너무 늦기 전에 어린아이를 감싸 안을 수 있게 하시고 공포에 떠는 노인을 구하게 하소서 저에게는 언제나 안전을 기할 수 있게 하시어 가냘픈 외침까지도 들을 수 있게 하시고 신속하고 효율적으로 화재를 진압하게 하소서 그리고 신의 뜻에 따라 저의 목숨을 잃게 되면 신의 은총으로 저와 아내와 가족을 돌보아 주소서 (후략)' 이 시는 전 세계 소방관들의 신조처럼 알려져 있다.

대한민국 소방관, 국민 대부분이 가장 신뢰(信賴)하지만 처우는 최하위 약자인 직업, 모두가 도망쳐 나올 때 위험으로 뛰어드는 사람들이다. 소방관이 다치거나 순직할 때 국가의 작은 영웅(英雄)이라고 조명하는 것은 잠시뿐, 사람들도 세상도 그들을 너무 빨리 잊는다. 하지만 소방관들은 숨도 제대로 못 쉬는 화염 속으로 언제 무너질지 모르는 건물 속으로 오늘도 생명을 구하러 뛰어 들어간다. 이처럼 우리 주변에서 공공을 위해 묵묵히 자신의 일에 종사하는 분들이 존중 받고 대접 받는 사회가 빨리 되길 간절히 바란다.

★ **전기, 가스 화재 예방요령**

글꼴 : 굴림, 18pt, 흰색
음영색 : 파랑

1) 전기 화재 예방요령

  ① 한 콘센트에 여러 개 플러그를 꽂는 문어발식 사용금지

  ② 사용한 전기 기구는 반드시 플러그를 뽑고 외출

2) 가스 화재 예방요령

  ① 사용 전 가스가 누출되지는 않았는지 냄새로 확인

  ② 사용 후 연소기 코크와 중간 밸브 잠금 확인

문단 번호 기능 사용
1수준 : 20pt, 오른쪽 정렬,
2수준 : 30pt, 오른쪽 정렬,
줄 간격 : 180%

표 전체 글꼴 : 돋움, 10pt, 가운데 정렬
셀 배경(그러데이션) : 유형(수평),
시작색(흰색), 끝색(노랑)

★ <u>긴급신고 관련기관 연락처</u>

글꼴 : 굴림, 18pt,
밑줄, 강조점

접수내용	관련기관	전화번호	접수내용	관련기관	전화번호
화재, 구조, 구급신고	119안전신고센터	119	사이버 테러	한국인터넷진흥원	118
범죄신고	경찰청	112	해양 긴급 신고	행정안전부	122
간첩신고	국가정보원	111	마약, 범죄종합신고	검찰청	1301
	경찰청	113	병영생활 고충상담	국방헬프콜	1303

글꼴 : 돋움, 24pt, 진하게,
장평 110%, 오른쪽 정렬 → **국가화재정보센터**

각주 구분선 : 5cm

⊙ 1958년 미국의 '스모키 린'이라는 소방관이 쓴 기도문

쪽 번호 매기기
4로 시작 → ④

제12회 정보기술자격(ITQ) 시험

과 목	코 드	문제유형	시험시간	수험번호	성 명
아래한글	1111	B	60분		

수험자 유의사항

- 수험자는 문제지를 받는 즉시 문제지와 **수험표상의 시험과목(프로그램)이 동일한지 반드시 확인**하여야 합니다.
- 파일명은 본인의 "수험번호–성명"으로 입력하여 답안폴더(내 PC\문서\ITQ)에 하나의 파일로 저장해야 하며, 답안문서 파일명이 "수험번호–성명"과 일치하지 않거나, 답안파일을 전송하지 않아 미제출로 처리될 경우 실격 처리합니다 (예 : 12345678–홍길동.hwp).
- 답안 작성을 마치면 파일을 저장하고, '답안 전송' 버튼을 선택하여 감독위원 PC로 답안을 전송하십시오. 수험생 정보와 저장한 파일명이 다를 경우 전송되지 않으므로 주의하시기 바랍니다.
- 답안 작성 중에도 **주기적으로 저장하고, '답안 전송'**하여야 문제 발생을 줄일 수 있습니다. 작업한 내용을 저장하지 않고 전송할 경우 이전에 저장된 내용이 전송되오니 이점 유의하시기 바랍니다.
- 답안문서는 지정된 경로 외의 다른 보조기억장치에 저장하는 경우, 지정된 시험 시간 외에 작성된 파일을 활용할 경우, 기타 통신수단(이메일, 메신저, 네트워크 등)을 이용하여 타인에게 전달 또는 외부 반출하는 경우는 부정 처리합니다.
- 시험 중 부주의 또는 고의로 시스템을 파손한 경우는 수험자가 변상해야 하며, 〈수험자 유의사항〉에 기재된 방법대로 이행하지 않아 생기는 불이익은 수험생 당사자의 책임임을 알려 드립니다.
- 문제의 조건은 한컴오피스 NEO(2016)버전으로 설정되어 있으니 유의하시기 바랍니다.
- 시험을 완료한 수험자는 답안파일이 전송되었는지 확인한 후 감독위원의 지시에 따라 문제지를 제출하고 퇴실합니다.

답안 작성요령

온라인 답안 작성 절차

수험자 등록 ⇒ 시험 시작 ⇒ 답안파일 저장 ⇒ 답안 전송 ⇒ 시험 종료

공통 부문

- ○ 글꼴에 대한 기본설정은 함초롬바탕, 10포인트, 검정, 줄간격 160%, 양쪽정렬로 합니다.
- ○ 색상은 조건의 색을 적용하고 색의 구분이 안 될 경우에는 RGB 값을 적용하십시오(빨강 255, 0, 0 / 파랑 0, 0, 255 / 노랑 255, 255, 0).
- ○ 각 문항에 주어진 ≪조건≫에 따라 작성하고 언급하지 않은 조건은 ≪출력형태≫와 같이 작성합니다.
- ○ 용지여백은 왼쪽 · 오른쪽 11mm, 위쪽 · 아래쪽 · 머리말 · 꼬리말 10mm, 제본 0mm로 합니다.
- ○ 그림 삽입 문제의 경우 「내 PC\문서\ITQ\Picture」 폴더에서 지정된 파일을 선택하여 삽입하십시오.
- ○ 삽입한 그림은 반드시 문서에 포함하여 저장해야 합니다(미포함 시 감점 처리).
- ○ 각 항목은 지정된 페이지에 출력형태와 같이 정확히 작성하시기 바라며, 그렇지 않을 경우에 해당 항목은 0점 처리됩니다.
  ※ 페이지구분 : 1 페이지 – 기능평가 I (문제번호 표시 : 1. 2).
  　　　　　　　 2페이지 – 기능평가 II (문제번호 표시 : 3. 4).
  　　　　　　　 3페이지 – 문서작성 능력평가

기능평가

- ○ 문제와 ≪조건≫은 입력하지 않으며 문제번호와 답(≪출력형태≫)만 작성합니다.
- ○ 4번 문제는 묶기를 했을 경우 0점 처리됩니다.

문서작성 능력평가

- ○ A4 용지(210mm×297mm) 1매 크기, 세로 서식 문서로 작성합니다.
- ○ 　　　표시는 문서작성에 대한 지시사항이므로 작성하지 않습니다.

1. 다음의 ≪조건≫에 따라 스타일 기능을 적용하여 ≪출력형태≫와 같이 작성하시오. (50점)

≪조건≫
(1) 스타일 이름 - wind
(2) 문단 모양 - 왼쪽 여백 : 15pt, 문단 아래 간격 : 10pt
(3) 글자 모양 - 글꼴 : 한글(돋움)/영문(궁서), 크기 : 10pt, 장평 : 95%, 자간 : 5%

≪출력형태≫

Korea Wind Energy Industry Association will always strive to foster the wind industry based on active cooperation of company members.

풍력발전이란 바람에너지를 이용하여 전기를 생산하는 발전방식으로 블레이드가 회전하면서 발생하는 기계에너지를 발전기를 통해 전기에너지로 변환하는 원리이다.

2. 다음의 ≪조건≫에 따라 ≪출력형태≫와 같이 표와 차트를 작성하시오. (100점)

≪표 조건≫
(1) 표 전체(표, 캡션) - 돋움, 10pt
(2) 정렬 - 문자 : 가운데 정렬, 숫자 : 오른쪽 정렬
(3) 셀 배경(면 색) : 노랑
(4) 한글의 계산 기능을 이용하여 빈칸에 평균(소수점 두 자리)을 구하고, 캡션 기능 사용할 것
(5) 선 모양은 ≪출력형태≫와 같이 동일하게 처리할 것

≪출력형태≫

연도별 신재생에너지 보급 현황(단위 : TOE)

구분	2013년	2014년	2015년	2016년	평균
수력	892.2	581.2	453.8	603.2	
풍력	242.4	241.8	283.5	355.3	
수소연료전지	122.4	199.4	230.2	241.6	
태양열	27.8	28.5	28.5	28.5	

≪차트 조건≫
(1) 차트 데이터는 표 내용에서 연도별 수력, 풍력, 수소연료전지의 값만 이용할 것
(2) 종류 - 〈묶은 가로 막대형〉으로 작업할 것
(3) 제목 - 굴림, 진하게, 12pt, 배경 - 선 모양(한 줄로), 그림자(2pt)
(4) 제목 이외의 전체 글꼴 - 굴림, 보통, 10pt
(5) 축제목과 범례는 ≪출력형태≫와 같이 동일하게 처리할 것

≪출력형태≫

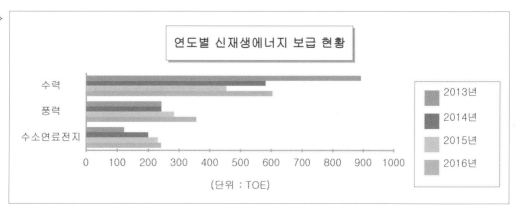

3. 다음 (1), (2)의 수식을 수식 편집기로 각각 입력하시오. (40점)

《출력형태》

(1) $G_n = n^2 \dfrac{h^2}{4\pi^2 K m e^2}$

(2) $\lim\limits_{n \to \infty} P_n = 1 - \dfrac{9^3}{10^3} = \dfrac{271}{1000}$

4. 다음의 《조건》에 따라 《출력형태》와 같이 문서를 작성하시오. (110점)

《조건》 (1) 그리기 도구를 이용하여 작성하고, 모든 도형(글맵시, 지정된 그림)을 포함 《출력형태》와 같이 작성하시오.

(2) 도형의 면 색은 지시사항이 없으면 색 없음을 제외하고 서로 다르게 임의로 지정하시오.

《출력형태》

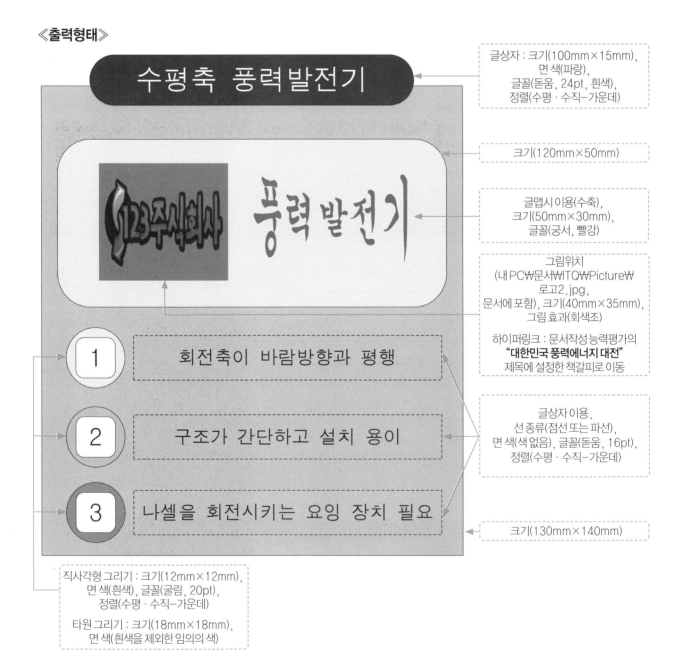

글상자 : 크기(100mm×15mm), 면 색(파랑), 글꼴(돋움, 24pt, 흰색), 정렬(수평·수직-가운데)

크기(120mm×50mm)

글맵시 이용(수축), 크기(50mm×30mm), 글꼴(궁서, 빨강)

그림위치 (내PC₩문서₩ITQ₩Picture₩ 로고2.jpg, 문서에 포함), 크기(40mm×35mm), 그림 효과(회색조)

하이퍼링크 : 문서작성능력평가의 "대한민국 풍력에너지 대전" 제목에 설정한 책갈피로 이동

글상자 이용, 선 종류(점선 또는 파선), 면 색(색 없음), 글꼴(돋움, 16pt), 정렬(수평·수직-가운데)

크기(130mm×140mm)

직사각형 그리기 : 크기(12mm×12mm), 면 색(흰색), 글꼴(굴림, 20pt), 정렬(수평·수직-가운데)

타원 그리기 : 크기(18mm×18mm), 면 색(흰색을 제외한 임의의 색)

글꼴 : 궁서, 18pt, 진하게, 가운데 정렬
책갈피 이름 : 풍력, 덧말넣기

머리말 기능
굴림, 10pt, 오른쪽 정렬 ▶ 풍력에너지

풍력에너지 전문 전시회
대한민국 풍력에너지 대전

문단 첫글자 장식 기능
글꼴 : 돋움, 면색 : 노랑

그림위치(내 PC\문서\ITQ\Picture\그림4.jpg, 문서에 포함)
자르기 기능 이용, 크기(40mm×40mm), 바깥여백 왼쪽 : 2mm

풍 력은 바람으로부터 얻는 에너지이다. 아주 오래전부터 사람들은 항해를 하거나 풍차를 돌리고 물을 퍼 올리는 데 풍력을 이용했으며 최근에는 전기에너지를 생산하는 데 풍력을 이용한다. 풍력발전이란 자연의 바람을 이용하여 풍차를 돌리고, 이것으로 발전기를 돌리는 발전 방식이다. 풍력을 이용해 효율적으로 전기에너지를 얻기 위해서는 초속 5미터 이상의 바람이 지속적으로 불어야 한다. 풍력에너지는 환경오염 물질이 발생하지 않는 깨끗한 에너지이기 때문에 세계 각국에서 그 활용에 큰 관심을 보이고 있다. 최근의 풍력발전기는 풍력에너지의 약 30%를 발전기로 돌려 에너지로 전환시킬 수 있으며 현재 우리나라에서도 강원도의 대관령과 제주도 부근에 풍력발전 설비가 가동되고 있다.

풍력에너지를 이용한 풍력발전 기술은 신재생에너지 분야(分野) 중에서도 경제성과 기술 성숙도 면에서 세계적으로 가장 빠른 성장 속도를 보이는 에너지 산업이다. 이번 전시회는 개막식을 시작으로 풍력 부품 그룹별 집약화 전시행사, 해외 바이어 초청 및 상담 Zone 운영, 풍력 전문가 초청 강연, 부대 행사 등 신재생에너지Ⓐ 문화에 대한 관심 제고와 저변 확대(擴大)를 위한 다양한 참여형 체험 행사로 추진되고 있다.

각주

♥ 행사 개요 ◀ 글꼴 : 굴림, 18pt, 흰색
음영색 : 파랑

 I. 기간 및 장소
  A. 기간 : 2019. 12. 18(수) - 2019. 12. 20(금)
  B. 장소 : 창원컨벤션센터 전시장
 II. 규모 및 주요 프로그램
  A. 규모 : 4개국 88개사 302부스(5,870제곱미터)
  B. 주요 프로그램 : 구매상담회, 학술대회, 지식경제부 정책세미나 등

문단 번호 기능 사용
1수준 : 20pt, 오른쪽 정렬,
2수준 : 30pt, 오른쪽 정렬,
줄간격 : 180%

표 전체글꼴 : 돋움, 10pt, 가운데 정렬
셀 배경(그러데이션) : 유형(수평),
시작색(흰색), 끝색(노랑)

♥ 해상풍력 구조물 기술개발 연구 ◀ 글꼴 : 굴림, 18pt,
밑줄, 강조점

기간	연구과제명	내용
2010-2014	대구경 대수심 해상	수심 30m이하 조건에 적합한 고효율 굴착식 모노파일 시스템 개발
	기초시스템 기술개발	토사지반이 두꺼운 대수심 조건에 적합한 석션버켓기초 시스템 개발
2012-2017	콘크리트 지지구조물 개발	항만과 연계된 콘크리트 해상풍력 지지구조물 개발 및 운영
2011-2020	심해용 부유식 풍력 발전	심해용 부유식 플랫폼 설계, 건조, 설치, 평가, 검증 핵심기술 개발
	플랫폼 기반 기술 개발	가혹한 해양환경 극복형 계류장치 및 소재, 방식 기술 개발

글꼴 : 돋움, 24pt, 진하게
장평110%, 오른쪽 정렬 ▶ # 한국풍력산업협회

각주 구분선 : 5cm

Ⓐ 기존의 화석연료나 재생 가능한 에너지를 변환시켜 이용하는 에너지

쪽 번호 매기기
2로 시작 ▶ ②

제13회 정보기술자격(ITQ) 시험

과 목	코 드	문제유형	시험시간	수험번호	성 명
아래한글	1111	C	60분		

수험자 유의사항

- 수험자는 문제지를 받는 즉시 문제지와 **수험표상의 시험과목(프로그램)이 동일한지 반드시 확인**하여야 합니다.
- 파일명은 본인의 "수험번호−성명"으로 입력하여 답안폴더(내 PC₩문서₩ITQ)에 하나의 파일로 저장해야 하며, 답안문서 파일명이 "수험번호−성명"과 일치하지 않거나, 답안파일을 전송하지 않아 미제출로 처리될 경우 실격 처리합니다 (예 : 12345678−홍길동.hwp).
- 답안 작성을 마치면 파일을 저장하고, '답안 전송' 버튼을 선택하여 감독위원 PC로 답안을 전송하십시오. 수험생 정보와 저장한 파일명이 다를 경우 전송되지 않으므로 주의하시기 바랍니다.
- 답안 작성 중에도 **주기적으로 저장하고, '답안 전송'**하여야 문제 발생을 줄일 수 있습니다. 작업한 내용을 저장하지 않고 전송할 경우 이전에 저장된 내용이 전송되오니 이점 유의하시기 바랍니다.
- 답안문서는 지정된 경로 외의 다른 보조기억장치에 저장하는 경우, 지정된 시험 시간 외에 작성된 파일을 활용할 경우, 기타 통신수단(이메일, 메신저, 네트워크 등)을 이용하여 타인에게 전달 또는 외부 반출하는 경우는 부정 처리합니다.
- 시험 중 부주의 또는 고의로 시스템을 파손한 경우는 수험자가 변상해야 하며, 〈수험자 유의사항〉에 기재된 방법대로 이행하지 않아 생기는 불이익은 수험생 당사자의 책임임을 알려 드립니다.
- 문제의 조건은 한컴오피스 NEO(2016)버전으로 설정되어 있으니 유의하시기 바랍니다.
- 시험을 완료한 수험자는 답안파일이 전송되었는지 확인한 후 감독위원의 지시에 따라 문제지를 제출하고 퇴실합니다.

답안 작성요령

온라인 답안 작성 절차

수험자 등록 ⇒ 시험 시작 ⇒ 답안파일 저장 ⇒ 답안 전송 ⇒ 시험 종료

공통 부문

- 글꼴에 대한 기본설정은 함초롬바탕, 10포인트, 검정, 줄간격 160%, 양쪽정렬로 합니다.
- 색상은 조건의 색을 적용하고 색의 구분이 안 될 경우에는 RGB 값을 적용하십시오(빨강 255, 0, 0 / 파랑 0, 0, 255 / 노랑 255, 255, 0).
- 각 문항에 주어진 《조건》에 따라 작성하고 언급하지 않은 조건은 《출력형태》와 같이 작성합니다.
- 용지여백은 왼쪽 · 오른쪽 11mm, 위쪽 · 아래쪽 · 머리말 · 꼬리말 10mm, 제본 0mm로 합니다.
- 그림 삽입 문제의 경우 「내 PC₩문서₩ITQ₩Picture」 폴더에서 지정된 파일을 선택하여 삽입하십시오.
- 삽입한 그림은 반드시 문서에 포함하여 저장해야 합니다(미포함 시 감점 처리).
- 각 항목은 지정된 페이지에 출력형태와 같이 정확히 작성하시기 바라며, 그렇지 않을 경우에 해당 항목은 0점 처리됩니다.
    - ※ 페이지구분 : 1 페이지 – 기능평가 I (문제번호 표시 : 1. 2.),
    - 2페이지 – 기능평가 II (문제번호 표시 : 3. 4.),
    - 3페이지 – 문서작성 능력평가

기능평가

- 문제와 《조건》은 입력하지 않으며 문제번호와 답(《출력형태》)만 작성합니다.
- 4번 문제는 묶기를 했을 경우 0점 처리됩니다.

문서작성 능력평가

- A4 용지(210mm×297mm) 1매 크기, 세로 서식 문서로 작성합니다.
- ▢ 표시는 문서작성에 대한 지시사항이므로 작성하지 않습니다.

1. 다음의 ≪조건≫에 따라 스타일 기능을 적용하여 ≪출력형태≫와 같이 작성하시오. (50점)

≪조건≫
(1) 스타일 이름 – welfare
(2) 문단 모양 – 왼쪽 여백 : 15pt, 문단 아래 간격 : 10pt
(3) 글자 모양 – 글꼴 : 한글(궁서)/영문(굴림), 크기 : 10pt, 장평 : 95%, 자간 : 5%

≪출력형태≫

Welfare is the provision of a minimal level of well-being and social support for all citizens, sometimes referred to as public aid.

사회서비스란 삶의 질 향상을 위해 사회적으로 제공되는 서비스로 공공행정 및 사회복지(보육, 장애인, 노인 보호), 보건의료, 교육, 문화(도서관, 박물관) 등을 포괄하는 개념이다.

2. 다음의 ≪조건≫에 따라 ≪출력형태≫와 같이 표와 차트를 작성하시오. (100점)

≪표 조건≫
(1) 표 전체(표, 캡션) – 돋움, 10pt
(2) 정렬 – 문자 : 가운데 정렬, 숫자 : 오른쪽 정렬
(3) 셀 배경(면 색) : 노랑
(4) 한글의 계산 기능을 이용하여 빈칸에 합계를 구하고, 캡션 기능 사용할 것
(5) 선 모양은 ≪출력형태≫와 동일하게 처리할 것

≪출력형태≫

사회서비스 전자바우처 사업 개요(단위 : 억 원, 명, 개소)

구분	노인돌봄	장애인활동지원	산모 및 신생아	발달재활서비스	합계
예산	686	851	736	749	3,022
이용자	495	840	824	683	2,842
일자리	334	831	415	769	2,349
제공기관	2,129	939	837	1,975	

≪차트 조건≫
(1) 차트 데이터는 표 내용에서 구분별 예산, 이용자, 일자리의 값만 이용할 것
(2) 종류 – 〈묶은 세로 막대형〉으로 작업할 것
(3) 제목 – 굴림, 진하게, 12pt, 배경 – 선 모양(한 줄로), 그림자(2pt)
(4) 제목 이외의 전체 글꼴 – 굴림, 보통, 10pt
(5) 축제목과 범례는 ≪출력형태≫와 동일하게 처리할 것

≪출력형태≫

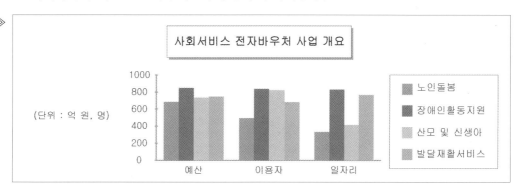

3. 다음 (1), (2)의 수식을 수식 편집기로 각각 입력하시오.　　　　　　　　　(40점)

≪출력형태≫

(1) $\int_a^b A(x-a)(x-b)dx = -\frac{A}{6}(b-a)^3$　　　(2) $d^2 = \frac{x}{2}\sqrt{\frac{V_2 - V_1}{V_2 + V_1}}$

4. 다음의 ≪조건≫에 따라 ≪출력형태≫와 같이 문서를 작성하시오.　　　　　(110점)

　≪조건≫(1) 그리기 도구를 이용하여 작성하고, 모든 도형(글맵시, 지정된 그림)을 포함 ≪출력형태≫와 같이
　　　　　　 작성하시오.
　　　　　(2) 도형의 면 색은 지시사항이 없으면 색 없음을 제외하고 서로 다르게 임의로 지정하시오.

≪출력형태≫

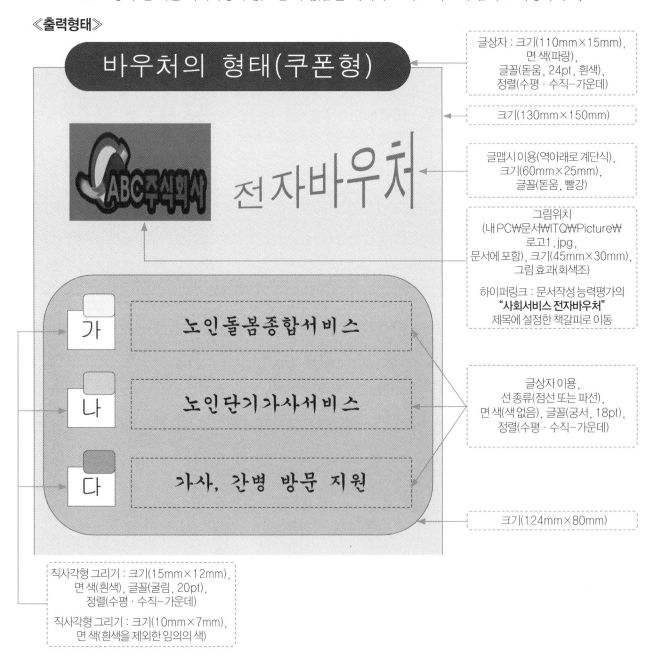

글상자 : 크기(110mm×15mm),
　　　　면 색(파랑),
　　　　글꼴(돋움, 24pt, 흰색),
　　　　정렬(수평 · 수직-가운데)

크기(130mm×150mm)

글맵시 이용(역아래로 계단식),
　　　　크기(60mm×25mm),
　　　　글꼴(돋움, 빨강)

그림위치
(내 PC₩문서₩ITQ₩Picture₩
로고1.jpg,
문서에 포함), 크기(45mm×30mm),
그림 효과(회색조)

하이퍼링크 : 문서작성능력평가의
"사회서비스 전자바우처"
제목에 설정한 책갈피로 이동

글상자 이용,
선 종류(점선 또는 파선),
면 색(색 없음), 글꼴(궁서, 18pt),
정렬(수평 · 수직-가운데)

크기(124mm×80mm)

직사각형 그리기 : 크기(15mm×12mm),
　　　　면 색(흰색), 글꼴(굴림, 20pt),
　　　　정렬(수평 · 수직-가운데)
직사각형 그리기 : 크기(10mm×7mm),
　　　　면 색(흰색을 제외한 임의의 색)

글꼴 : 돋움, 18pt, 진하게, 가운데 정렬
책갈피 이름 : 바우처, 덧말 넣기

머리말 기능
굴림, 10pt, 오른쪽 정렬 → 사회서비스

삶의 질 향상
사회서비스 전자바우처

문단 첫글자 장식 기능
글꼴 : 궁서, 면색 : 노랑

그림위치(내 PC\문서\ITQ\Picture\그림4.jpg, 문서에 포함)
자르기 기능 이용, 크기(40mm×35mm), 바깥 여백 왼쪽 : 2mm

사회서비스 전자바우처란 이용 가능한 서비스의 금액이나 수량이 기재된 증표 또는 이용권을 지칭하는 바우처에 대해 서비스 신청, 비용 지불(支拂) 및 정산 등의 전 과정을 전산시스템으로 처리하는 전달 수단을 말한다. 쿠폰형과 포인트형@으로 구분되는 사회서비스 전자바우처의 도입 배경은 다음과 같다.

각주

공급자 지원방식으로 이루어지던 기존의 사회복지서비스는 수요자의 선택권이 제한되어서 시장 창출에 한계(限界)가 있었다. 이에 직접지원방식인 바우처(서비스 이용권) 제도를 도입하였으며 이는 수요자 중심의 직접지원방식으로 공급기관의 허위, 부당 청구 등의 도덕적 해이를 최소화하는 데 그 목적이 있다. 즉 자금흐름의 투명성, 업무 효율성 확보, 정보 집적 관리를 위한 사회서비스 발전기반 마련을 위해 금융기관 시스템을 활용한 전자식 바우처를 도입한 것이다. 기존 제도(공급자 지원방식)와 전자식 바우처 제도의 차이점은 대상이 서민 또는 중산층까지 확대되었으며 서비스 비용이 전액 국가 지원에서 일부 본인부담으로, 공급 기관이 단일 기관 독점에서 다수 기관 경쟁으로, 획일적이고 정형화된 서비스 제공에서 공급자 간 경쟁을 통한 다양한 서비스 제공으로 바뀌었다는 것이다.

♣ 에너지 바우처사업

글꼴 : 굴림, 18pt, 흰색
음영색 : 빨강

가) 지원 대상

　a) 국민기초생활보장법상 생계급여 또는 의료급여 수급자

　b) 장애인복지법에 따라 등록한 장애인

나) 서비스 내용

　a) 가상카드를 사용하여 전기요금을 차감

　b) 전기, 도시가스, 연탄 등 난방 에너지원을 선택적 사용

문단 번호 기능 사용
1수준 : 20pt, 오른쪽 정렬,
2수준 : 30pt, 오른쪽 정렬,
줄 간격 : 180%

표 전체글꼴 : 돋움, 10pt, 가운데 정렬
셀 배경(그러데이션) : 유형(왼쪽 대각선),
시작색(흰색), 끝색(노랑)

♣ 사회서비스 전자바우처사업 선정기준

글꼴 : 굴림, 18pt,
밑줄, 강조점

구분		선정기준
노인돌봄	방문 주간 보호서비스	노인장기요양등급 외 A B 판정자 중 중위소득 160% 이하
	노인단기 가사서비스	중위소득 160% 이하 골절 또는 중증질환 수술자
장애인 활동지원	장애인 활동지원	인정점수 220점 이상 1-3등급 장애인
	시, 도 추가지원	시/도별 상이
임신출산 진료비지원		임신확인서로 임신이 확진된 건강보험 가입자

글꼴 : 궁서, 24pt, 진하게,
장평 95%, 오른쪽 정렬 → **사회보장정보원**

각주 구분선 : 5cm

@ 단가 산정이 곤란한 경우나 기본서비스 설정 자체가 곤란한 경우에 사용

쪽번호 매기기
2로 시작 → B

제14회 정보기술자격(ITQ) 시험

과 목	코 드	문제유형	시험시간	수험번호	성 명
아래한글	1111	A	60분		

수험자 유의사항

○ 수험자는 문제지를 받는 즉시 문제지와 **수험표상의 시험과목(프로그램)이 동일한지 반드시 확인**하여야 합니다.

○ 파일명은 본인의 "수험번호–성명"으로 입력하여 답안폴더(내 PC\문서\ITQ)에 하나의 파일로 저장해야 하며, 답안문서 파일명이 "수험번호–성명"과 일치하지 않거나, 답안파일을 전송하지 않아 미제출로 처리될 경우 실격 처리합니다 (예 : 12345678–홍길동.hwp).

○ 답안 작성을 마치면 파일을 저장하고, '답안 전송' 버튼을 선택하여 감독위원 PC로 답안을 전송하십시오. 수험생 정보와 저장한 파일명이 다를 경우 전송되지 않으므로 주의하시기 바랍니다.

○ 답안 작성 중에도 **주기적으로 저장하고, '답안 전송'**하여야 문제 발생을 줄일 수 있습니다. 작업한 내용을 저장하지 않고 전송할 경우 이전에 저장된 내용이 전송되오니 이점 유의하시기 바랍니다.

○ 답안문서는 지정된 경로 외의 다른 보조기억장치에 저장하는 경우, 지정된 시험 시간 외에 작성된 파일을 활용할 경우, 기타 통신수단(이메일, 메신저, 네트워크 등)을 이용하여 타인에게 전달 또는 외부 반출하는 경우는 부정 처리합니다.

○ 시험 중 부주의 또는 고의로 시스템을 파손한 경우는 수험자가 변상해야 하며, 〈수험자 유의사항〉에 기재된 방법대로 이행하지 않아 생기는 불이익은 수험생 당사자의 책임임을 알려 드립니다.

○ 문제의 조건은 한컴오피스 NEO(2016)버전으로 설정되어 있으니 유의하시기 바랍니다.

○ 시험을 완료한 수험자는 답안파일이 전송되었는지 확인한 후 감독위원의 지시에 따라 문제지를 제출하고 퇴실합니다.

답안 작성요령

○ 온라인 답안 작성 절차

수험자 등록 ⇒ 시험 시작 ⇒ 답안파일 저장 ⇒ 답안 전송 ⇒ 시험 종료

○ 공통 부문

○ 글꼴에 대한 기본설정은 함초롬바탕, 10포인트, 검정, 줄간격 160%, 양쪽정렬로 합니다.
○ 색상은 조건의 색을 적용하고 색의 구분이 안 될 경우에는 RGB 값을 적용하십시오(빨강 255, 0, 0 / 파랑 0, 0, 255 / 노랑 255, 255, 0).
○ 각 문항에 주어진 《조건》에 따라 작성하고 언급하지 않은 조건은 《출력형태》와 같이 작성합니다.
○ 용지여백은 왼쪽·오른쪽 11mm, 위쪽·아래쪽·머리말·꼬리말 10mm, 제본 0mm로 합니다.
○ 그림 삽입 문제의 경우 「내 PC\문서\ITQ\Picture」 폴더에서 지정된 파일을 선택하여 삽입하십시오.
○ 삽입한 그림은 반드시 문서에 포함하여 저장해야 합니다(미포함 시 감점 처리).
○ 각 항목은 지정된 페이지에 출력형태와 같이 정확히 작성하시기 바라며, 그렇지 않을 경우에 해당 항목은 0점 처리됩니다.
  ※ 페이지구분 : 1 페이지 – 기능평가 I (문제번호 표시 : 1. 2.).
    2페이지 – 기능평가 II (문제번호 표시 : 3. 4.).
    3페이지 – 문서작성 능력평가

○ 기능평가

○ 문제와 《조건》은 입력하지 않으며 문제번호와 답(《출력형태》)만 작성합니다.
○ 4번 문제는 묶기를 했을 경우 0점 처리됩니다.

○ 문서작성 능력평가

○ A4 용지(210mm×297mm) 1매 크기, 세로 서식 문서로 작성합니다.
○ ⬜ 표시는 문서작성에 대한 지시사항이므로 작성하지 않습니다.

The Insight KPC
kpc 한국생산성본부

1. 다음의 ≪조건≫에 따라 스타일 기능을 적용하여 ≪출력형태≫와 같이 작성하시오. (50점)

≪조건≫
    (1) 스타일 이름 – education
    (2) 문단 모양 – 왼쪽 여백 : 15pt, 문단 아래 간격 : 10pt
    (3) 글자 모양 – 글꼴 : 한글(궁서)/영문(굴림), 크기 : 10pt, 장평 : 95%, 자간 : 5%

≪출력형태≫

Edutech Korea awaits with all the latest developments and trends in the education and vocation sectors. Discover what's new of East Asian Education at Seoul, Korea.

에듀테크 코리아에서는 교육 및 직업 분야의 최신 발전상과 동향을 한자리에서 볼 수 있다. 동아시아 교육의 새로운 장을 대한민국 서울에서 만날 수 있다.

2. 다음의 ≪조건≫에 따라 ≪출력형태≫와 같이 표와 차트를 작성하시오. (100점)

≪표 조건≫
    (1) 표 전체(표, 캡션) – 돋움, 10pt
    (2) 정렬 – 문자 : 가운데 정렬, 숫자 : 오른쪽 정렬
    (3) 셀 배경(면 색) : 노랑
    (4) 한글의 계산 기능을 이용하여 빈칸에 평균(소수점 두 자리)을 구하고, 캡션 기능 사용할 것
    (5) 선 모양은 ≪출력형태≫와 같이 동일하게 처리할 것

≪출력형태≫

연도별 대한민국 교육박람회 참관객(단위 : 명)

구분	2016년	2017년	2018년	2019년	평균
10대	5,728	6,394	8,469	9,807	
20대	7,396	8,043	11,478	12,264	
30대	9,854	10,675	12,265	13,498	
40대 이상	5,293	7,942	8,274	9,684	

≪차트 조건≫
    (1) 차트 데이터는 표 내용에서 연도별 10대, 20대, 30대의 값만 이용할 것
    (2) 종류 – 〈묶은 세로 막대형〉으로 작업할 것
    (3) 제목 – 굴림, 진하게, 12pt, 배경 – 선 모양(한 줄로), 그림자(2pt)
    (4) 제목 이외의 전체 글꼴 – 굴림, 보통, 10pt
    (5) 축제목과 범례는 ≪출력형태≫와 같이 동일하게 처리할 것

≪출력형태≫

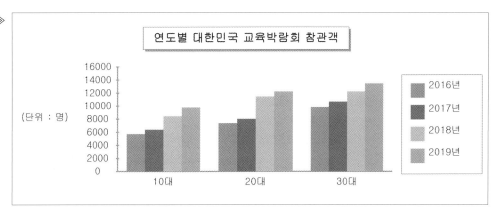

3. 다음 (1), (2)의 수식을 수식 편집기로 각각 입력하시오.   (40점)

≪출력형태≫

(1) $\int_0^1 (\sin x + \frac{x}{2}) dx = \int_0^1 \frac{1 + \sin x}{2} dx$ (2) $\lambda = \frac{h}{mh} = \frac{h}{\sqrt{2meV}}$

4. 다음의 ≪조건≫에 따라 ≪출력형태≫와 같이 문서를 작성하시오.   (110점)

≪조건≫   (1) 그리기 도구를 이용하여 작성하고, 모든 도형(글맵시, 지정된 그림)을 포함 ≪출력형태≫와 같이 작성하시오.
　　　　　(2) 도형의 면 색은 지시사항이 없으면 색 없음을 제외하고 서로 다르게 임의로 지정하시오.

≪출력형태≫

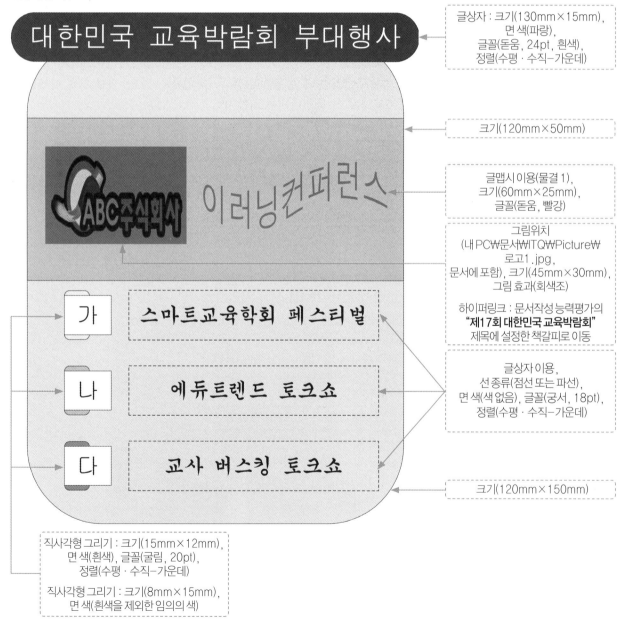

글꼴 : 돋움, 18pt, 진하게, 가운데 정렬
책갈피이름 : 박람회, 덧말넣기

머리말 기능 → 에듀테크
굴림, 10pt, 오른쪽 정렬

에듀테크 코리아 2020
제17회 대한민국 교육박람회

문단 첫글자장식 기능
글꼴 : 궁서, 면색 : 노랑

그림위치(내PC₩문서₩ITQ₩Picture₩그림4.jpg, 문서에 포함)
자르기기능 이용, 크기(40mm×35mm), 바깥 여백 왼쪽 : 2mm

에듀테크로 급변하는 미래교육의 패러다임을 제시하고 전 세계 교육리더들이 한자리에 모이는 '제17회 대한민국 교육박람회'가 2020년 1월 16일부터 3일간 서울 코엑스 1층 전시관에서 개최된다. 에듀테크란 교육과 기술이란 단어를 결합한 단어로 교육 분야에 정보통신기술을 융합(融合)한 새로운 교육 흐름을 뜻한다. 인공지능, 빅데이터, 가상현실 등과 결합한 에듀테크는 가상현실을 통한 체험학습, 온라인 공개수업, 로봇 및 소프트웨어 코딩체험, 전자칠판 및 전자교과서를 통한 멀티미디어 활용 학습 등 우리의 교육환경의 새로운 변화를 이끌고 있다.

대한민국 교육박람회에서는 '교육이 미래다(The Future is Education)'라는 주제로 교육과 기술의 융합을 통한 에듀테크 및 교육콘텐츠, 최신 교육환경 및 시설과 어학, 조기교육 등 교육 전반에 대한 분야별 우수 기업과 제품들을 한자리에서 만나볼 수 있다. 캐나다, 미국, 일본 등 글로벌 연사(演士)들이 미래교육에 대한 준비와 방향에 대해 논의하는 국제 컨퍼런스 EDUCON 2020, 인공지능ⓐ을 활용한 영어교사 연수회, 로봇교육 및 가상현실 교육 체험관 등 미래교육을 체험할 수 있는 다채로운 프로그램이 마련되어 있다.

각주

♠ 대한민국 교육박람회 행사 개요

글꼴 : 굴림, 18pt, 흰색
음영색 : 빨강

Ⓐ 기간 및 장소

① 기간 : 2020. 1. 16(목) - 18(토)

② 장소 : 코엑스 A, B, C홀

Ⓑ 주최 및 후원

① 주최 : (사)한국교육, 녹색환경연구원, 엑스포럼

② 후원 : 교육부, 서울특별시교육청 외 16개 시도교육청 외 다수

문단 번호 기능 사용
1수준 : 20pt, 오른쪽 정렬,
2수준 : 30pt, 오른쪽 정렬,
줄 간격 : 180%

♠ 일자별 주요 운영 프로그램

글꼴 : 굴림, 18pt, 밑줄, 강조점

표 전체 글꼴 : 돋움, 10pt, 가운데 정렬
셀 배경(그러데이션) : 유형(왼쪽 대각선),
시작색(흰색), 끝색(노랑)

구분	프로그램	시간	장소	운영기관
1일차	2020 국제교육 컨퍼런스	10:00 - 18:00	A홀	사무국
	SW교육토크 콘서트	14:00 - 17:00	B홀	이티에듀
2일차	2020 학술심포지움	10:00 - 17:00	C홀	교육부
	서울 미래교육포럼	13:00 - 17:00	A홀 세미나홀	서울특별시교육청
3일차	안전급식 세미나	10:30 - 17:30		한국농수산식품유통공사
	베스트셀러 저자의 교육특강	10:00 - 16:10	B홀 세미나홀	한국교육리더십센터

글꼴 : 궁서, 24pt, 진하게,
장평 95%, 오른쪽 정렬

대한민국교육박람회사무국

각주 구분선 : 5cm

ⓐ 인간의 지능이 가지는 학습, 추리, 적응, 논증 따위의 기능을 갖춘 컴퓨터 시스템

쪽 번호 매기기
5로 시작 → E

제15회 정보기술자격(ITQ) 시험

과 목	코 드	문제유형	시험시간	수험번호	성 명
아래한글	1111	B	60분		

수험자 유의사항

◎ 수험자는 문제지를 받는 즉시 문제지와 **수험표상의 시험과목(프로그램)이 동일한지 반드시 확인**하여야 합니다.

◎ 파일명은 본인의 "수험번호-성명"으로 입력하여 답안폴더(내 PC₩문서₩ITQ)에 하나의 파일로 저장해야 하며, 답안문서 파일명이 "수험번호-성명"과 일치하지 않거나, 답안파일을 전송하지 않아 미제출로 처리될 경우 실격 처리합니다 (예 : 12345678-홍길동.hwp).

◎ 답안 작성을 마치면 파일을 저장하고, '답안 전송' 버튼을 선택하여 감독위원 PC로 답안을 전송하십시오. 수험생 정보와 저장한 파일명이 다를 경우 전송되지 않으므로 주의하시기 바랍니다.

◎ 답안 작성 중에도 **주기적으로 저장하고, '답안 전송'**하여야 문제 발생을 줄일 수 있습니다. 작업한 내용을 저장하지 않고 전송할 경우 이전에 저장된 내용이 전송되오니 이점 유의하시기 바랍니다.

◎ 답안문서는 지정된 경로 외의 다른 보조기억장치에 저장하는 경우, 지정된 시험 시간 외에 작성된 파일을 활용할 경우, 기타 통신수단(이메일, 메신저, 네트워크 등)을 이용하여 타인에게 전달 또는 외부 반출하는 경우는 부정 처리합니다.

◎ 시험 중 부주의 또는 고의로 시스템을 파손한 경우는 수험자가 변상해야 하며, 〈수험자 유의사항〉에 기재된 방법대로 이행하지 않아 생기는 불이익은 수험생 당사자의 책임임을 알려 드립니다.

◎ 문제의 조건은 한컴오피스 NEO(2016)버전으로 설정되어 있으니 유의하시기 바랍니다.

◎ 시험을 완료한 수험자는 답안파일이 전송되었는지 확인한 후 감독위원의 지시에 따라 문제지를 제출하고 퇴실합니다.

답안 작성요령

◎ **온라인 답안 작성 절차**

　　수험자 등록 ⇒ 시험 시작 ⇒ 답안파일 저장 ⇒ 답안 전송 ⇒ 시험 종료

◎ **공통 부문**

　　○ 글꼴에 대한 기본설정은 함초롬바탕, 10포인트, 검정, 줄간격 160%, 양쪽정렬로 합니다.
　　○ 색상은 조건의 색을 적용하고 색의 구분이 안 될 경우에는 RGB 값을 적용하십시오(빨강 255, 0, 0 / 파랑 0, 0, 255 / 노랑 255, 255, 0).
　　○ 각 문항에 주어진 ≪조건≫에 따라 작성하고 언급하지 않은 조건은 ≪출력형태≫와 같이 작성합니다.
　　○ 용지여백은 왼쪽 · 오른쪽 11mm, 위쪽 · 아래쪽 · 머리말 · 꼬리말 10mm, 제본 0mm로 합니다.
　　○ 그림 삽입 문제의 경우 「내 PC₩문서₩ITQ₩Picture」 폴더에서 지정된 파일을 선택하여 삽입하십시오.
　　○ 삽입한 그림은 반드시 문서에 포함하여 저장해야 합니다(미포함 시 감점 처리).
　　○ 각 항목은 지정된 페이지에 출력형태와 같이 정확히 작성하시기 바라며, 그렇지 않을 경우에 해당 항목은 0점 처리됩니다.
　　　　※ 페이지구분 : 1 페이지 - 기능평가 I (문제번호 표시 : 1, 2),
　　　　　　　　　　　2페이지 - 기능평가 II (문제번호 표시 : 3, 4),
　　　　　　　　　　　3페이지 - 문서작성 능력평가

◎ **기능평가**

　　○ 문제와 ≪조건≫은 입력하지 않으며 문제번호와 답(≪출력형태≫)만 작성합니다.
　　○ 4번 문제는 묶기를 했을 경우 0점 처리됩니다.

◎ **문서작성 능력평가**

　　○ A4 용지(210mm×297mm) 1매 크기, 세로 서식 문서로 작성합니다.
　　○ ⬭⬭⬭표시는 문서작성에 대한 지시사항이므로 작성하지 않습니다.

The Insight KPC
kpc 한국생산성본부

1. 다음의 ≪조건≫에 따라 스타일 기능을 적용하여 ≪출력형태≫와 같이 작성하시오. (50점)

≪조건≫
(1) 스타일 이름 – tech
(2) 문단 모양 – 왼쪽 여백 : 15pt, 문단 아래 간격 : 10pt
(3) 글자 모양 – 글꼴 : 한글(궁서)/영문(굴림), 크기 : 10pt, 장평 : 95%, 자간 : 5%

≪출력형태≫

Electric Power Tech Korea 2020, the nation's largest electric power industry exhibition will present a paradigm for the renewable energy industry.

수출 연계형 에너지인력 교류사업을 통한 해외 전력, 스마트 그리드, 신재생 에너지 분야 전시회에 15개 개발도 상국 50여 명의 바이어가 전시회에 참관한다.

2. 다음의 ≪조건≫에 따라 ≪출력형태≫와 같이 표와 차트를 작성하시오. (100점)

≪표 조건≫
(1) 표 전체(표, 캡션) – 돋움, 10pt
(2) 정렬 – 문자 : 가운데 정렬, 숫자 : 오른쪽 정렬
(3) 셀 배경(면 색) : 노랑
(4) 한글의 계산 기능을 이용하여 빈칸에 합계를 구하고, 캡션 기능 사용할 것
(5) 선 모양은 ≪출력형태≫와 동일하게 처리할 것

≪출력형태≫

주요 국가의 계약액 현황(단위 : USD천)

구분	이스라엘	스페인	아르헨티나	싱가포르	합계
2018년	2,020	7,560	13,680	534	
2017년	1,325	11,500	10,200	425	
2016년	980	7,750	8,470	265	
2015년	895	5,430	6,900	109	

≪차트 조건≫
(1) 차트 데이터는 표 내용에서 국가별 2018년, 2017년, 2016년의 값만 이용할 것
(2) 종류 – 〈묶은 세로 막대형〉으로 작업할 것
(3) 제목 – 굴림, 진하게, 12pt, 배경 – 선 모양(한 줄로), 그림자(2pt)
(4) 제목 이외의 전체 글꼴 – 굴림, 보통, 10pt
(5) 축제목과 범례는 ≪출력형태≫와 동일하게 처리할 것

≪출력형태≫

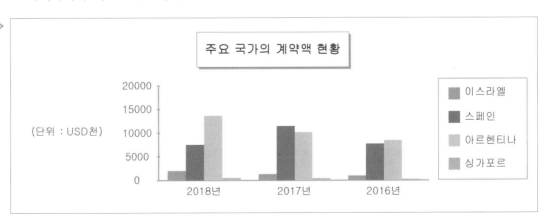

3. 다음 (1), (2)의 수식을 수식 편집기로 각각 입력하시오. (40점)

≪출력형태≫

(1) $\int_0^3 \frac{\sqrt{6t^2 - 18t + 12}}{5} dt = 11$

(2) $\vec{F} = \frac{m\vec{b_2} - m\vec{b_1}}{\triangle t}$

4. 다음의 ≪조건≫에 따라 ≪출력형태≫와 같이 문서를 작성하시오. (110점)

≪조건≫ (1) 그리기 도구를 이용하여 작성하고, 모든 도형(글맵시, 지정된 그림)을 포함 ≪출력형태≫와 같이 작성하시오.

(2) 도형의 면 색은 지시사항이 없으면 색 없음을 제외하고 서로 다르게 임의로 지정하시오.

≪출력형태≫

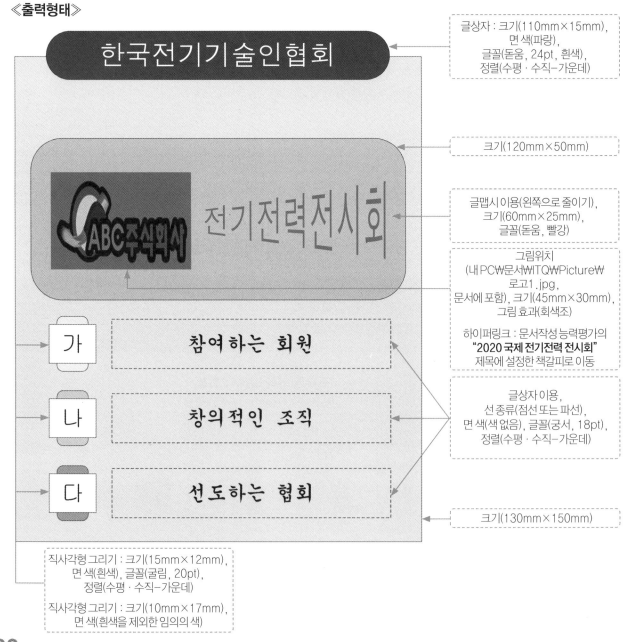

글꼴 : 돋움, 18pt, 진하게, 가운데 정렬
책갈피 이름 : 전기, 덧말 넣기

머리말 기능
굴림, 10pt, 오른쪽 정렬 → 전기전력

친환경적인 에너지
2020 국제 전기전력 전시회

문단 첫글자 장식 기능
글꼴 : 궁서, 면색 : 노랑

그림위치(내PC₩문서₩ITQ₩Picture₩그림4.jpg, 문서에 포함)
자르기 기능 이용, 크기(40mm×35mm), 바깥여백 왼쪽 : 2mm

세계적으로 에너지 수요(需要)가 지속적으로 증가하며 신재생에너지와 수소에너지 투자의 보급이 확대되고 있다. 우리도 4차 산업혁명이 가속화됨에 따라 에너지 신산업 기술개발의 육성 경쟁력을 확보(確保)하고 기후변화에 대비한 친환경적인 에너지 전환 정책이 필요한 시점이다. 국내 최대 규모의 전기전력 산업 전시회인 "2020 국제 전기전력 전시회⑦"는 5월 27일(수)부터 5월 29일(금)까지 3일간 서울 코엑스에서 진행된다. 본 전시회는 전기전력 설비관, 발전 플랜트 산업관, 스마트 그리드 산업관, LED 조명 산업관으로 구분하여 운영된다. 전기전력 설비관은 송전/변전 설비, 수전반과 배전반, 분전반, 감시제어반 및 관련 기자재, 전력변환 및 제어장치, DC전원, 무정전전원장치, 자가용 발전기, 연료전지, 방송, 통신, 정보설비 및 관련 소프트웨어 중심이고 발전 플랜트 산업관은 화력, 수력, 원자력, 태양광, 풍력, 조력, 전력제어의 기자재 및 관련 소프트웨어 중심이다. 스마트 그리드 산업관은 스마트 그리드 홈, 운송, 전력서비스 중심의 부스로 채워진다.

본 전시회는 정부, 협회, 전기업계 공동으로 전력 플랜트 및 기자재 수출 진흥 모델을 구축한 전시회로서 한국전기기술인협회가 주최하여 에너지 신산업의 패러다임을 제시하며 비즈니스에 실질적인 도움이 되도록 개최될 예정이다.

각주

♥ 전시회 개요

글꼴 : 굴림, 18pt, 흰색
음영색 : 빨강

가) 기간 및 장소

  a) 기간 : 2020. 5. 27(수) - 29(금)

  b) 장소 : 코엑스 A홀

나) 주최 및 후원

  a) 주최 : 한국전기기술인협회

  b) 후원 : 한국전기연구원, 한국에너지공단, 한국전력공사 외 다수

문단 번호 기능 사용
1수준 : 20pt, 오른쪽 정렬,
2수준 : 30pt, 오른쪽 정렬,
줄 간격 : 180%

표 전체 글꼴 : 돋움, 10pt, 가운데 정렬
셀 배경(그러데이션) : 유형(왼쪽 대각선),
시작색(흰색), 끝색(노랑)

♥ 전시회 홍보 계획

글꼴 : 굴림, 18pt, 밑줄, 강조점

구분	주요 내용	비고
국내 홍보	광고매체 및 전문지 광고	전문잡지 활용
	엘리베이터 홍보 및 옥외 광고물	수도권 아파트형 공장
	기사보도 및 업체 현장 스케치	소셜미디어 포함
	키워드 광고	24개 키워드
해외 홍보	해외 바이어 및 참관단 모집	해외 수출 로드쇼를 통한 홍보
	해외 바이어 초청 수출상담회	

글꼴 : 궁서, 24pt, 진하게
장평 95%, 오른쪽 정렬

한국전기기술인협회

각주 구분선 : 5cm

⑦ 전시회와 수출상담회를 동시에 진행하는 비즈니스 전문 전시회

쪽번호 매기기
1로 시작 → A

ITQ HANGUL 2016

2020년 6월 20일 초판 1쇄 발행
2021년 4월 10일 초판 2쇄 인쇄
2021년 4월 20일 초판 2쇄 발행

펴낸곳   Ⅰ (주)교학사

펴낸이   Ⅰ 양진오

저자   Ⅰ 장미희 이승하

기획   Ⅰ 교학사 정보산업부

진행 · 디자인   Ⅰ 이승하

주소   Ⅰ (공장)서울특별시 금천구 가산디지털1로 42 (가산동)

　　　　　 (사무소)서울특별시 마포구 마포대로14길 4 (공덕동)

전화   Ⅰ 02-707-5310(편집), 707-5147(영업)

등록   Ⅰ 1962년 6월 26일 〈18-7〉

교학사 홈페이지 http://www.kyohak.co.kr

Copyright by KYOHAKSA

(주)교학사는 이 책에 대한 독점권을 가지고 있습니다. 따라서 (주)교학사의 서면 동의 없이는 책의 전체 또는 일부를 어떤 형태로도
사용할 수 없습니다. 또한 책에서 인용한 모든 프로그램은 각 개발사와 공급사에 의해 그 권리를 보호 받습니다.